人間と宇宙的神化

人間と宇宙的神化

証聖者マクシモスにおける自然・
本性のダイナミズムをめぐって

谷　隆一郎 著

知泉書館

はしがき

この書は、東方・ギリシア教父、ビザンティンの思想潮流の中心的位相を、その代表者の一人、証聖者マクシモス（七世紀）の文脈に即して、かなわぬまでも問い披こうとしたものである。それは、とにかくも学的体裁を取ってはいるが、筆者の気持としては殊更に専門的な学問ないし研究などというよりは、むしろ、縁あって出会ったいわば魂の導師に付き従い、その指し示すところに少しく与ってゆこうとした拙い道行きの記録にほかならない。

東方教父ないしビザンティンとは確かに、今日のわれわれにとって遙か古の、しかも大きく異なる思想伝統に属するものと看做されもしよう。しかし、その言葉（ロゴス）に虚心に耳傾けてゆくなら、それは恐らく時代、民族、風土などの異なりを越えて、いわば今、同時的に魂の根底に語りかけてくるものとなろう。すべて古典とはそのようなものであろうが、東方教父の場合にはさらに、自然と人間、ものと言葉との内的な共感・一体化を感取しかつ憧れ求めた日本古来の心情とも、不思議に呼応するものが認められるのだ。実際、本書を書き進めているとき、しばしば心に浮んだのは、とりわけ空海の言葉であり、あるいはまた道元、世阿弥の言葉であった。

この点、証聖者マクシモスにあって、たとえば西欧近代そして自然科学の抱えているような、人間と対立した対象的自然という把握は根底から突破され、また他方、古代ギリシア的なピュシス（自然・本性）把握、人間把握は、無限性へと開かれたより動的な構造のもとに捉え直され、何らか超克されている。そしてそこに、人間

（人間的自然・本性）とあらゆる自然、万物が、無限なるもの（善性ないし神性）へと結合され、多様にして一なる交わりへと形成されゆく道が望見されていた。「自然・本性のダイナミズム」、「人間と宇宙的神化（神的生命への与り）」といった言葉は、そうした基本的な主題を示したものである。

ちなみに本書では、まずはひたすらマクシモスの文脈に胸を借りて論を進めており、先行の伝統との思想史的連関については、必要なことのみ少しく指摘するに留めた。また、右に触れたような他の思想動向との比較や批判的吟味の類には、表立ってはあえてほとんど言及していない。（多少とも行間を読み取って頂ければと思う。）それらのことはむろん別の作業となろうし、今回は何よりも、マクシモスの指し示す愛智の道行き（そしてつまり神への道）に、テキストの読解を通して主体的に与ってゆくことを主眼としたからである。

ともあれ、この拙い探究の書が、現在および将来における広義の同行の人々にとって、あるいはまた、真に道を求めるすべての人々にとって、およそ古典の解釈と受容との一つの例となり、いわば歴史を貫いて現存する古来の生きた交わりに、たとい多くの場合見えざるかたちにおいてであれ、自他相俟って何らか参与してゆく縁ともなれば幸いである。

二〇〇九年初春

著　者

目　次

x

人間と宇宙的神化

――証聖者マクシモスにおける自然・本性のダイナミズムをめぐって――

序　章

われわれはこの移りゆく世界に生を享け、人間として、言語的知性的存在者として生きているが、同時にまた、己れの在ることとの根底においていわば無に接していると思われる。すなわち、とにかくも存在し生きていることは事実だとしても、われわれは今、ここにあって時々刻々と生成変化の波に晒されており、つねに非存在への傾きを、そしてさらには無を抱え込んでいるのである[1]。

実際、人間として生きているという一見自明のことですら、そこに含まれている「存在」、「生」、「人間」そして「自己」といった言葉の真に意味するところが改めて問われ直されるならば、何人も容易には答えられない。もとよりわれわれは、さまざまな経験を通してそれらの言葉の意味を多少とも知っているが、それにもかかわらず根本的な不知においてある。とすれば、われわれはそうした根源語に対して、否応なく「知と不知との間」にあるのだ。そして、われわれはむろん永遠不動なる同一性を有してはおらず、自己同一な「存在そのもの」ではあり得ない。それゆえ、何らか根拠づけられたものたる限りで、われわれは端的に「在る、存在する」のではなくて、むしろ「在り、かつ在らぬ」と言うべきであろう[2]。

しかし他方、「わたし・自己の在ること」は、古来「神（ヤハウェ）の名」とも重ねられ、われわれ自身にとって当然の所与であるかに見えて、その実、最も奥深い謎・神秘を孕んだ事態として語られてきた。すなわち、すべてのもの、すべてのことが移りゆく中、われわれはとにかくも同一の自己の持続を記憶し、何ほどか自己知を保持し得ている。その限りで、「わたし・自己在り」ということは、ある種の同一性の知に関わっており、ひいてはまた、旧約聖書の伝統においてかのモーセに「わたしは在る、在らんとする」と啓示された神名（ヤハウェ）（出エジプト三・一四）にも、何らか与っていると考えられよう。

してみれば、「わたし・自己の在ること」は、どこまでも有限で可変的なわれわれにとって決して解消されることのないアポリア（難問）であり、われわれはこの世において、いわば「存在と無との間」に置かれているのだ。ただし、後の論述をいささか先取りして言えば、そのことは、単に対象化された「存在」と「無」との間にわれわれがいるというよりは、むしろわれわれが、ほかならぬ自らの意志によって「真に存在するもの（神なる神）に聴従し、それに与ってゆくか」、それとも「意志的背反によって、在ることの欠如を自らに招来させてしまうか」、という分水嶺に立っていることを意味しよう。(3)

そしてそこには、自由の深淵とも言うべき事態が潜んでいると思われる。すなわち、「人間・自己、あるいはその自然・本性（ピュシス）が真に開花・成就し、ひいてはまた他者との真実の交わりや愛が成立してくること」の可能根拠は、われわれ自身の裡に深く秘められているのである。

ところで今日、人間といわゆる自然との関わりは、自然科学とその多様な技術が余りに進展した結果、歴史上かつてないほど険しく由々しい事態を露呈させてきている。たとえば、人類を滅ぼしかねない核戦争の脅威、地球規模にまで及ぶ環境破壊、あるいはクローン人間、臓器移植、遺伝子操作、生殖医療技術などの事柄は、いずれも人間と自然との本質そのものを多分に揺がすものとして、底の深い問題を孕んでいる。この点、総じて言えば、それらが突きつけてくる難問は、ある意味では、与えられた自然・本性（ピュシス）の秘密に恐らくは何らか「自然・本性に反する仕方で」踏み込んだために、いわば自然そのものからの逆襲として人間が抱え込んでいる負荷だとも看做されよう。

ともあれ、そうした事柄には、自己と他者との関わりがおのずと影を落としている。が、さらに言っておくとすれば、およそ問題の根底には、われわれの「自己自身との関わり」が、また同時に「超越的なもの、無限なものとの関わり」が、何らか重層的な仕方で現前しているであろう。言い換えれば、そこには、「自己」と「他者」と「絶対他者（神なら神）」という三者の微妙な関わりが存していると予想されよう。

しかしそれにしても、自然ないし自然・本性（φύσις, natura）とはそもそも何なのか。そしてとりわけ、人間的自然・本性とは何であり、いかなる可能性に向かって開かれているのか。こうした問いはむろん、古代ギリシアにおける愛智としての哲学（φιλοσοφία）の発祥と展開とともに古い問いであるが、その言葉・概念自体、歴史的に大きな意味の変遷を蒙ってきた。そしてそのことは、単に「自然・本性」という一つの基本語の概念史という枠に収まるものではなくて、存在把握、人間把握の根幹に触れてくる事態なのであった。

とすれば、今日われわれが置かれているさまざまな問題状況に真に対処するためにも、人間と自然・本性をめぐる問題の歴史的かつ本質的な根源に遡って、問いを深め、自ら担いゆくことが肝要であろう。この意味で本書は、先に挙げたような現代的諸問題に対して直接に答えようとするものではないが、それに先立って、それらの根底に潜む普遍的な問題位相を多少とも明らかにしようとするものである。

その際、主として依拠するのは、東方・ギリシア教父という大きな思想潮流の集大成者と目される証聖者マクシモス（Maximus Confessor, 五八〇頃―六六二）の文脈である。マクシモスの自然・本性把握、人間把握、そしてそこに漲る修道的霊性を問いたずねてゆくことは、哲学・神学の中心的位相に与ることであるとともに、現代的な諸々の問題状況をその源に立ち帰って問い直すための基礎的な考察ともなるであろう。

証聖者マクシモスは、歴史的な位置づけとしては、ヘブライ・キリスト教の伝統の上に古代ギリシア哲学の諸伝統を大きく摂取し、ある根本的な拮抗とともにそれらを超克して、全体として一つの完成形態へともたらした人であった。[4] そして、そうしたマクシモスの自然・本性（ピュシス）把握は、現代に生きるわれわれの心に相当深く浸透している西欧近代以降の自然科学的自然把握と厳しく拮抗しつつ、恐らくはそれを超出しかつ包摂し得るものでもあったのである。

さてそこで、本書における深究の基本的な方向をあらかじめ簡単に提示しておこう。証聖者マクシモスの文脈は、主として次のような論の射程と洞察を含むものであった。

(i)「自然」（φύσις）とは元来、すべての存在者の本性・本質を指し示す言葉であって、単に人間と対立し分離した客体的対象領域（近・現代のいわゆる自然界）のみに局限される言葉ではなかった。（それゆえ、以下の論述において、ピュシスには自然・本性ないし本性という訳語を当てる。）そしてマクシモスによれば、すべて有限な自然・本性的事物は、「動き」（κίνησις）においてあるという。ただしその際、動きとは、単に性質、量、場所などの変化を意味するのではなかった。かえって、諸々の自然・本性それ自身が、本質的に動き・運動においてあり、自らの開花ないし現実化という目的（終極）へと開かれているとされる。

従ってそこには、自然・本性というものを、無限なるもの（神）へと定位された動性（ダイナミズム）として捉えるという視点が漲っている。すなわちマクシモスにあっては、古代ギリシアにおけるように形相（エイドス）の完結性を深究の支えとするというよりは、むしろ無限性に開かれゆくような意志の動性が主題化してくるのである。そして、それとともに広義の身体ないし身体性というものが、問題の基本的動向において重要な意味を担うことになる。(5)

(ii)　とりわけ人間の自然・本性は、すでに完結したもの、静止したものではなくて、超越的な神性（神的自然・本性）との結合、あるいは「神化（神的生命への与り）（θέωσις）」という究極の目的に向かって、徹底的に開かれている。しかも、そうした人間的自然・本性は、あらゆる自然・本性を結びつける紐帯としての役割を果たすという。人間のうちには他の自然・本性的事物が浸透し、かつ収斂せしめられるからである。

すなわち、諸々の存在物は本来、それぞれが別箇に閉じられ完結しているのではなくて、いわば神性のより善き顕現に与りゆくべく招かれている。そしてそこに、人間のロゴス的意志的な働きが不可欠の媒介となっているという。その意味で、神化なる姿は、人間を紐帯とした「万物の神化」という全一的交わり（エクレシア）として顕現し得ると望見されている。「人間と宇宙的神化」という題目はそのことを指し示しているが、マクシモスのうちには、そうしたコスモロジー的視点が漲っているのである。

(iii)　では、「人間と、人間を紐帯とする万物の神化（神的生命への与り）」といった事態は、何にもとづいて成立し得るのか。そうした可能根拠は、「神の子、ロゴス・キリストの受肉（ἐνανθρώπησις, incarnatio）」に存するという。つまり「ロゴス・キリストの受肉」とは、人間と宇宙・世界との全体的な神化の成立根拠として、また究極目的として捉えられている。

ただしかし、マクシモスはキリストの受肉ということを、単に過ぎ去った過去の客体的出来事として対象化してしまうのではなくて、根本においてはむしろ、「人間と万物との神化の道行き」の裡に、いわばその都度の

「今」現前し得ることとして語っている。そしてそこに、「受肉の現在」とも呼ぶべき事態が凝視されているのである。

右のような三つの事柄は、探究の基本線をわずかに示したものに過ぎないが、後の論述に備えて、さしあたり次のことに注意しておきたい。

神化などというと、確かに一見大仰なことども思われよう。が、マクシモスにあってそれは、「自然・本性とは何か、また人間とは何か、何であり得るのか」といった普遍的な問いのおのずと導くところとして語り出されている。そして、通常はキリスト教の特殊な教理（ドグマ）と看做されることの多い「キリストの受肉、神人性」の問題も、その実、「人間的自然・本性の開花・成就とは何か、その可能根拠とは何か」という問いと密接に対応するものとして、新たに発見され吟味されていたのだ。

この点、キリスト教の教理は、はじめから何か天降りのものとして探究の局外に前提されていたのではない。かえってそれは、少なくともその原初的な誕生の場に即して言うならば、使徒たちおよび彼らに続く人々（つまり生身の人間）の「根源的な出会いと驚き」の経験の中から、まさにそうした経験の根底に現前している何らかの超越的働き（エネルゲイア）を見出しゆくという仕方で、探究され言語化されていったと考えられよう(6)。

たとえば、教理の歴史にあって一つの代表的表現とされる「カルケドン信条」（四五一年）の含意する、いわゆる「ヒュポスタシス的結合」ということにしても、およそ自然・本性（ピュシス）の一義的領域を突破するかのような驚くべき把握を示すものであった。すなわち、「ヒュポスタシス（ペルソナ）的結合」とは、一口で言えば、イエス・キリストにおいて「神性と人性という二つの自然・本性が不可思議な仕方で交流し結合している」

とするものであったが、そこには、人間的自然・本性が真に成就し完成する究極の境位に関して、古代ギリシア的ピュシス把握を多分に超えゆく洞察が秘められていたのである。(7)

それはともあれ、マクシモスの注視しているのは、「人間を紐帯とする万物の神化」であり、そのうちに今もいつも現前する「ロゴス・キリストの受肉とその神的働き（エネルゲイア）」という事態であった。しかし、それはひとえに、さまざまな情念を抱え、また悪と罪とに晒されている自己を虚心に見つめて、そうした自己の根底になおも現前している超越的な働きに心抜いてゆくことから、はじめて語り出されたものであったと思われる。

そしてそこには、学と修道との渾然と一体化した道行きが存した。この点、それはまことに瞠目すべきものであり、大方のわれわれの及ぶべくもないものであるが、われわれもまた残された言葉（ロゴス）に拠りつつ、その道行きの姿を多少とも再現し、かつそれに与りゆくことへと呼びかけられているであろう。この意味で本書は、道を求めるすべての人のためのものであって、必ずしも殊更に専門的な学問を意図するものではない。それゆえ、この拙い書が、古の師父の透徹した言葉の指し示す「人間としての普遍的な道行き」に、ともに何ほどか参与してゆく縁ともなれば幸いである。

第一章　自然・本性（ピュシス）の開かれた構造

第一節　証聖者マクシモスの生涯と歴史

本論に入るに先立ち、まずは証聖者マクシモスの生涯と歴史的位置について、基本的なことのみ見定めておこう。

マクシモスは五八〇年、東ローマ帝国の首都コンスタンティノポリス（現在、トルコ共和国のイスタンブール）に生まれた。聖書の伝統だけでなく、古代ギリシア哲学、ストア哲学、新プラトン主義等々についての広範な教育を受ける。その家系には、代々ビザンティンの宮廷に重用された人々が多かったという。マクシモス自身、皇帝ヘラクレイオス（在位六一〇—六四一）の筆頭秘書官に任ぜられた。が、三年後にはその職を辞して、六一四年、帝都の近郊クリュソポリス（コンスタンティノポリスからボスポラス海峡を渡った地）の修道院に入り、東方キリスト教的霊性の道に身を捧げた。後には、マルマラ海の南岸にあるシジクスの修道院に移っている。

しかし六二六年、ペルシア、スラブなどの侵入とともに流浪の旅を余儀なくされ、クレタ島、キプロス島を通って、六三〇年に北アフリカのカルタゴに辿り着く。その地で反単意説論者のソフロニオス（Sophronius, 五六〇頃—六三八、エルサレム司教在位六三四—歿年）と出会い、また偽マカリオス（Pseudo Macarius, 三八〇頃—四三〇頃活動）の霊性にも学んだ。マクシモスの神学・哲学的著作の大部分は、その地での十五年ほどの間に著わされている。

ところで六三八年、皇帝ヘラクレイオスはコンスタンティノポリス総主教セルギオスの起草した勅令「エクテシス」を公布し、キリスト単意説を擁護した。（単意説とは、キリストのうちに神的意志のみ認め、人間的意志はことごとく排除する説であった。）そこでマクシモスも六四五年頃から、キリスト両意説を守るべく、険しい神学論争に関与するようになり、主導的役割を果たした。その結果、六四九年、ローマのラテラノ教会会議において、単意説批判が教皇マルティヌス（六五五没、在位六四九―六五三）によって布告されるに至る。

それに対して新皇帝コンスタンス二世（在位六四一―六六八）は、六五三年にローマで教皇マルティヌスを捕え、クリミア地方に流刑に処した。また六六二年、マクシモスも捕えられて拷問を受けたが、キリストの神人性と両意説との信仰を貫き通した。ために、その信を卓越した仕方で語りかつ記した舌と右手とが切り落とされたという。そして、黒海の南、カフカス（カウカソス）の地ラジカに追放され、そこで客死したのである。「証聖者（コンフェッソル）」の称号がそうした受難と証しとに由来すること、言うまでもない。

ちなみに、マクシモスのキリスト両意説はその後、奇しくも六八〇／六八一年の第三回コンスタンティノポリス公会議において正統として確立された。そしてそれは、「ビザンティンの勝利」として、永く歴史に記憶されてゆくことになる。[1]

さて証聖者マクシモスは、二世紀から八世紀中葉に及ぶ東方・ギリシア教父の伝統の後期に属する人であるが、全体としての集大成者であり「ビザンティン神学の父」とも称えられる。[2] すなわちマクシモスは、「カッパドキアの三つの光」と称えられた教父たち、つまりバシレイオス（Basilius, 三三〇頃―三七九）、ナジアンゾスのグレゴリオス（Gregorius Nazianzenus, 三二九／三三〇―三八九／三九〇）、そしてニュッサのグレゴリオス（Gregorius Nyssenus, 三三五頃―三九五頃）をはじめとして、偽ディオニュシオス・アレオパギテース、偽マカリオスなど、東方教父や師父たちの神学・哲学的かつ霊的な遺産をゆたかに継承し、また「カルケドン信条」（四五一年）の精神を遵守しつつ、それらすべての伝統を集大成した人と目される。

ただし、集大成したとはいえ、それは、マクシモスが殊更に体系的な著作を記したということではない。マクシモスの著作の多くは、主著『難問集（Liber Ambiguorum）』のように、人からの要請を受けて先行教父の文脈の難解な箇所を詳しく吟味し展開させたり、旧・新約聖書のさまざまな箇所を適宜、霊的象徴的に註解したものをまとめたり、あるいはその時代の教理論争の中で応答していったりして成立したものであり、それらが相俟って、結果として先行の多様な伝統の集大成となっているのである。

だが、より大局的に見るならば、マクシモスにおいてヘブライ・キリスト教の伝統と古代ギリシア哲学の伝統（ストア派、新プラトン主義なども含めて）という二つの思想潮流は、ある種の緊張のもとにゆたかに総合されている。すなわちマクシモスは、聖書と教父たちの伝統を礎としつつ、古代ギリシア的諸伝統を大きく摂取し、根本における拮抗のもとにそれらを変容させ超克していったと考えられよう。

ただここに注意しておくべきは、マクシモスにあってはそうした探究の道が、やはり一つの愛智（＝哲学）（φιλοσοφία）として捉えられていたということである。つまり、アレクサンドリアのクレメンスやニュッサのグレゴリオス、そしてさらにはアウグスティヌスといった教父たちと同じく、マクシモスにはいわゆる神学や宗教と哲学、信と知などの、いたずらな分離や領域分化は存在しない。が、他方、それらが相互に対立して相容れないとする後世の見方は、それ自身一つの前提を抱え込んでおり、諸々の問題の帰する一なる根底をややもすれば蔽い隠してしまう恐れをも有しているのだ。

ともあれ、マクシモスの探究は、確かに聖書的文脈に多く依拠するものであるが、根本では普遍的な愛智（＝哲学）の道行きの結実した姿だと言ってよい。つまりそこにおいては、神、創造、罪、受肉、神人性、神化など、後期スコラや西欧近・現代の大方の学的枠組みでは宗教、神学、教理学などに属すると看做される事柄も、必ずしもはじめから特殊な教理に関わることとして探究の局外に分離されてはいない。かえってそれらの問題は、存在、知、善、人間、自然・本性、自由、自己、他者などについての普遍的探究とともに、改めて根本的な意味と射程とが問い披かれ、全体として一つの愛智の営みを形成しているのである。(3)

この意味では、すでに言及したように、「ロゴス・キリストの受肉、神人性」、「人間と万物の神化」、そして「全一的交わり（エクレシア）としての神の顕現」といった事柄を扱う文脈ですら、ひとえに「存在（＝神の名）とは何か、いかなるかたちでこの有限な世界に現出してくるのか」、「人間的自然・本性の開花・成就とは何か」、あるいは「善とは、究極の目的とは何か」といった根源の問いに対する探究・応答として展開されている。

従って、マクシモスのそうした文脈は、いわばヘブライズムとヘレニズムという二大思想潮流の、「邂逅」、「受容」、「超克」という未曾有の歴史の縮図であり、それらを映し出した姿なのだ。そのことは、一般に教父の伝統そのものの基本的特徴でもあったのである。そして、そこでの拮抗と格闘、および超克の営みが極めて困難で、また根源的なものであったからこそ、そこに形成されたものは、後世の範とするに足る普遍性を備えていると考えられよう。

第二節　自然・本性のダイナミズム

一　自然・本性の開かれた動的構造

マクシモスの基本把握によれば、この世のあらゆるもの、あらゆる自然・本性（φύσις）は本質上「動き」（κίνησις）のうちにあるという。だがそのことは、動きないし運動という言葉からふつう想像されるような、単なる性質や量や場所などの変化に留まることとしてではなくて、ある意味で自然・本性それ自身の内実にも及ぶこととして捉えられている。そうした把握は、いわば常識のうちに潜む固定した存在了解を突破し、およそもの・実体（οὐσία）の成り立ちの本源を洞察したものであった。

これは相当に大きな射程を有する問題であるが、さしあたり言えば、諸々のもの（自然・本性的事物）が、自らの真の開花・成就へと開かれており、その意味での変容可能性を与えられているということであろう。そしてそのことは、それぞれのものの担う形相的限定を超えゆく「無限性の拡がり」の中で語られていたのである。この点、マクシモスによれば、

「自然・本性的な力（ἡ φυσικὴ δύναμις）とは、それ自身の目的・終極（τέλος）へと促された動きである。……つまり、受動的なものであれ動きであれ、あるものから他のものへと生成するものは、不受動で活動的な動き（現実態）（ἐνέργεια）たる目的へと定位されている。[4]」

ここに言う「目的」とは、「そのために万物があるところのもの」のことであった。そうした目的それ自身は、「他のいかなるもののためにあるのでもなく、自己目的（自足的）なもの、原因なきものである。[5]」それのみが

無限で（ἄπειρον）、把握し得ざるものだからである。

自然・本性的な力（可能性）が、このように無限性への拡がりにおいて捉えられるとき、諸々の事物の限定された形相（種）（εἶδος）は、根本的には、もはや完結して持続するものとは看做されていない。形相的限定は、より高次のもの、無限なるものに対しては途上にあるのであって、ある意味で質料的な性格を有するのである。

これは身近な場面に即して言えば、次のような素朴な問いの前に立つことであろう。たとえば、眼前一輪の百合は「そもそも何のために」咲いているのか、あるいは「何に支えられ、何に向かって」その美しいかたち（形相）を保持し得ているのか。そしてさらに、一輪の百合（一人の他者）をその姿において言祝ぐとき、そうしたわざは、百合の指し示す無限なるものに、いわば自他相俟って参与してゆくことではないのか。……ともあれわれわれは、マクシモスの一見難解で硬質な表現のうちに、最も素朴な驚きと問い、そして無限なるもの（神性ないし善性）への眼差しが秘められていることを忘れてはならないであろう。

さてマクシモスは、諸々のもの（自然・本性的事物）の姿を、その端的な生成（創造）と究極の目的という両極に開かれた構造のもとで語っている。

「すべて生成したものは、自らを根拠とする働きでも力でもないのであって、動かされるということを蒙っている。そして、生成したものがロゴス的知性的な力を有している場合、それは根拠から（ἐξ ἀρχῆς）、自然・本性として《在ること》（τὸ εἶναι）へと引き出され、さらには択びの意志（γνώμη）にもとづく《善く在ること》（τὸ εὖ εἶναι）という存り方を経て、ついには《つねに善く在ることそのもの》（αὐτὸ τὸ ἐν τῷ ἀεὶ εὖ εἶναι）という目的へと動かされているのである。[6]」

こうした表現はマクシモスに特有のものであるが、そこにはマクシモス解釈にとって重要な論点が含まれている。それについて、まず次の二つのことを指摘しておこう。

(i) すべて生成したもの、有限な自然・本性的事物は、その本性として「動き」のうちにあり、それゆえ、ある意味ではすべて「可能的なもの」である。そしてそれは、本来は自らの十全に開花し現実化した働き・活動（エネルゲイア）に向かって開かれているのだ。[7]（なお、後に述べるように、何ものもそれだけで完結し孤立して在るとは看做されていない。この点、万物が全一的な仕方で交わるという、一種のコスモロジー的な完成形態が望見されている。）

(ii) とくに人間の本性的な動き（魂の道行き）においては、「在ること」、「善く在ること」、そして「つねに善く在ること」という階梯が語られている。（最後の「つねに善く在ること」という表現は、別の箇所では「つねに〈永遠に〉在ること」とも言われ、両者はほとんど同義のものとして用いられている。）これらの三つは、いわばわれわれにとっての「在ることの度合」、あるいは「存在の充実度」という階梯を示していると考えられよう。

こうした二つの事柄は、全体として一つの円環的自己還帰的な構造のもとにあり、そこにあっては、「在ることそのもの」（αὐτὸ τὸ εἶναι）の名たる神（ヤハウェ）が、およそ在るものの生成の根拠（ἀρχή）かつ目的（τέλος）として語られることになる。しかしそれにしても、「在る、存在する」ということは、われわれにとってはすでに確保された事実ではなくて、いわばその都度、非存在に晒されていると言わざるを得ない。それゆえ予想として言っておくとすれば、われわれにとって「在る」とは、自らの自由な意志（グノーメー）を媒介として真に存在（＝神の名）に与りゆく動性（ダイナミズム）の中でこそ、はじめて成就し現実化してくることになろう。

このように見るとき、とくに(ii)の論点は、後に詳しく吟味するように、平板に対象化するだけでは済まぬ微妙な問題を孕んでいる。が、後の論述に備え、右の(i)(ii)についてなおも、やや外側からの見定めをしておきたい。

二　形相的限定と無限性

すべて有限な自然・本性的事物はマクシモスによれば、その生成のそもそもの始めとしては、決して自己原因としてあるのではなく、自らの「在ること」の根底に、何らかの仕方で生成せしめられたという受動性を孕んでいる[8]。それゆえ、生成せしめられたものは、本性的に「動き」のうちにあることになる。しかし、そのように自然・本性の次元での動きが向かう目的・終極とは、働き（エネルゲイア）の完成ないし静止だという[9]。そして、そうした究極の静止を成立させるのは、諸々の限定された在り方をすべて超えた「無限性（ἀπειρία）」だとされている[10]。

こうした構造にあって、ものの「動き」とは、それぞれのものの本質（実体）的な存在様式にまで及ぶこととして捉えられていた。従って、その意味での動きとは、各々のものの実体的同一性が何らか確保された上での、性質や場所などの変化に留まるものではないのだ。

もとより、つとにアリストテレスが明確に基礎づけたように、通常の主述関係は、「この或る人」のごとく「同一なる実体」（＝主語）と、「それについて述べられるさまざまな附帯性」（＝述語）との結合として語られる。その際、主語として立てられる実体（οὐσία）は、とにかくも「それ自体、同一なるものとして在る」とされる。が、他方、それに述語づけられる附帯性は、「それ自体としては在らぬもの」であって、ただ実体に帰属することによって在るに過ぎない。しかし、マクシモスが「すべて有限なもの、自然・本性的なものは動きのうちにある」とするとき、右のような主語把握そのものに潜んでいる謎が凝視されていたのである。

言うまでもなく、通常の主語把握（措定）および主述関係の成立とは、生成消滅する世界に打ち込まれた楔のごときものであって、われわれの生活における「もの把握」にとって不可欠の役割を果たしている。実際、われわれは人や事物をそれぞれの名で呼んだり、それを主語としてさまざまなことを述べたりしている。そうした「名称による指示」と「主述関係による把握・叙述」が機能していればこそ、自他の関わりの中で意志の伝達や会話も成り立っているのだ。（反対に、名指しされた或るものが次の瞬間、「それ」〈同一性を何らか保持したもの〉でなくなってしまうならば、それを主語として措定することも、それについて何かを述語づけることもできなくなってしまう。）

だが、そうした言語的方式は内実としては、「諸々の有限なもの、つまり永遠には在らぬもの」、それゆえ「在り、かつ在らぬもの」をも、同一性を保持した「在るもの」（実体）として措定した図式であろう。そして、かく仮初に措定された実体（ウーシア）について、いわゆる附帯性の述語がさまざまにつけられ、そのもの（実体）についての多くの知見が示されるのだ。これはいわば、常識の根底に潜む仮初の存在了解をあらわに取り出し、主述関係として定式化したものであった。ただ、その一見明確な定式には、何かが同一なるものとして「在る」ということについての謎が、あえて封印され、隠されたままになっている。

しかしマクシモスは、そうした「実体措定、同一性措定の仮構」とも呼ぶべきものを突き抜けて、この移りゆく世界において実体と自然・本性（ピュシス）とを全体として貫く動性にこそ注目している。すなわち、中間段階での個々の実体措定をそのままの仕方で切り取って固定してしまわず、それらをしも無限性へと開かれた全体的な動性・ダイナミズムの中で見つめていると言ってよい。すなわち、ふつうは諸々の実体の中核を担うとされる形相（エイドス）も、マクシモスにあっては「それ自体として在る」とは言われない。この点、古代ギリシア的伝統にあって基本的には諸々の形相（限定）こそが存在を担うとされるのとは、探究の眼差しに小さからぬ違いが存しよう。マクシモスにあっては、形相的限定への傾斜を伴う大方の形相主義ないし本質主義の枠組は、もはや主導的なものとは看做されていないのである。

もとより、一般的に言って個々の形相は、「在ること」を限定し宿す器となり、また質料（ヒュレー）もそのことが具現してくるための素材となり、広義の身体となり得よう。だがマクシモスは、存在物の構成要素を静止した仕方で分析するに留まらず、むしろものの現成・誕生の場面そのものに立ち帰って、そこに漲る全体としての動性をあくまで注視している。そしてそこに、およそもの・存在物の現成の成立根拠として働く超越的な力が感知されてくるのだ(11)。

そうした全体としての動的構造にあって、諸々の形相は「在ること」の現成に対しては、いわば質料の位置に立つことになる。とすれば、「形相がそれ自体として在る」という把握方式は、「存在の現成の場」、「無限なるものに披かれゆく全体としての動性」からの、多分に二次的な抽象なのである。

かくしてマクシモスには、古代ギリシア以来の探究の路線とは大きく異なる視点が漲っている。それは今、仮に一口で言っておくとすれば、「無限性への突破」、あるいは「無限なる神性への志向と信」こそが問題の中心線を為すということであった。換言すれば、それは、「個々の形相・限定」と「限定されたもの、事物」との二項関係に問題を抽出することで足れりとせず、ほかならぬ形相を現出させる「主体・魂の動的な姿」を問い披いてゆく探究方式なのだ。従ってそこにあっては、「無限なるものに関わりゆく意志」、「時間性」、そして「そうした動性を宿す広義の身体（肉体）」などが、問題の中心的動向を担うものとして主題化してくるのである。（ちなみに、「無限」、「意志」、「時間」、「身体」等々は、古代ギリシア的探究路線では多分に副次的かつ消極的な性格を持たされる概念であった。）

マクシモスにあって基本的には、有限な自然・本性はそれぞれに固有の形相を保持しつつも、それ自体として完結したものではなくて、自らの働き（エネルゲイア）の全き成就・顕現へと開かれている。そのように、被造的で有限な自然・本性（ピュシス）が本来は開かれた動性あるいは脱自的志向的かたちとしてあることは、マクシモスの、そして広く東方・ギリシア教父の伝統の基本的洞察だと言ってよい。

ところで、自然・本性のそうした根源的な動きは、知られ得ず語られ得ざる仕方においてではあれ、「純粋な接近によって神と結合・一体化される（ἑνωθήσεται τῷ θεῷ）[12]」ことへと定位されているという。すなわち、神とはむろん、われわれが対象的に限定し把握し得るようなものではなくて、あらゆる限定の彼方、超越の極みたるものを指す名であったが、「そうした無限なる神においてこそ、すべて動かされたもの（生成せしめられたもの）が静止する[13]」とされるのである。そしてここに、「神と結合・一体化される」とあるのは、いわゆる「神化」（θέωσις）を意味するであろう。が、それはむろん、端的に神に成るなどということではなくて、後の章で詳しく吟味するように、神的本性に何らか結合し、神の生命に十全に与りゆくことであった。

もとより諸々の自然・本性的事物には、それぞれに固有の形相（本質）が備わり、それぞれが一まとまりの種的限定を有している。だが、それらは同時に、無限なるもの、つねに在る存在そのもの――これらはいずれも《神》（θεός）の最も勝義の名であったが――へと本来的に定位されているのだ。とすれば、われわれの具体的な生活において、否応なく限定を帯びたものとして経験されることはすべて、実は「形相的な限定」と「無限なるものへと開かれた動性（ダイナミズム）」という、次元を異にした二つの根本性格を有し、両者の不思議な複合としてあることになろう。

言い換えれば、個々の事物は非存在から見れば、形相的限定によって現実化されたものであり、とにかくも一つの完結したものと看做されよう。しかし他方、それらは「つねに（永遠に）在ること（存在そのもの）」に対しては、未だ可能性の領域に留まっており、ある意味で、「在ることの真の現成」のための広義の質料ないし身体という役割を担うものとなると予想されよう。[14]

第三節　信の動的なかたち

一　「生成、動き、静止」という階梯

かくしてマクシモスにあっては、全体的な構造として図式的に言えば、およそ有限な自然・本性的事物（存在物）は、「生成（γένεσις）、動き（κίνησις）、静止（στάσις）」という三段階のもとに捉えられている。[15] すなわち生成せしめられたものは、はじめに非存在から「在ること」へと引き出され、本性的に「動き」においてある。が、それらの動きは、その十全な開花・成就としての「エネルゲイア（働き、現実態）」を目的・終極としており、そこに至れば静止するとされる。

そうした三段階はまた、「創造、動き、完成」とか、あるいは「根拠、根拠づけられたもの、目的」とかの三者だと言ってもよい。そして、被造的な自然・本性が、神的ロゴス（言）によって創造され（ヨハネ一・三）、神的ロゴスを通して動き、さらには神的ロゴスへと定位されているという意味では、右のような三段階は、「それ

によって」（ἐξ αὐτόυ）、「それを通して」（δι᾽ αὐτοῦ）、「それへと」（εἰς αὐτόυ）という三段階としても語られている。[16] その際、神（θεός）は「根拠」（ἀρχή）かつ「目的」（τέλος）なるものとして遥かに指し示されるのだ。が、神は、それ自体としては限定され得ず知られ得ぬものであって、「無限性」（ἀπειρία）こそを本来の名とするのである。[17]

右のような把握は、それだけを切り取ってしまうなら、やや外的な説明図式に終るであろうが、その内実を問うとき、改めて注目すべきは、それらがさらに、すでに言及した次の三段階に対応して論じられているということである。それはつまり、「在ること」（τὸ εἶναι）、「善く在ること」（τὸ εὖ εἶναι）、「つねに（善く）在ること」（τὸ ἀεὶ εἶναι）という三段階である。そこにあってとりわけ顕著なのは、「善く在ること」、つまりアレテー（ἀρέτη）（徳）のかたちとほぼ等置されるものが、いわば「在る」の度合の中間のものたる「動き」に対応しているということである。[18] そしてこれは、単に対象化して把握することでは終らぬものであり、マクシモスの愛智の探究にとって極めて大きな意味と射程を有する事柄であった。

すなわち、論点を先取りして言っておくとすれば、「在る、存在する」ということの多義的かつ重層的な意味構造を明らかにするためには、「善く在る」というかたち（アレテー）の新たな現出という経験に立ち帰って、問題の誕生の機微そのものが捉え直されなければならないであろう。（後に吟味するごとく、そこには自由な意志の働きが不可欠のものとして介在しているのだ。）というのも、われわれにとって「在ること」の意味は、通常はあらわに問題化されることなく、あいまいなまま了解されており、さまざまな事柄の形象とそれらへの執着とのうちに埋没しているからである。しかし、「在る」と「善い」、「存在」と「善」とは、われわれにとって、問題の根本に遡れば遡るほど、いっそう密接に連関してくるのであって、はじめから異なる問題領域に属するものと看做されてはならないであろう。

だがそれにしても、「生成、動き、静止」、あるいは「創造、動き、目的」といった階梯を、「それ」として語るとは何なのか。われわれは神のいわゆる創造の働きを直接に「対象」として見ることはできない以上、先の全体的構造にしても、元来はむしろ、われわれの根源的経験の中からはじめて語り出されたものであろう。そしてこのことは、愛智の道行きの端緒たる「信、信仰」（πίστις）というものの基本的意味に関わるのである。

二　信のダイナミズム

旧・新約聖書の伝統によれば、人間は決して神を直視し得ず、対象的に知ることもできない。すなわち、周知のごとく次のように言われている。
「あなたはわたし（ヤハウェ）の顔を見ることはできない。人はわたしを見て、なお生きていることはできないからである。」（出エジプト三三・二〇）
「未だかつて神を見た者はいない。父のふところに在ます独り子たる神こそが、神を示したのである。」（ヨハネ一・一八）
これらは言うまでもなく、全探究の一つの規範ともなる表現である。その言葉からすれば、先述の三段階にしても、神を対象として外に見て、「根拠＝目的」なる神を両極とする全体構造を図式化したものと考えられてはなるまい。とすれば、「生成、動き、静止」というくだんの構造は、単に天降りに導入された外的なものではなくて、恐らくはわれわれの知の経験の直中から、そこに現前する根拠を垣間見るような仕方で語り出されたものであろう。

このことは身近な場面に即して言うなら、感覚的なものの把握・知について、その成立根拠に遡行することによって窺うことができよう。そこに漲っているのは、以下に示すように、「限定された形相知の成立」と「無限性への突破」という二つの契機である。

マクシモスによればまず、諸々の感覚の関わるかたち・形相（εἶδος）は、単に感覚によって捉えられるのではなく、むしろ感覚を通して知性（νοῦς）のロゴス的力によって捉えられる。そして、そうした諸形相は、感覚知の成立するための可知的根拠たる諸ロゴスを指し示し、それらへと定位されているという。その際、およそ感覚的事物との関わりは、それが人間的な経験として成り立っている限りは、感覚の力のみによるのではない。そこには、諸々のかたち・形相をとにかくも同一なる「それ」として捉える力が働いているからである。そうした力が介在していなければ、「主体・自己」が感覚的諸形相を「それ」として把握し知るとは言えないであろう。

従って感覚知の成立においても、ロゴス的力の現存が認められてくる。そして知性（ヌース）とは、はじめから闇雲に措定されているものである以上に、むしろ右のような「ロゴス的働きの名」であることが忘れられてはなるまい。言い換えれば、われわれにとって感覚的事物との関わりは、必ずしも単にはかなく流れ去るだけのことではなくて、感覚的事物について何ごとかを「それ」として捉えること（諸々の形相把握）のうちには、すでにしてロゴス的・イデア的なものとの関与が現前しているのだ[19]。これはプラトン以来のいわゆるイデア論の基本でもあるが、われわれの具体的な事物経験は、確かに感覚を通して成り立ってくるとしても、そこでの形相知の成立根拠に関する限りは、すべて知性的ロゴス的経験だと言ってよい。

ところでマクシモスにあっては、右のことはさらに、形相的限定を超えた無限性の位相から捉えられていた。

すなわち、こう言われている。

「ロゴスの力は諸々の実体（ウーシア）の可知的根拠（諸ロゴス）に関わるものとして、それぞれに異なった多様なものであるが、それは畢竟、単一形相的で、単純で、異なりなき思惟（νόησις）へと向けられている。[20]」

そして、そうした思惟によって一なる知（γνῶσις）が生じるという。その知は、諸々の見られるものやそれらの秩序を捉えることによって、それらを秩序あるかたちに結合した創り主を象るのだ。ただし、その意味するところは、人間的な思惟が単一な超越的形相を対象的に知るということに存するのではなくて、むしろ、さまざまな個別的形相（限定）の把握を通して、さらには一にして無限なるものへと開かれゆくということにこそ存しよう。それは、人間的な自然・本性（ピュシス）の、そして魂ないし知性の上昇の階梯であったが、そのことについては、同じ文脈の中で次のように洞察されている。

「〔そうした上昇にもとづいて〕自然・本性的な法（νόμος）は、《神在り》ということについての最上の知見（ἔννοια）と信（πίστις）とに至る。……ここに自然・本性的な法とは、感覚を通して知性とロゴスに即して生成した自然・本性的な働き（ἐνέργεια）のことである。そうした働きによって……より悪しきものからより善きものへの（πρὸς τὸ κρεῖττον）上昇の道が生じるのだ。[21]」

してみれば、諸々の限定されたかたち・形相把握の段階は、本来は決して完結した自存するものではなく、かえってそうした閉ざされた領域を超えて、より善きもの、より高次のものへと開かれている。そしてそれら全体は、まさに無限性へと定位されているのである。（すでに触れたように、無限性とはマクシモスにあって、勝義の「神の名」であった。）つまり人間的自然・本性のロゴス的働きは、「神在り」という信のかたちへと開かれ、それへと導かれるべきものとしてある。そしてそこにおいて、「神の何であるか」という本質・実体（οὐσία）は決して知られず、ただ「神在り」と知られるのみ、という周知の定式が語り出されるのであった[22]。

信ないし信仰については後に改めて吟味しなければならないが、ここではその基本線のみ押えておこう。右の引用文に示された信というものは、決してそれ自身に閉じた静止したものではない。誤解を恐れずに言えば、信とは主体・自己の単なる所有物ではなくて、「主体・自己の在ること」の基底を絶えず浮動化させ突破してくるような何ものかであろう。われわれにとって安心して確保されているような主体など、実はどこにもないのだ。言い換えれば、自らの知性的力を超えた働き（エネルゲイア）に何らかの契機によって貫かれたとき、われわれは己れの「在ること」の基底が揺さぶられ、根本からの問いに晒されよう。そしてそうした経験が、いたずらな不安や焦躁を駆り立てるものではなく、畏れのうちなる静謐な驚きを生むものであれば、そこには神的エネルゲイアの現存が認められるであろう。（逆に、自分の心が狭められるかのような不安や焦り、あるいは他者への悪意や妬みがいささかでも混入してくるような場合、それは自らの執着によるものと言うほかはない。）

かくして信とは、われわれが無限なる神的エネルゲイアを宿した姿であろう[23]。それは、魂・人間の全体が超越へと促されてゆくようなダイナミズムのかたちそのものなのだ。すなわち信は、神的働きを受容した「或る知」であるが、その際、神の「何なのか」（本質）は知られ得ず、かえって神の「何でないか」ということが、あらゆる形相的限定の否定という仕方で間接的に浮彫にされてくる。従って、信が問題になるとき、そこでの知（γνῶσις）の意味は、「主体の持つ対象知」から「主体の自己超越のかたちそれ自身としての或る知」へと変容することになろう。

従って、先の引用に「より悪しきものからより善きものへの上昇の道行きが生じる」とあるのは、己れ自身の「在ること」を超出することとしての「信のかたち」を示すものと解されよう。そして、信において「神在り」と知られるのみとは、無限なる神の存在次元へと、人がどこまでも己れを無みし己れを超えゆくということ自身にほかなるまい。「信のダイナミズム」と呼ぶゆえんである。

ちなみに、人が神を否定し「神など存在しない」とうそぶくとき、そこでの神とは大概のところ、ある種の思惟的像として己れの外、世界の外に対象的に捉えられたものであって、真に神（θεός）の名に値するものではない。そのようなときには、「神は死んだ、神など信じない」などと言っても、それは、自分が思惟の限界内に措定した像（形成物）を、改めて自分で否定しているに過ぎないのである。

さて、今一つ確認しておくべきは、マクシモスの文脈には、次のような「知の両義性」とも言うべきものが見て取られるということである。

(i) 諸々の自然・本性的事物は、自らの形相ないし可知的根拠・ロゴスに即しては、つまり意味の次元においては、それぞれに限定され完結したものである。その限りでは、それらは固定された動かぬものである。

(ii) しかし他方、それらは現実には、自らを根拠として自己原因として在るのではなくて、究極の原因によって「在ること」へと引き出されたと言わざるを得ない。しかもまた、「生成したものの自然・本性的な動きが静止するのは、その自然・本性的な働き（エネルゲイア）が目的・終極に達したときだ」[24]という。そしてすでに述べたように、神とは、かく生成（創造）の「根拠＝目的」なる存在を呼ぶ名なのである。

ただ、そのことはむろん、神の本質が直接に知られるなどということではない。かえって「神の名」は、諸々の有限な事物の本性的動きが凝視されるとき、その「成立根拠」＝「究極目的」がそれらの根底に何らか現前し働いていることを感知するような経験の中から、はじめて勝義に発語され得るであろう。

とすれば、およそ自然・本性的事物の形相は、(i)、まずはそれぞれの限定された本質を担っているとともに、(ii)、自らの「存立の根拠」＝「志向する目的」なる無限なるものを指し示すしるし・象徴でもあることになろう。[25]それゆえ、われわれの事物経験には、「形相的限定知」と「象徴知」との両者が、つねに同時に含まれているのだ。そしてここに、「エネルゲイアの経験から、その根拠へ」という探究方向が、われわれにとって基本のものとなるのである。[26]

以上、「信のダイナミズム」および「知の両義性」ということについて、多少とも見定めてきた。そこで改めて確認しておくとすれば、「《神在り》と知るのみで、その実体・本質（ウーシア）は知られ得ない」という、いわゆる否定神学的な定式にしても、単に対象的な知見に留まるものではなくて、魂・人間が神的エネルゲイアに貫かれた出会いと驚き、そしてその脱自的な経験そのものを根底に有していると思われる。

それゆえにまた、先に述べた「生成（創造）、動き、静止（目的）」といった三段階の構造も、神と被造物との全体を対象として眺めるかのようにして語られたものではあり得ない。そうした視点ないし場に身を置くとすることは、主体・自己が局外に不動な存在を確保しているとするに等しく、ある種の傲りを抱え込んでいるのだ。[27]われわれは本来、いわば存在論的な「動き」と「途上の姿」を担いつつ、その中から、そこに現前している超越的なものの働き（エネルゲイア）に己れの全体を委ね、問題を問い披いて行くほかないであろう。

とすれば一般に、いわゆる客観性、実証性を標榜することも、われわれの抱えている根本の「動き・動性」という性格を一旦封印し、全体の動的構造から部分的探究領域を切り取った場合に為し得ることなのだ。そのことを見落として、いかなる専門分野であれ、客観性、実証性が普遍妥当的な探究方法だと看做してしまうならば、そこには自己把握の虚偽と傲りが、ほとんどそれと意識されぬままに混入してくる恐れがあろう。

ともあれ、「生成、動き、静止」という全体構造は、マクシモスにあって確かに、「すべての有限な自然・本性（存在物）の成立根拠」＝「それらの成りゆくべき究極目的」たる神へと、両方向において開かれている。しかし、そうした事態は元来、ありきたりの存在了解が突破されるかのような経験、つまり神的働きに貫かれた原初的な驚きと出会い（カイロス）の経験の中から、その経験の根拠に自らの全体が披かれゆくことを通して、はじめて見出され語り出されたと考えられよう。それゆえ、かかる原初的かつ脱自的な経験の内実が、さらに問い求められなければならないのである。

そこで次章においては、すべて自然・本性（ピュシス）が無限なるものに開かれた動性・ダイナミズムとして捉えられるという、その把握の成立場面そのものに立ち帰って、問題の中心的位相を明らかにしてゆくことにしよう。それはマクシモスの文脈では、とりわけ「善く在ること」（つまりはアレテー）の成立そのものに注目して、その意味射程を問い披いてゆくことである。

第二章　「善く在ること」（アレテー）の成立をめぐって

第一節　問題の誕生の場に

一　対象性の突破

すべて生成したもの（いわゆる被造物）は、既述のごとく、自らを根拠（原因）としてではなく、何らか超越的な根拠によって「在ること」へと現に引き出されたという。しかし、そのように生成したもの、自然・本性的なもの（ピュシス）は、大局的には「生成（創造）、動き、静止（目的）」という、両極の無限性に開かれた構造においてあるとされた。その際、マクシモスにあって特徴的なのは、その三段階がそれぞれ、「在ること」、「善く在ること」、「つねに在ること」という三つの段階に対応するものとして探究されていたことである。

そこにあって、およそものの「在ること」と「つねに在ること」とは、いずれも端的にはわれわれの力を全く超えている。すなわち、それらの究極の原因が神と呼ばれ、またそうした神は、すべてのものが「それ」に至ってはじめて完成する当の目的でもある。（つまり、かく「原因＝目的」なる超越的な何ものかを、それ自体の本質は知られ得ぬとしても、意味論的に「神と呼ぶ」のだ。）だが他方、中間の「善く在ること」については、その成立が人間的自由・意志（プロアイレシス、あるいはマクシモスの用語ではむしろグノーメー）にもとづくとされている。そしてそのことには、「在る」と「善い」という二つの事柄の根源的関わりが秘められているのである。

しかしそれにしても、ここに改めて注意すべきは、右のような全体構造にあって、現実のわれわれは本性上、あくまで中間の姿たる「動き」としてあり、それゆえにまた、「根拠＝目的」なる超越的存在を対象的に直視し知ることはできない（出エジプト三三・二〇、ヨハネ一・一八）ということである。

このことはわれわれに、次のような基本の問いを新たに突きつけてくるであろう。すなわち、不可知なる両極を含むくだんの構造を、われわれは一体どこから、いかにして語り得るのか。人は「全く知らぬもの」について、は、「これ」を愛することもできない。[1]何であれ有限なもの・対象を知ろうとするときも、「それ」について何か少しでも知っていればこそ、それをさらに知ろうと愛し探究し得る。この点は、真理や神といった超越的なものについても同様であって、「それ」を全く知らないならば、当のそれを愛することも探究することもできないはずである。

とすれば、人間的知の彼方なる超越的存在を、われわれはいかなる「あらかじめ保持された知」にもとづいて、さらに見出し語り出すことができるのか。あるいは、次のように言ってもよい。「被造物」などという知見を、人はどこから獲得したのか。そして、神の「創造」というわざを、また「創造主」なる存在を真に語るとは、一体いかなる経験、いかなる知の中から可能になったのか。

このように素朴に問うとき、われわれはおよそ問題の根本に関われば関わるほど、そこでの言葉や概念を、それらの誕生の場そのものに立ち帰って虚心に問い直し吟味することを促されよう。しかも、そうした誕生の場とかたちを問い披いてゆこうとする態度は、探究のいかなる局面にあっても絶えず持ち堪えられなければなるまい。

なぜなら、言葉（ロゴス）の誕生の機微は、探究のあらゆる段階においていわば同時的に、つねに現前しているからである。逆に、もしそれが過去のものとして局外に固定され対象化されてしまうならば、探究の道にさまざまな二次的なものが附着してきて、問題の中心的動向が見失われることになりかねない。言い換えれば、周辺の二次的と見えるものは、決して単に切り捨てられるのではなくて、中心に漲る誕生のかたちによってその都度つねに生命を与えられるのであり、またそうでなければなるまい。

この点、たとえば「創造主と被造物」といった把握にしても、もしそれが、両者を局外に客体的対象として眺めているかのような主体・自己の存在を闇雲に前提しているなら、やや緩んだ二次的な図式となろう。というのもわれわれは、「創造主」、「創造のわざ」、そして「被造物の全体」の関わりを、あたかも舞台上のドラマを見るかのごとく外なる対象として見ることはできないからである。先に触れたように、神なり創造主なりの「何で在るか」（本質）は人間的知の彼方、超越の闇に存し、われわれはただ、「神在り」と志向的に知り得る（つまり信じる）ことができるのみであった。が、そうした定式は本来、今一度強調しておくとすれば、単に対象的限定による知として所有されるようなものではなくて、むしろ無限性（＝神）へと徹底して開かれた「魂・人間の動的な存在様式」をこそ示すものと解されよう。

二　「善く在ること」の発動とその志向的意味

さてそこで、とりわけ注目されるのは、くだんの三段階にあって中間のものたる「善く在ること」という動的かたちの意味である。すなわちマクシモスによれば、「善く在ること」が——それは後述のようにアレテー（徳）のかたちでもあるが——発動し成立することなくしては、両極としての「在ること」と「つねに（永遠に）在ること」の意味もあらわにならないとされているのである。

そのことは、およそ「愛智（哲学）の発動」、あるいは「探究の端緒」たる驚きや出会い（カイロス）ということとも重なるのだが、ひいては「在る」と「善い」との関わりという根本の問題に触れてくる事態だと思われる。ともあれ、とりわけ問題となるのは、主著『難問集（アンビグア）』において語られている次の文脈である。

「人間にとって可能な普遍的な存在様式として……神は、人間が《在り》、《善く在り》、さらには《つねに（永遠に）在る》べく存立させた。それら三つのもののうち、両極は原因たる神によってのみ成り立つが、中間の在り方は、われわれの自由な意志（γνώμη）と動き（κίνησις）に依存している。しかし、そうした中間のものを通してこそ、両極についても正しく発語されることになるのだ。すなわち、中間の《善く在る》というかたちが発動し現存しなければ、両極としての《在る》および《つねに在る》ということを名指すことも空しくなるであろう。つまり、《善く》ということが自由に〔意志的な仕方で〕結合することがなければ、他の仕方では両極における真理が現出することも守られることもない。そして、《善く在ること》（τὸ εὖ εἶναι）という中間のものは本来、両極と結びついて真理をあらわにする（形成する）のであり、あるいは神への絶えざる動き（ἀεικινησία）によって志向している真理をあらわにするのである。[2]」

この文章は、マクシモスの愛智の探究にあって一つの要ともなる洞察を含んでいる。なぜならそれは、われわれ可変的な存在者にとって「在る、存在するとは何なのか、いかなる意味射程を有しているのか」ということが、根底から見出されるその機微に関わっているからである。

そこに読み取り得るのは、「善く在る」という動的かたちが発動したとき、はじめて「在る」ということの意味（志向と拡がり）が何らかの明るみにもたらされるということである。つまりその際、自らの「在ること」が単に平板で完結したものではなくて、本来は、超越的存在（つねに在ることそのもの）へと開かれた動性（ダイナミズム）としてあることが感知されてくるのだ。（ちなみに、マクシモスの文脈で「善く在ること」とは、「生成、動き、静止」という階梯の中間に位置し、「つねに在ること」（無限なる存在）へとつねに開かれているものなので、「より善く在ること」という比較級表現を含意している。）

では、根源的な問いと探究の端緒ともなる「善く在ること」は、いかにして現に誕生し発動してくるのか。それは、自らの心身の全体が神的な働き（エネルゲイア）に貫かれ、無限性へと促されたときであろう。それ以前にはわれわれは、そのようなとき、己れの仮初の存在基底はある意味で突き崩され、いわば浮動化してくる。その日常のさまざまなわざ、思い煩いにあって、多様な像ないし形象に多少とも捉われ、それらとの関わりの中に埋没していた。それはいわば、不分明なままに「自己在り」と了解し、しかもそのことに開き直って、実は自己を忘却している姿であろう。そうした姿には、有限なさまざまなもの（権力、財、快楽、名声等々）への執着が潜んでいるが、その根底には畢竟、己れ自身への執着と傲りが存しよう。だが、そのように自らの「在ること」が埋没し、自己執着に閉じられた姿が、何らかの契機によって突破され無みされるとき、そこには己れの力を超えた神的な働きが現前しているのだ。そして、「善く在ること」という無限性へと開かれたかたちが発動してくるのは、そうした神的エネルゲイアとの出会い（カイロス）においてであろう。

ただしかし、そのようなことはわれわれにとって、必ずしも大仰な出来事である必要はない。すなわちそれは、たといどれほど取るに足らぬものであれ、心の琴線に触れるかのような出会いと驚きのうちに、誰しも何ほどか経験し得ることであろう。もとより、そのきっかけとなる具体的な経験は、人によって、また時と状況によって多様なかたちを取ってくる。が、共通しているのは、それらの根底にはある種の驚きと感懐、さらには心砕かれた自省の念などが存することである。

言い換えれば、自然との、芸術作品との、そしてつまりは他者との出会いと驚きを通して、あるいは人知れぬ悲しみや受苦、罪の自覚などを通して、己れの「在ること」それ自身がいわば謎かけられてくる。しかしそうした姿は、同時にまた、われわれが自らの自然・本性を限りなく超えた神性の働き（エネルゲイア）に全体として晒されて、そのことを自覚的に受けとめた姿となり得るであろう。その際、神性それ自身の何たるか（本質）は全く知られ得ないとしても、他方、魂・人間がその働き（エネルゲイア）に貫かれたことは、確かなこととして経験されてくるのだ。それは、「信・信仰（ピスティス）という端緒」の姿でもあった。そして、そこにおいてこそ古来、懐疑論を破るものとしての「確実性の原初のかたち」が見出されてきたのである[3]。

かくして、無限なる神性の働きに何らか貫かれた姿が生じたとき、主体・自己の「在ること」の真の意味は、もはや閉じられ完結したものではあり得ず、むしろ己れ自身をどこまでも超えゆく脱自的な動き（エクスタシスないしエペクタシス）のうちにこそ、逆説的に探究さるべきものとなる。すなわち、先の引用にあるように、「善く在ること」という中間のかたち（「つねに在ること」へと開かれた動的かたち）が発動しなければ、「在る、存在する」ということの意味が真に問題化してくることもないであろう。そして、「善く在ること」という志向的かたちは、無限なるもの（神性）への絶えざる動きのうちに、つまり神への愛のうちに、自らの志向する真理をあらわにしているのだ[4]。この意味で、「善く在ること」の発動は、「つねに在ること」（神、真理）の、いわば超越的内在の位相を証示していると考えられよう。

してみれば、神ないし神性が何らか知られるのは、ただそのような仕方においてであろう。神性というものは、われわれにあって絶えず己れが無みされ、己れの全体が神性へと開かれてゆくような脱自的愛としてはじめて、この有限な地に何らか顕現し、かつ知られてくるのだ。(5) 端的に言うなら、神は「神への愛として」、また「善く在ることの志向的かたちとして」現出してくると思われる。それはマクシモスにおいて、アレテー（徳）（ἀρετή）という語の勝義に指し示すところでもあった。後に見るように、アレテーが「受肉した神だ」とされるゆえんも、そこに存するであろう。

第二節　円環的自己還帰的な構造

一　根拠からの呼びかけと人間的応答

「善く在ること」（アレテー）という志向的かたちの発動とは、人間の自然・本性（ピュシス）が自らの可能性の成就に向かって、より善き動きへと促された姿であった。そこには、己れを貫いてきた根拠を、今度は自らがそれへと成りゆくべき究極の目的として志向してゆくという、ある種の円環的自己還帰的な構造が認められよう。このことについては、次のように語られている。

「神はすべての自然・本性を知恵（σοφία）によって存立させ、諸々のロゴス的実体の各々にその第一の力として、御自身の知（γνῶσις）を密かに附与した。すなわち偉大な与え手たる主として、われわれ卑小な人間にロゴス（言葉）の力を自然・本性として組み入れて、神自身への自然・本性的な欲求（πόθος）と愛（ἔρως）とを与えたのだ。……そうしたロゴス的力にもとづいて、われわれは、万物において秩序ある仕方で現れている真理や知恵や摂理などへの欲求を動かされ、かの存在を探究してそれに至るべく促されるのである(6)。」

ここに窺い知られるように、われわれにあってロゴス（言葉、知性）の力は、自らが存立せしめられた当の原因・根拠を、今度は、そこに達すれば自らの自然・本性が開花し成就する目的・終極として自覚的に求めてゆく。つまり、自らの成立根拠を改めて自由に欲求し愛してゆくということが、ロゴスの本性に属するのである。

もとより、神自身の「何たるか」という実体・本質（ウーシア）は、通常の述語づけをことごとく否定するかのような「超越の極み」として、また「無限性そのもの」として、われわれには全く隠された「知られざるもの」であった。しかし他方、神の働き（エネルゲイア）は万物に浸透し、真理や摂理のしるしとしてあらわに現れているとされる。この点、パウロは周知のごとく次のように言う。

「世界が創られたときから、目に見えない神の性質、つまり神の永遠の力と神性（θεότης）は被造物に現れており、これを通して神を知ることができる。」（ローマ一・二〇）

ただしその際、「神を知ることができる」というのは、決して対象的に神を限定し把握するなどということではなくて、むしろ「謎・しるしを通しておぼろげに知る」ことと解されよう。それゆえわれわれは、さまざまな具体的なしるし（象徴）を読み取る経験を介して、その根底に働き現前している神的ロゴスを愛し求めてゆくほかないのであり、それはどこまでも止まることのない絶えざる上昇の動きなのである。

そしてそこには、ロゴス的実体としての人間のあるべき姿が示されているであろう。それはいわば、根拠からの呼びかけに対して自由に応答してゆくということである。それゆえ「わたし・自己」とは、われわれにとって勝義には、かく根拠からの呼びかけに応答してゆく者の名にほかなるまい。

二　自己還帰の階梯

人間的自然・本性がそうした円環的構造にあって、しかも絶えず己れを超え出てより高いものを志向してゆくということについては、マクシモスの以下に示す引用文がその間の機微をよく示している。

それはすでに言及したような「根拠＝目的」なる存在として神を指し示す文脈の中で語られていた。つまり、「動かされるもの〔被造物〕の動きの目的は、《つねに善く在ることそのもの》〔たる神〕に存し」、また同時に、「《在ることそのもの》たる神は、《在ること》（τὸ εἶναι）の与え手（δοτήρ）であり、《善く在ること》（τὸ εὖ εἶναι）を恵む者（χαριστικός）だ」とされている。ここに、「つねに善く在ることそのもの」と「在ることそのもの」とは同義として用いられ、いずれも神を指し示す。そして、すべてのものの「在ること」を端的に根拠づける「与え手」という名称と、「善く在ること」を恵みによって成り立たせる「恵む者」（χαριστικός）という名称とが、明らかに使い分けられている。ただし後者においては、後に論じるごとく、人間的自由の働きが不可欠のものとして介在しており、従ってそこには、神的恵みと人間的自由とのある種の協働が語られることになるのである[7]。

そうした事柄についてはさて措き、くだんの円環的構造の機微は、次のような集約的な言葉によって語り出されていた。

「もし思惟的なもの（νοερόν）がロゴスに即して思惟的に動かされるならば、〔その根拠を〕全体として思惟する。もしそのように思惟するならば、思惟されたもの〔根拠〕を全体として愛するであろう。そして、そのように〔根拠を〕愛するならば、愛された当のものへの脱自・超出（ἔκστασις）を蒙る。さらに、もしそのように蒙るならば、明らかに〔当の根拠へと〕促される。そして、もしそのように促されるならば、そうした動き（κίνησις）の熱心さを全体として志向する。そしてさらには、もしそうした動きを熱心に志向するならば、愛されたもの全体のうちに自らの全体が全体的に包摂されて、約束された全き救いを自由な意志（προαίρεσις）によって自ら自由に受け取るに至るまで、その動きは止むことがない。[8]」

マクシモスはどの著作にあっても、一見渇いた硬質の表現を旨としており、右の文章も同様である。が、それらのうちにはいわば、根源的な出会い（カイロス）によって愛に促されゆく姿が秘められている。それはたとえば、旧約の『雅歌』の花嫁が、かつて花婿との出会いによって心貫かれ、今は姿を隠してしまっている花婿をどこまでも愛し求めてゆく姿であろう。あるいは、モーセがシナイ山にてヤハウェ（「わたしは在る」《Ἐγώ εἰμι》なる神）の顕現にまみえ（出エジプト三・一四）、さらには超越の闇における神の顕現へと伸展してゆく姿でもある（同、二〇・二一など）[9]。そしてそれらは、根底においてはいわば同時的に、使徒たちにおけるキリストとの出会いに重なることとして解釈されてきた。

マクシモスはそうした根源的な出会いの現実を、カッパドキアの教父たちをはじめとして先行の伝統を継承しつつ改めて観想し、われわれにおいても同時的に再現し得ることとして語っているのである。

さて右の引用文には、「動かされる」、「思惟する」、「愛する」、「蒙る」、「促される」、「志向する」、「受け取る」、そして「止む」といった動詞が、注意深く用いられている。それら一連の、相互に連関する動きによって、魂・人間の本来的な道行きの全体が表わされていると解されよう。それらの動きは、既述の「生成（創造）、動き、静止（終極）」という階梯を、むしろ人間的経験の内側から分節化して語るものとなっている。

そこで、それら相互のつながりをやや敷衍して意味づけるとすれば、次のような階梯として示されよう。

(i) 魂・人間は、己れのロゴス的根拠 (無限なるもの) との出会いによって心貫かれ、「動かされた」とき、そうした根拠の働き (エネルゲイア) ないし呼びかけに応答して、当の根拠のことを思い、何とか「思惟しよう」とする。

(ii) しかしそうした根拠とは、どこまでも超越的で無限なるものであるので、その働きに貫かれた魂は、今度は己れを超え出て当の根拠を「愛しゆく」ことになる。つまりわれわれにとって、根拠との結合・一体化の道は端的な合一としてはあり得ず、ただ絶えず己れを無みしゆく脱自的な道行きとなるのである。

(iii) そのように己れを超えゆく脱自・超出 (エクスタシス) の姿は、魂が根拠の働きによって「蒙った」姿である。そして信・信仰とは、根拠の働きを何らか宿した「魂のかたち」であろう。とすれば、その意味での信の発動は、魂・人間の本来的な愛智の道行きの端緒となるのである。

(iv) かくして脱自的なかたち (つまり信というかたち) を蒙った魂は、もはや決して己れのうちに閉じて安住していることはできない。むしろ魂は、自らの安逸と迷いの境位を突破してゆくべく「促される」ことになる。

(v) そのとき魂は、根拠たる神的ロゴスに聴従しつつ、それをどこまでも「志向してゆく」であろう。それは、無限なるもの、超越的なるものに対する魂の伸展・超出 (エペクタシス) の道である。

(vi) だが、そうした脱自的な愛と志向の道行きは、魂が全体として神的ロゴスの全体に包摂され、神的ロゴスに全く結合せしめられて、自らの「在ること」の成就を自由な意志によって「受け取る」に至るまでは、決して「止む」ことがないであろう。

右のような(i)～(vi)の階梯は、人が心貫かれた具体的経験から、そこに現前している超越的根拠への愛に促されて、脱自的に高まってゆく道を概観したものである。魂・人間のそうした道行きは、この有限な世界にあってはあるとき終極目的に達して止ってしまうようなものではあり得ず、あくまで「絶えざる伸展・超出（エペクタシス）」といった動性（ダイナミズム）を旨とするほかあるまい。[10]（ただそのことは、後述のごとく、それとは逆の悪しき情念や意志との、そしてつまりは頽落や罪との険しい葛藤のうちにあると言わざるを得ない。それゆえ、人間のより善き伸展・超出としてのエペクタシスの道は、現実には、己れを無みしゆく自己否定の契機を介してはじめて生起し得ると考えられよう。）

このように言えるとすれば、先の引用文中の「動かされる」、「思惟する」、「愛する」、「蒙る」、「促される」、「志向する」、「受け取る」、「止む」といった一連の動詞は、魂・人間の「在ること」が闇雲に確保された上での、外的かつ附帯的な「動き」を示しているのではなく、また単なる円環的な道を示しているのでもない。むしろ魂は、自らの存立根拠へと脱自的に還帰してゆくことによって、自らの「在ること」のより善き変容の道をゆくことになろう。すなわちそこにあっては、実体（ウーシア）として、また自然・本性（ピュシス）として完結しているものが外的に円環の道をゆくなどというのではなくて、人間的自然・本性がより善く実現し開花してゆくこと（「善く在ること」の成立）の階梯が語られているのである。

もとより、われわれがすでにして人間として在ること、その自然・本性を保持していることは、所与の事実である。しかしそのことは、われわれにとって未だ畑のような可能性においてであると言うべきであろう。それは、周知の「種播きの喩え」が語り告げている通りである（ルカ八・四―一五）。つまり、人間的自然・本性という土地に神的ロゴス（言葉）という種子が播かれたとしても、それを受容することを頑なに拒んだり、何らかの試練を受けてすぐに諦めたり、世のさまざまな思い煩いや欲望や執着に心が塞がれてしまうならば、種子は育つことなく枯れてしまう。

そうした意味合いからして、先述の「ロゴス的根拠への超出と還帰」という動きは、人間的自然・本性が神的ロゴスの働きを受容し、ひいてはより善きかたちに変容し開花してゆく道を示していると考えられよう。

かくして、「善く在ること」というかたちの発動・現出とは、人間的自然・本性が自らの閉じられ埋没した存在様式を脱して、「在ること」の意味基底をあらわにさせ、一つの根源的な問いを喚起させるものであった。そして、それは同時に、そうした問いと探究を自ら担いゆく魂・人間の、変容と再生の道行きを指し示しているのである。

第三節　神の受肉したかたちとしてのアレテー

一　アレテーを通しての顕現

アレテー（ἀρετή）とは言うまでもなく、古代ギリシアにおける愛智（＝哲学）の道にとって、最も重要な言葉の一つであった。マクシモスはそのことを視野に収めつつ、神がこの有限で可変的な世界に何らか顕現してきたかたちをしも、アレテーの名で呼んでいる。それゆえ、この点について吟味することは、右に述べてきたのと同根源的な事柄を、やや別の観点から考察することにもなるであろう。

アレテーというギリシア語はふつう、「徳」、「卓越性」、「器量」などと訳されてきた。が、それは元来、それぞれのもの（存在者）に固有の「善さ」を意味する言葉であった。そしてとくに、アレテーが人間について語られるときには、それは、人間的自然・本性（ピュシス）において新たに形成されてきた「善きかたち」を示すとしてよい。ただしかし、マクシモスにあってアレテーという言葉には、「徳」や「卓越性」といった訳語では表わし切れぬ意味合いが新たに附与されている。それは、「超越の宿り」、「超越への志向」とも言うべき意味次元であるが、アレテーはそれら両者を同時に担う言葉として用いられているのである。

　このことを鮮やかに示しているのは、アレテーが「受肉した（身体化した）神」（θεὸς σωματούμενος）として捉えられているということである(11)。これは驚くべき表現であるが、そこには、「いかなる有限な姿において無限なるものが顕現し得るのか」ということについての、一つの根本的な洞察が含まれているであろう。そしてマクシモスにあって、既述の「善く在ること」という動的かつ志向的なかたちは、右のようなアレテーというものの内実をあらわに示しているのだ。アレテーという一語に込められたそうした意味合いは、改めて言うなら、古代ギリシア的諸伝統の受容と拮抗、そして超克という大きな思想的ドラマの、一つの顕著な縮図とも看做されよう。

　ともあれマクシモスは、『難問集（アンビグア）』の冒頭において、その書を著すように要請してきたある師父に向かって、次のように言っている。

「あなたは、いかに神が自らの似像（εἰκών）に即して人間を創ったかを真に示し、また、人間が善性（ἀγαθότης）のゆたかなしるしだということを明らかにした。その際あなたは、〔神性と人性という〕相反するものの美しい結合によって諸々のアレテーにおいて受肉した（身体化した）神を（τὸν θεὸν ταῖς ἀρεταῖς σωματούμενον）、あなた自身のうちに尊くも証示したのである(12)。」

　ここには、「受肉した（身体化した）神」という意味合いが示されている。それに従えば、恐らく神は、勝義には人間の「アレテーのうちに」、「アレテーとして」顕現してくるということになろう。それゆえ、われわれが外なる世界にいたずらに神を探し求めても、神はそれ自体としては見出されない。また主体・自己のうちにも、一般化された認識主観のごときものなら、そこにも神は見出されない。

すなわち、「わたしは在る」たる神は超越の極みであって、この有限な世界のどこにもそれ自体としては現れない。しかし、諸々のものは、あたかも神的働きのしるしないし足跡であるかのように、遥かに神を象徴的に指し示しているのだ（ローマ一・二〇）。そしてとりわけ、アレテーという姿（人間の「善く在ること」）において、神が何らか宿り受肉してくるとされるのである。(13)

ところでマクシモスは、そうしたアレテーの意味と構造に関して、さらには次のような洞察を示している。

「人間は、本性的に見えざる神を諸々のアレテーを通してあらわにしたが、それほどに人間は、知性（νοῦς）にもとづいて、知られざるものの知（γνῶσις）へと神によって引き上げられる。そして言葉と観想によって為される愛智（＝哲学）の営みによって、聖人たちは神への欲求（πόθος）へと誤りなく向けられる。その際、愛智にもとづいて、身体の自然・本性もまた、必然的に高貴なものにされるのだ。そのようにして彼らは、自らに宿った自然・本性的な顕現の姿（アレテー）によって、ふさわしい仕方で神に近づいたのである。(14)」

こうした表現は、実は「受肉と神化との関わり」を問う文脈において語られたものであり、大きな意味射程を有する。（「神化」《θέωσις》とは、端的に「神になる」などということではなくて、「神的生命への与り」を意味する言葉であった。）が、次にさしあたり、右の文章から三つの主要な論点を引き出しておこう。

(i)　本性的に見えざる（知られざる）神は、アレテーという、「人間的自然・本性がより善きものへと形成された姿」として、この有限な世界に何らか顕現してくる。

(ii) そのことに対応して、人間は知性（ヌース）にもとづいて神的な知へと引き上げられ、神に接近してゆく。

(iii) 人間のそうした道行きは、「身体の聖化」[15]とも呼ぶべき事態をおのずと伴い、魂と身体との結合体たる人間の全体としての変容をもたらす。

アレテーの成立とは、このように極めて大きな射程を有する事柄である。それは右に窺ったように、「受肉と神化」、「身体の聖化」といった中心的な主題と密接に関わっている。しかも、それはマクシモスにあって、論点を先取りして言うならば、「人間と、人間を紐帯とした万物の神化」といったことにも拡がってゆく。かくして、そうした一連の同根源的主題は、同時にまた、およそ他者との「全一的な交わり」（広義のエクレシア）という主題として、存在論的コスモロジーとも呼ぶべき観点から探究されているのである。

ちなみに、本書の「人間と宇宙的神化」という表題は、以上のような諸問題の連関を表示しようとしたものにほかならない。それらについて正面から吟味・探究してゆくことは後の章に委ねざるを得ないが、ここでは基本方向として、次のことだけを確認しておこう。

アレテー（つまり「善く在ること」、「善く生きること」のかたち）は、マクシモスの文脈にあって、無限なる神性（善性）の働きを何らか受容し宿した姿であろう。だがその成立には、何であれ有限な事物への執着を無みするという自己否定の契機が漲っている。言い換えれば、われわれにとってアレテーとは、一つの限定された形相に留まるものではなく、むしろあらゆる形相的限定を超え出て、「無限性へと開かれた動性（ダイナミズム）」をしも自らの本質としている何ものかなのである。

従って、「わたしは在る」（存在そのもの）たる神がそうしたアレテーというかたちで顕現してくるとされるとき、そこにあっては、「わたし・自己」のありきたりの自己把握と存在把握とが一度び無化するかのような事態が注視されていたのだ。さらに言うならば、そのように己れを無みする自己否定が媒介とならなければ、「人間・自己の真の成立」も「他者との真実の交わり」も、容易に現実のものとはならないであろう。そして後に見るごとく、キリストの名は恐らく、そうした道が現にこの身に成り立ってくるための可能根拠に関わっていると考えられよう。

二 アレテーと幸福

それはともあれ、アレテーの基本的な意味合いをなおも少しく見定めておこう。マクシモスはたとえばアレテーと幸福との関わりについて、次のように透徹した言葉を発している。

「神的な正義（δικαιοσύνη）は、この世で人間的なものを評価して富や健康や他の評判高いもので自分を飾っている人々を、価値ある者とは看做さなかった。かえって、魂の諸々の善きものを尊び、神的で永遠的な善きものに与る人々のみを、幸福な者とするのだ。……たとい身体や外的なものに属するさまざまな善きものが取り去られても、諸々のアレテーさえ残るならば、幸福たることは何ら欠けることなく存続する。なぜならば、アレテーは自己充足的であって、アレテーを持つ者はそれだけで幸福だからである。しかし他方、すべて悪しき人は、たとい地上の、ふつう善いと言われるものを余すところなく所有したとしても、諸々のアレテーを欠いているので、憐むべき悲惨な者なのである。[16]」

これは実は、「傲れる富者と貧しきラザロ」との物語（ルカ伝第一六章）について述べられた言葉である。その物語によれば、ラザロは腫物でただれ、富んだ人の門の前に座して、食卓から落ちる物で腹を満たしたいと思っていた。だが犬がやってきて、その腫物をねぶる有様であった。やがて彼は死んで、天使たちによってアブラハムの懐に導き入れられた。富者もまた死んで葬られたが、黄泉で苦悩のうちに目を挙げると、遥かにアブラハムとその懐にいるラザロとを見た。そして、憐れみを請う彼に対して、アブラハムはこう言うのである。

「子よ、思い出すがよい。あなたは生きているとき、諸々の善きものを受け、ラザロは悪しきものを受けた。今、ここで彼は慰められ、あなたは悶え苦しむのだ。しかも、わたしたちとあなたたちとの間には大きな淵があって……互いに渡ることはできない。」（ルカ一六・二五―二六）

マクシモスは福音書のこうした記述を受けとめ、それを「今、ここなる」われわれの生に関わることとして、極めて象徴的に解釈している。

すなわち、富者とアブラハムの懐との間には大きな淵があるが、その淵とは「身体とこの世とに対する欲望、執着だ[17]」という。永遠なるものに達せんとする人は、朽ちる衣なる肉をまといつつも、その淵（断絶と異なり）を超えてゆかねばならない。この点、「病は世との異なりを作り、貧しさは身体との異なりを作る」のであり、「ラザロは喜んで、病と貧しさとを立派に担った[18]」とされる。しかし富者はこの世のものにしがみつき、赦しの外に放置されるのだ。そして、来たるべき真の生はただ、「心からそれを愛し、それへの欲求ゆえに、すべての苦しみを喜びをもって耐え忍ぶ人々によってのみ獲得される[19]」のである。

ところで、「アブラハムの懐」というのは、「アブラハムの子孫から肉に従ってわれわれに現れた神（受肉した神）」のことと解されている[20]。そしてそうした存在こそ、「各人のアレテーに従って」ふさわしい人々に恵みを与えるのだ。それは丁度、「キリストがさまざまな牧者に、しかも分割されぬ仕方で自分自身を分ち与えるようにだ[21]」という。

この点はむろん「一と多との難問」にも関わることであり、後に改めて問題にすることになるが、ここではマクシモスの基本的視点のみを確認しておこう。すなわちまず、キリストは「分有する人々によって決して分割されず、それは、自然・本性的な一性（ἑνότης）の分割されざる存在性（ὀντότης）による。[22]」しかし、同時にまたキリストは、逆説的にではあるが、分有する人々の「信・信仰の測り（度合）に応じて」、それぞれに限定された仕方で顕現してくるとされるのである。してみればそこには、「知られざる超越的な一性」と「信の測り（受容の度合）に応じた有限な顕現」との間の、つまりは一と多との微妙な関係性が漲っていることになろう。

それはともあれ、マクシモスは既述のごとく、次のように喝破していた。「アレテーさえ残るならば、人は幸福であり[23]」、他方、「悪しき人はアレテーを欠いているので、他のいかなる善きものを所有したとしても、憐むべき悲惨な者である[24]」と。そして、ラザロとアブラハムについてのくだんの文脈は、こう諦めくくられている。

「善き人は、たとい地上の善きものをすべて欠いても、アレテーの輝きを有しているので幸福である。ラザロはその輝きとともに、アブラハムの懐（受肉した神）のもとで安らぎを得て喜ぶのである。[25]」

このようにマクシモスは、「この世と黄泉」とを分けた物語的語り口を透過し、われわれの「今、ここなる場面」に問題を収斂させて、霊的かつ象徴的な解釈を遂行している。すなわちそこにあっては、具体的なすべてのわざ、すべてのかたちは、その字義的な閉ざされた意味領域がいわば一度び突破されて、真に現存するもの、永遠的な善きものとしての「アレテー」に関与し得るか否かという、ただ一つの規範から照らし出され、評価し直されているのだ。しかもそれは、もはや単に死後の話ではなくて、まさにこの生にあって、さまざまの人間的なわざのうちに見出さるべき真相として捉えられていたのである。

三　まとめと展望

さてそこで、次章以下での新たな探究に備えて、これまでの論述を少しく振り返っておきたい。

証聖者マクシモスの洞察によれば、「アレテー」あるいは「善く在ること（τὸ εὖ εἶναι）という志向的かたち」は、「在ることそのもの」（αὐτὸ τὸ εἶναι）たる神が何らか宿ってきたかたちであった。「受肉した（身体化した）神」としてアレテーが語られるゆえんである。この意味でのアレテーの形成とは、この可変的世界の中、最後まで途上にあるほかないわれわれが真に「存在」（＝神の名）に関与し得るための、ほとんど唯一の道であろう。そしてこの点、「われわれは諸々のアレテーの習性（ἕξις）によって、同一で不可分なものとしての善性（ἀγαθότης）を模倣する」[26]とも言われている。

従ってアレテーというものには、「無限なる神性（善性）の徹底した超越性」と「それが有限なかたちに宿り来たる内在性」とが微妙に結合している。言い換えれば、神性ないし善性が、超越性と内在性という二つの緊張した意味合いを保持しつつ、一つの動的志向的かたちとして現出してきたのが、アレテーなのであった。そしてこのことは、東方教父、ビザンティンの伝統にあって一つの基本線ともなった把握、つまり「神のウーシア（実体・本質）とエネルゲイア（働き、活動）との峻別」という把握に深く関わっているのである。

すでに触れたごとく、神のウーシアは人間の言語的知性的な限定をことごとく超えた知られざるものであり、この意味では「超越の闇」、「否定の極み」においてあると言わざるを得ない。つまり神は、それ自体としては「無限なるもの」、「把握し得ざるもの」であって、古来、否定神学的伝統において、そうした否定的言辞を通してただ間接的に指し示されてきたのだ。

しかし他方、神のエネルゲイア（働き）は万物に浸透し、万物を根底から支え動かしている。逆に言うなら、諸々のもの、自然・本性的事物は、それぞれの限定された形相のうちに（またそれとして）神のエネルゲイアを受容し、それを何ほどか顕現させていると考えられよう。とすれば、すべての有限な事物は、それぞれの形相、それぞれの分に応じて、自らの存立根拠たる神のエネルゲイアを遥かに証示しているのだ。それゆえ、何であれ有限な事物把握には、それぞれの事物の「限定された形相知」と「無限なる神性を指し示す象徴知」とが、その都度いわば同時的に見出されることになろう。だが、何が最もあらわに神を証示しているのかと言えば、それは、人間的自然・本性が「善きかたち（善く在ること）」へと形成されてきたアレテーの姿にほかならない。

周知のごとく、人間は「神の似像（εἰκών）と類似性（ὁμοίωσις）に即して」創られたという（創世一・二六）。ただそのことは、いわば神的ロゴスのうちなる定めであって、現にある人間は誰も、それらの全き発現・成就の姿を保持しているわけではない。すなわちマクシモスによれば、われわれは生来、「神の似像（エイコーン）」という萌芽的な姿を与えられている。が、その完成たる「神の類似性（ホモイオーシス）」の姿は現実のものではなくて、われわれはそれへと開かれ定位されているのだ[27]。この意味でわれわれは、すでにして人間でありつつ、真に人間と成りゆく途上にあると言ってよい。人は誰しも、そうした「すでに、かつ未だ」という両義的性格を抱えているのである。

すなわちわれわれにとって、神のエイコーンたることは原初的な所与の姿であるが、神のホモイオーシスたることは、あくまで自由・意志の働きを介して「それに成りゆくべき当の目的（完全性の姿）[28]」なのだ。そしてアレテーとは、この観点から言えば、そうした本源的可能性を担った人間的な自然・本性（ピュシス）が、その開花・完成に向って新たに形成された「善く在ることのかたち」だと考えられよう。

かかるアレテーの発動以前には、神のホモイオーシス（神に似ること）へと開かれた本来の可能性は、未だ埋没したままであって、いわばその種子が開花することもなかった。それは、世のさまざまな一見善きものに対する執着や思い煩いなどによって己れを閉ざし、神的な働き（エネルゲイア）に背を向けた姿であろう。あるいはそれは、ある種の自己忘却、存在忘却の姿だと言ってもよい。そしてその根底には畢竟、自己自身への執着と傲りが潜んでいるのだ。ちなみに、「在る」と見えるだけで真実には在らぬもの、つまり権力、財、快楽、名声をはじめとして、有限な一見善きものはすべて、執着の対象となり、誘惑の機会となり得るのである。

さて、「主体・自己の在ること」は、はじめに触れたごとく、「わたしは在る」（Ἐγώ εἰμι）たる「神の名」にも通じることであり、それゆえにこそ、その真の成立はわれわれにとって、最後まで謎・神秘を孕んだものに留まる。

してみれば、探究が根源的な場面に関われば関わるほど、「主体・自己の在ること」は、問題の局外に措定しておくことのできないものである。この意味では、いわゆる客観性や実証性を標榜する諸々の学的探究は、自然科学であれ人文・社会科学であれ、人間・自己にとって最も中心の、本来は最も切実な問題位相をいわば括弧に入れ度外視しておく、といった探究方式なのだ。従ってそれは、端的に普遍妥当的なものというよりは、むしろ中心的場面から切り離されたという条件下での、一つの限定された領域における探究だということが忘れられてはなるまい。

ところで、「善く在ること」というアレテーの志向的かたちが発動したとき、それがありきたりの客観性の枠組が突破されたところで受けとめられるならば、そのアレテーのかたち自身が、存在（＝神）探究の第一の場となり対象となろう。そこにおいて「善く在ること」とは、今一度強調しておくとすると、世界のうちなる性質や静止した形相を示すものではなくて、徹底した「超越への開け」を、すなわち「無限なるもの、真に存在するものへと開かれた動性(ダイナミズム)」を担っているのである。

そうした「善く在ること」という志向的かたちの発動において、「在る、存在する」ということの意味基底が、はじめてあらわになってくる。しかし逆に、諸々の有限な形相なりイデアなりが「それ自体として在る」と看做されるとき、それらはいわば、無限性へと開かれた動的な構造から仮初に切り取られたものであろう。すべては恐らく、全体としての動性(動的秩序)のうちにあり、単に孤立しているものは本来は何もないのだ。(29) それゆえ、有限な諸形相は、全体的動向に比すならば、ある意味で、言語・知性的働きによる二次的構成物という性格を有していると考えられよう。

さてそこで、これまでの論述を承けて、「善く在ること」(アレテー)の誕生・発動の機微が、そしてそこに不可避的に介在している自由・意志の働きが、改めて主題化されなければならない。この重要な論点については、ここまでは半ば封印されていたのだ。が、人間的自然・本性の開花・成就、そしてひいては神化(神的生命への与り)という文脈を、いわばその内側から問い披くべく、今や、存在の次元における自由の問題に入ってゆくことにしよう。

第三章　人間的自由と善の問題

第一節　自由な意志・択びの介在

一　両方向に開かれた自由

証聖者マクシモスによれば、「善く在ること」（τὸ εὖ εἶναι）あるいはアレテーとは、われわれにとって、所与の「在ること」と究極の目的たる「つねに（永遠に）在ること」との中間に位置し、本性的に「動き」においてあるものであった。われわれはこの可変的世界にあって、決して端的に「つねに在ること」（つまり神）に到達してしまうことはできず、ただ「善く在ること」という動的かたちに与りゆくほかないのだ。（そして、それが絶えず己れを超えゆく伸展・超出という基本性格を有する限りで、そこには「より善く」という比較級的意味合いが含まれている）。

そうした「善く在ること」とは、むろん必然的に生じるものではなくて、自由な意志・択びを介して獲得さるべきものであった。このことは、人間がロゴス的知性的な力を与えられていることと密接に関わっている。なぜならば、自らの存立根拠に対して自由に応答し得るということこそ、人間という存在者の本質に属するからである[1]。

すでに述べたごとく、人間は自らに附与されたロゴス的力によって、「神自身への欲求に動かされ、神を探究すべく促される。」人間はその本性上、神から呼びかけられており、己れを超え出て自らの存立根拠へと向う動性を担っているのだ。言い換えれば、ロゴス（言葉）やヌース（知性、精神）の力とは、何よりもまず、そうした「根拠＝目的」なる超越的存在を志向しそれに還帰してゆく力として捉えられていたのである。

さて、神的な働き（エネルゲイア）というものは、神の永遠性と無限性からすれば、つねに十全な仕方で現存し働いていると言うべきであろう。だが、諸々の自然・本性的事物はそれぞれの限定された姿（形相）を通して、いわばそれぞれの分に応じて神的エネルゲイアを受容している。と同時に、それらは自らの小さな姿によって、神のウーシア（実体）つまり「神在り」ということを象徴的に指し示しているのである。

しかるに人間という存在者にあっては、他の非ロゴス的存在者とは異なり、神的エネルゲイアを受容する様式に次の二つの次元が見出されてくる。

(i) とにかくも人間として「在ること」については、誰しも神的エネルゲイアを自然・本性的に等しく受容しているとしてよい。

(ii) しかし、そうした所与の姿をより善く開花させてゆくか否かは、あくまで各人の自由・意志に委ねられている。つまり、神的エネルゲイアをよりゆたかに（より善く）受容することによって「善く在ること」が成立してくるか否かは、人が自由な意志（グノーメー）をいかに働かせるかということに依存しているのだ。そこにおいて、人間がロゴス的力を与えられていることの意味が、最も勝義に試されてくるであろう。

従って、ロゴス的根拠の呼びかけに対して、「虚心に聴従するか、頑なに背反するか」という意志的応答の仕方は、人間に託された可能性の「開花か、枯渇か」を大きく左右するものとなろう。そして、「人間的自然・本性の開花か、枯渇か」ということは、取りも直さず、「存在の現成か、非存在への頽落か」という両方向を意味しよう。とすれば、ここに自由の問題は、まさに存在論の要諦として姿を現してくることになるのである。

二　自己否定の契機

全体的な動向が右のように予想されるとしても、「神的な呼びかけへの聴従」、「超越的根拠への還帰」といったことは、いかなる仕方で現に具体化してくるのであろうか。

このように問うとき、見落とし得ないのは、そうした魂・人間の道行きの成立には、己れを無みする自己否定の契機が不可欠のものとして介在しているということである。そしてそこに、広義の禁欲的なわざ・修行(ἄσκησις)が必要とされるのだ。このことは実際、歴代の教父や師父たちが透徹した修道の生を生きることによって、身をもって指し示しているところである。すなわち、彼らが一致して語っているのは、さまざまな情念や執着との闘いであり、己れを無みしゆく謙遜と愛の道であった。

問題の中心的場面は、恐らくはそうした最も単純な一点に存する。哲学・神学上の多くの難解なテキストにしても、その根底に漲っているのは極く単純な一つの真実であろう。が、それをあらわに言語化し、そこに関わっている諸問題の意味と射程を明らかにするためには、多くの文脈が必要とされたのだ。なぜならば、それらすべては相俟って、究め尽くすことのできぬ人間の真実に、つまり「人間が真に人間で在ること」、「他者と真に交わること」の謎・神秘に開かれているからである。そして、そこに現前している無限なる根拠を問い抜く探究のうちにこそ、ロゴス・キリストの名が普遍的な意味合いをもって浮び上ってくるであろう。

さて禁欲的なわざ・修行について、マクシモスは次のように言う。それは、「与えられたロゴス的力によって、人間が神への欲求と愛に促される」という文脈に続くくだりであった。

「学を愛し、真理を尊び愛する人々は、神への欲求を神秘的に（語り得ざる仕方で）覚え知って、労苦を惜しまぬ禁欲的なわざ・修行（ἄσκησις）を一つの身近な道として立てた。そしてそうしたわざによって、諸々の事柄についての真の知と聴従とを学び知り……また敬虔な観想を通して、この世に来たるべき真理をその身に何らか象ったのである。」[2]

ここに窺われるように、禁欲的わざと観想とが相俟ってはじめて、超越的な真理が人間の身に何らか象られ宿されてくるであろう。両者はそれぞれ、有限なものと無限なものとに対する人の関わり方を示していると考えられよう。そして両者は、それぞれの仕方で自己否定の契機を含んでいる。つまり、一般に禁欲的わざとは、有限なものや人との関わりにおいて然るべき節度と自制を保つことである。また観想とは、無限なるもの、神的なものに対して己れを無みしつつ、その境位にどこまでも参与してゆくことであろう。

そうした自己否定の契機が魂・人間の道行きにとって不可欠なのは、人間的自由というものが、「より善きものにか」、「より悪しきものにか」という両方向にその都度開かれているためである。すなわち、あらかじめ一言で言っておくとすれば、人間的自然・本性の「善く在ること」（アレテー）の形成とは、何の葛藤も労苦もない必然的なことではなくて、神的エネルゲイアに対する自由な応答によって生じてくるということである。それゆえ、それは恐らく、悪しき方向の否定という二重否定的な契機を介して、はじめて現実に生起してくるであろう。というのも、善の超越性、無限性のゆえに、人間的自由の「善き働き」（つまり、善への善き応答）は、善そのものの対象的な限定・知によって、またそれとして成立するものではあり得ないからである。それゆえむしろ、われわれにとって善き行為は、有限なものに閉じられ限定された悪しき意志の働きをしも否定してゆくこととして、はじめて具体化し現実化してくるであろう。

そしてそのことには、「無限なるもの（善・善性ないし神性）への心の抜き」と、「有限なるものへの還帰（具体化）」という二つの事態が同時に存し、微妙に結合しているのだ。これら両者は、観想（祈り）と実践と言ってもよいが、本来は両者相俟って、一つの「善き行為」を成立させていると考えられよう。

すなわち、観想なき実践は、真に行為として（善き行為として）成り立たず、むしろ欠如的なわざであろう。また他方、何らかの実践なき観想は、恐らくその名に値しないものであり、容易に心の傲りに（つまり、神に心披かれた観想に反するものに）落下し得るのである。

もとより現実のわれわれは、移りゆく有限なもの（真に在るとは言えぬもの）に執着し、そうした自己をしも肯定してしまう傾きを、多かれ少なかれ抱え込んでいるであろう。しかもそのことは、後に見るごとく、そのように欲し意志する主体・自己の「在ること」自身を非存在へと落ち込ませるという意味合いをも含んでいる。しかし、かかる悪しき傾き、悪しき可能性がなくなってしまえばよいというものでもない。なぜならば、自由による悪しき可能性の消失した姿は、ある意味で天使か動物であって、もはや人間ではないからである。

ちなみに、天使とはふつう、非質料的可知的存在者を呼ぶ名である。天使には本性上の「動き」は存在せず、個々の形相的同一性を保持しているとされる。この意味で天使は、より善きものにもより悪しきものにもなり得ず、無時間的な領域内での個々の形相（イデア、概念）の別名と言ってもよい。（ただし、神的な音信を告げる「使者」という意味合いは措く。）

また他方、およそ動物は、時と世代を超えてそれぞれの種（形相）を持続させてゆくという一点に向かって、涙ぐましいほどの努力をしている。彼らは、それぞれに附与された自然・本性（形相）に即して行動している。が、そこには、無限なる善に開かれつつ有限なもの（目的）を択ぶという自由な行為は、本来の意味では存在しない。つまり動物には、「自由な意志・択び」も「個」というものも、勝義には存在しないと言わねばなるまい。自由や個というものは、彼らにあってはいわば種的本性のうちに埋没したままであって、顕在化してくることがないのである。

そこで、再び人間に目を向けるなら、もし人間から自由の悪しき傾きや可能性を闇雲に取り去ってしまうならば、恐らく善き可能性もなくなり、そもそも自由ですらあり得なくなってしまうであろう。そのような場合、アレテー形成のためのいかなるわざも祈りも必要ではなくなり、また、そもそも悪への可能性の全くないところでは、およそ責任や罪などということも意味を失ってしまう。

では、「善をしか意志し得ぬ自由」についてはどうなのか。それは確かに、自由というものの完成形態であり、人間にとって最高の境地とも考えられよう。しかしそれは、生身のわれわれにとっては成りゆくべき究極の姿であって、いわば無限の彼方にある。少なくともそれは、実際に到達し得るものとして安易に対象化されてはならないのだ。

してみれば、そうした究極の姿が語り出されるのは、悪しき可能性をも抱えたわれわれが、「善く意志すること」へと端的に踏み出すことを可能にするような、その可能根拠が問われるときであろう。そのとき恐らく、「成りゆくべき究極の姿」の「働き」（エネルゲイア）が、われわれの「善く意志すること」の根拠の現前として、ほかならぬわれわれ自身の根底に見出されてくるのではなかろうか。(3)(そして、論点を先取りして言えば、全き自由、神的意志を有した存在としてのキリストの問題は、右のような意味連関においては、まさに愛智の探究〈哲学〉の中心的位相に関わっていると考えられよう。)

ここに垣間見られる逆説は、人間的自由そのものに否応なく伴うものであった。しかしそれは、人間という存在者が超越的な善に関与し得る可能性をしも、逆説的に指し示すものであろう。ともあれ、ここにおいてわれわれは、いわば人間・自己の成立の根底に潜むものとして、改めて「悪と罪の問題」の前に立つことになるのである。

第二節　悪と罪

一　探究の眼差しの転換

「在るものは、在る限りにおいて善い」(4)とは、教父・中世の伝統(および新プラトン主義)において一つの基本的把握であった。そしてそのことに対応して、悪(κακόν)とはそれ自体としては「在らぬもの」として、またさらに「善の欠如」として捉えられていたのである。(5)

ただし、右のように「在る、存在する」と「善い」との本質的な結びつきを語ることは、むろん「諸々の有限な事物がすべて端的に善い」などという平板な主張ではなかった。というのも、有限で可変的な事物は時々刻々いわば非存在に晒されているのであって、それゆえ端的に「在る」というよりは、むしろ「在り、かつ在らぬ」という両義性を帯びているからである。とすれば、先の命題は、「在る限りにおいて」という厳しい条件のもとでのみ成り立っているのだ。そこで、その命題の真相を見ようとするなら、西欧近代以降の大方の枠組たる、いわゆる存在論、認識論、行為（意志、道徳）論などの領域分化を超えて、あるいは根源に遡行して、それらがまさに問題として一に帰すような場に注目してゆかなければなるまい。

では、その命題の指し示す「在ると善いとの（存在と善との）本質的な結合」とは、「在り、かつ在らぬ」われわれにとって何を意味するのであろうか。この素朴な、しかし根本の問いに対して、マクシモスの観点からすれば、次の二つの事態が改めて問題となろう。

(i)「在らぬもの」（τὸ μὴ ὄν）から「在るもの（存在物）」が何らか引き出され生成したというとき、その「在るもの」はある意味では、「在らぬもの」からの動きの一つの終極・目的となっている。そこに至れば、その動きはとにかくも充足し止むからである。その際、「在るものは在る限りにおいて」、「充足」、「目的」、そしてつまりは「善い」という意味合いを持つとされよう。

(ii) しかし実は、何であれ有限な「在るもの」は、「根拠づけられている」という性格と、「つねに生成消滅に晒されている」という性格とを帯びている。それらはそれぞれ、被造性と時間性と言ってもよい。マクシモスはとくにその点に注目して、有限な「在るもの」（自然・本性的な事物）が現実には、その本性として「動き」のうちにあるとするのである。（その際、「在るもの」の「静止した意味の次元」と「現実の存在様式」とが、明確に区別されて語られている。[6]）

この(ii)の観点からすれば、既述のごとく「在るもの」の動きは、「善く在ること」を経て、「つねに在ること」（あるいは「つねに善く在ること」）たる究極の目的（＝神）へと開かれ定位されている。従ってこの意味では、先の「在るものは、在る限りにおいて善い」とは、われわれにとって静止した事実を示すものではなくて、むしろ、「つねに在るもの」、「つねに善いもの」たる超越的な善への志向性を示すものと考えられよう。

言い換えれば、真に自己充足的な「つねに在るもの」は、その意味上「善そのもの」でもあって、「万物の志向し希求するところのもの」である。もとより、そうした超越的な「存在そのもの」＝「善そのもの」は、それ自体としては決してこの有限な世界に姿を現わすことはない。が、それは、有限な「在り、かつ在らぬもの」の生成（創造）を根拠づけ、またその志向する目的としてあることによって超越的な仕方で現存し、自然・本性的なものの全体をいわば構造的に支えていると考えられよう。すなわち、超越的な善は、有限なものの関係性ないし目的連関を全体として超えているからこそ、個々の場面につねに現存し、全体の構造を支えていると言えようか。

ただ、そのように「善が構造的に支えている」というのは、とりわけロゴス的存在者たる人間にとって、超越的な善（善性あるいは神性）が単に外的な力として働いているということではなかった。むしろ善・善性は、人間的自然・本性の「善く在ること」（アレテー）の成立の内奥に働き、そこに何らか宿り来たるであろう。

しかしそのことは、善の働き（エネルゲイア）に対して「より善く応答するか」、「より悪しく応答する（背反する）か」という両方向の緊張の中から、はじめて生起し得る。ただ、その際われわれは、その二つの方向をいわば上位の立場から対象化して捉え、そのいずれかを自由に択ぶというのではない。というのも、自分がそうした絶対の自由を行使し得るとすることは、善の規範（判断根拠）を絶対的に保持していると主張することになろうが、それは甚だしい傲りとなるからである。

実際、何であれ有限なものや人に執着したり欲望に捉われたりしているときには、われわれは真に自由とは言えない。「すべて罪を犯す人は、罪の奴隷である」（ヨハネ八・三二）という言葉は、人間的自由の真相を指し示すものであろう。

　とすれば、「何を択ぶのも、全く自由だ」などと言うとき、そこには、「いかに意志し何を択んでも、自分の存在は確保されている」といった自己把握の虚偽が隠されているのだ。しかし実は、主体・自己の「在ること」は動きと変容につねに晒されている。それゆえここに、問題は、単に「何を択ぶか」という対象の側にのみあるのではなく、むしろそれ以前に、「魂・自己の浄め」ということに突き返されてくるであろう。そしてそのことは、「真に自由に択ぶこと」の成立に密接に関わっているのである。

　ところで、具体的な行為において「真に自由に択ぶこと」とは、「善に対して善く応答すること、つまり善く意志すること」の現われであろう。しかし、「善く意志すること」は無限なる善に開かれており、対象的に限定されたものとしては捉えられない。この意味でそれは、「悪しく意志すること」という頽落（閉じ）の姿を見定めることを通して、何らか間接的に浮き彫りにされ得るであろう。それゆえここに、悪の問題がおのずと主題化されることになるのである。

二　悪とは何か

　そこで、右のことは一つの予想に留め、次にまずは「悪とは何か」ということをめぐって、マクシモスの語る言葉に耳を傾けることにしよう。

　「悪（κακόν）とは始まりを持つという。なぜならば悪は、自然・本性に反する（παρὰ φύσιν）われわれの動きに起源を有するからである。……しかし善は、その自然・本性としては生まれないもの（造られないもの）であるが、恵みにもとづいては、〔神の〕人間愛によってわれわれを通して生じることが許されるのだ。それは、行為し語るわれわれが神化されるためである。……ところで、悪とは朽ちるものである。悪の自然・本性（本質）は朽ちるということであって、それは決して現実の存立（ὕπαρξις）を持たないのだ(7)。」

これによれば、悪とは何か「在るもの」（実体）ではなくて、むしろ実体が朽ちていること、害されていることだという。つまり、何か「在るもの」が害され欠如的な姿になっているとき、害なり欠如なりはそれ自体として「在るもの」ではなくて、あくまで「在るものの害であり欠如」なのである。言い換えれば、悪には論理的に言って実体的な「在るもの」が先行しており、その「在るもの」が害されて欠如的なものになっている姿をしも、「悪いもの」と呼ぶのである。

「悪（ないし悪い）」という言葉のこうした用法からすれば、諸々の事物や行為を「悪いもの」とするとき、その「悪い」という限定は、単なる性質の述語ではなくて、当の「在るもの」の自然・本性が何らか欠落し、十全にそのものとして「在るもの」が成立していないということを意味している。

ただし日常的な生活にあっては、実体としての「在るもの」を措定しておいて、それを主語としてさまざまな附帯性の述語（性質、量、場所など）がつけられるが、それはむしろ仮初のことである。しかし、「在る、存在する」ということの意味基底が突破されて、それが無限性へと開かれた構造の中で問い直されるときには、事態が一変してくる。そのときには、ふつうは主語として措定される有限な実体の「在ること」すら、根本の問いに晒されて一度び浮動化してくるのである。

ところで、悪が実体（在るもの）ではなくて、実体の欠如（つまり善の欠如）だということについては、身近な例として、病気や闇というものが一つの考察の対象となる。

まず病気とは、ふつう実在するものと看做されて、それで必ずしも不都合ではない。だが、より正確には、何であれ健康体を何らか害し欠落させている限りで、そのことをしも病気と呼ぶのであって、健康体を離れて「病気そのもの」が存在しているわけではない。すなわち、病気が高じて健康体が全く滅ぼされたならば、死が訪れるが、その体はもはや病んでいるとは言えない。従って、病気というものは、いわば完全に病気であった瞬間、病気であることを止めることになろう。

そのように、「全く自己であった瞬間、自己であることを止める」とは、甚だ逆説的な事態であるが、それは、「病気とは何か」という本質におのずと帰属していることと考えられよう。そしてそこに、「悪とは何か」ということが類比的に映し出されてくるのである。

今一つの例として、闇とはむろん、光の欠如した状態である。その際、「光の欠如」という否定的な姿として闇を語るということには、論理的な順序からして、光という「在るもの」が先行していると言うべきであろう。つまり闇というものは、先行する「在るもの」たる光の欠如として意味づけられ、二次的な性格を免れないのだ。

しかし逆に、もし闇が「それ自体として在る」となおも主張するとき、「在るもの」としての光と闇とが、いわば同等の存在資格をもって対峙しているということになる。だが、そのように光と闇とが並存しつつ対立しているとすると、そうした把握は、「在る、存在する」ということの意味の探究から切り離されてしまう危険性を孕んでいる。とすれば、そこにおいては、光や闇という言葉にしても、多分に恣意的かつ唯名論的な名となってしまい、実在（在ること）の探究との関わりが問われぬままに、さまざまに言挙げされることになろう。

さて同様に、善と悪とを対立する二つの原理として捉える思想傾向は、いわゆるグノーシス主義やマニ教をはじめとして、歴史上さまざま見受けられる。そうしたある種の二元論的な存在把握の仮構に対して、マクシモスは先行する教父たちと同じく徹底した論陣を張り、ことの真相をあらわにしようとしたのである。

しかし他面、マクシモスにおいて提示されたのは、単に対象化され客体化された「存在の階梯」(ヒエラルキー)のごときものではなかった。そうした階梯においては、やや図式的に言うなら、「一」や「善」を頂点として、そこから一性や存在性の度合が徐々に減少し、有限なロゴス的存在者をはじめとして、形相と質料とのさまざまに複合した事物が生じてくる。その際、より低位には、一性ないし同一性を欠く度合に応じて、生命を欠き、また知を欠いたものが生じる。そして、そうした序列の最後には、それ自身は何の形相も持たず(つまり何ものでもなく)、ただ他の存在物が現に在るための素材・質料としてのみ意味づけられるような、いわゆる第一質料に至るとされる。

大略、こうしたいわゆる新プラトン主義的な存在把握は、先述の極端な善悪二元論——その多くは歴史上、おのずと密儀宗教的形態を取るものであったが——に対して、ある意味で対極的な位置に立つであろう。ただしかし、「形相・質料」の複合の度合などをもとにするそうした階梯にあっては、質料的なもの(可能的なもの)は形相的なものに対して、いわば存在度の低いものと看做され、あくまで副次的な役割を負わされている。また、それとともに、「身体」、「時間」そして「動き」なども、「それ自体として在る形相」の一種の影のような意味合いを附与されることになるのである。

さてマクシモスは、右に概観した二つの極、すなわち「極端な善悪二元論」と「一や善を頂点としたヒエラルキー」とに対して、それらの中間的な第三の道を取る。そこにおいて中心に関わることを一言で言っておくとすれば、「身体（肉体）」、「時間」、そして「動き」などは、単に副次的なものとして捨てられるべきものではなく、かえって、それらを介してわれわれが「存在（善）の現成」に与りゆくべき不可欠の媒介となり、広義の身体となる。そして、かく身体性、時間性（動性）を問題の中心に位置づけることは、古代ギリシア的伝統に比して、ヘブライ・キリスト教の伝統の大きな特徴ともなっているのだ(8)。

かくして問題は、この生身の人間における自己把握の質に関わってくる。すなわち、もし仮に、グノーシス主義などに見られるごとく、人が自らの身体を捨ててこの可変的世界から離れ、純粋形相の無時間的な世界へと上昇することをしも真の自己成立（救い）と捉えるならば、それは、多分に自己把握の虚偽を孕んだ空しい教説となろう。実際、「この世を超える」、「身体を捨てる」などという言い方が真に切実な意味を持つのは、あくまで、この身体を抱えた上で、しかも世と肉とに対する自らの意志的関わり方が真に問題となる限りにおいてであろう。探究の刃は、必ずや自己自身に帰ってくるし、またそうでなければならないのである。

すなわち、身体ないし肉体をいわば自己の外に対象化し、他方、「神的なもの」として存在を確保された「魂」（＝真我）が、自分の外なる肉体と対峙するなどということは、本来あり得ないことなのだ。そして、神的な魂がひとり肉体を脱け出て、自らの故郷たる永遠界（アイオーン）に帰還するといった教説は、一見するところ魂（人間）の尊厳を標榜するかに見えて、その実、現実の世界および自己を見捨てたものとなろう(9)。なぜなら、肉体を離れた「神的な魂」こそ真の自己（真我）だとうそぶくとしても、そうした思いなし（臆見）自体、質料的可変的なものを否応なく抱えた生身の全体たる自己自身を、根本で欺くことになるからである。

このように言えるとすれば、身体・肉体とは、もはや魂を容れる単なる容器ではなく、また部分的要素として対象化して済むものでもない。むしろ身体は、後に詳しく吟味するように、この可変的世界に生きる魂・人間の変容可能性を担う素材ないし道具という意味合いを有するであろう。すなわち、人間的自然・本性が本性として「動き」において在り、「より善きものにか、より悪しきものにか」という変容可能性を担うものとして現に存在するためには、広義の身体を必要とするのだ。

こうした意味合いからして、欲望、欲求というものも、たといそれが身体的肉体的なものを介して生じるとしても、単に魂から切り離された身体の問題なのではなくて、まさにこころ・魂の問題であり、その意志的な相貌だと言うべきであろう。そこでいよいよ、先にあったように、「悪の起源が自然・本性に反する（意志の）動きに存する」ということについて、そのさらなる真相が問い披かれなければならない。

三　自然・本性に反する意志的働き

すでに述べたように、「悪いもの」とは、「在るもの」（実体）の害された欠如的な姿であった。それは、いわば「在らぬ在るもの」という矛盾した意味合いを含んでおり、悪の原因というよりは、むしろ悪しき働きの結果だというべきものであろう。

とすれば、「善（存在）の欠如」としての悪とは、もはや単にわれわれが傍観者として自分の外に眺め、対象化し得るようなものではない。ただし、「外」とはこの場合、自らの全体としての意志や欲求が関与しないものはすべて「外なるもの」だという意味である。つまり、ふつう「身体のうちに、また自己のうちに」あると言われるような諸々の物体的対象や要素などは、たとい自然科学的かつ実証的にどこまで分析が進められても、やはり「外なるもの」なのである。[10]

そこでマクシモスにあって、悪の起源（原因）は、何であれ外なる「悪いもの」にではなく、ほかならぬわれわれ自身のうちに見出されてゆく。すなわち、そうした探究の基本線を一言で言うとすれば、「自然・本性に反する（παρὰ φύσιν）意志的働き」こそが悪の起源であり、われわれ自身の「在ること」（τὸ εἶναι）の欠如的姿を招来させてしまうのである(11)。

もとより古来、悪霊や悪魔などの名で由々しい働きがさまざまに語られてきており、それは決して軽視すべき事柄ではない。しかるに、もしわれわれがそれらのものを、自分の全く与り知らぬ外なる敵対者、誘惑者とのみ看做すならば、そこには恐らく、自己把握の虚偽とも傲りとも言うべきものが忍び込んでくるであろう。つまり、悪霊なら悪霊の働きが語られる際にも、そのことはわれわれにとって、それに対峙し応答する自らの自由の働きとの関わりにおいて捉えられなければなるまい。

ちなみにこの点、往昔の修道者は、「なぜ悪霊が攻撃してくるのか」と問うてくる弟子に対して、驚くべきことにこう喝破している。

「悪霊どもがそなたを攻撃すると言うのか。われわれが自分の意志を行う以上、彼らがわれわれを攻撃するのではない。事実、われわれの意志が悪霊になるのである。つまり、意志を実現するためにわれわれを悩ますものは、われわれ自身の意志なのだ(12)。」

この文中、「われわれの意志が悪霊になる」とあるのは、人が自らのロゴス的根拠（神）に背反し悪しく応答することによって、自分自身に招いた姿であろう。言い換えれば、われわれがロゴス的根拠に対して自由に応答する際の、転倒した意志の悪しき働きの極みとして、悪霊なら悪霊の働きが象徴的に語られてくる。（そして悪魔とは、そうした悪霊の頭、つまり「神からの背反」、「傲り・傲慢そのもの」を呼ぶ名でもあった。）このように人間の自由とは、自らが悪霊になる可能性を有するほどに底知れぬ深淵に接しているのである。

マクシモスにあって悪の起源とは、悪霊であれ何であれ外なる「悪いもの」をすべて透過して、根本的にはまさに人間的自由・意志の「自然・本性に反する働き」に存するものとして凝視されていた。このことに関して、まず次の表現が注目されよう。

「魂の諸々の力・能力（δύναμις）、つまり欲望的な力やロゴス的力を〔自然・本性に〕背反して使用すること（παράχρησις）によって、さまざまな悪がわれわれを支配することになる。すなわち、ロゴス的力の背反する使用とは、無知や愚かさである。他方、気概的力かつ欲望的力の背反する使用とは、憎しみや放縦である。しかしこれらの力の〔正しい〕使用は、知と思慮であり、愛と節制である。してみれば、神によって生ぜしめられたいかなるものも、悪（κακόν）ではないのである(13)。」

それゆえ、具体的にはたとえば、「食物が悪ではなく、大食が悪である。子を設けることではなく、淫乱が悪である。諸々のもの・事物（χρῆμα）ではなく、貪欲が悪である。名声や誉れではなく、虚栄が悪である(14)」などと言われている。が、総じて言えば、悪とは、われわれが人やものに対して諸々の力を「自然・本性に反して」（παρὰ φύσιν）使用することであり、さらには、その結果もたらされた「善の欠如的姿」なのである。

「自然・本性に反する使用」という悪の定義は、確かに余りに単純なものであるが、それだけにかえって、人間的自由の深淵（負の可能性）を指し示していると思われる。というのも、悪の原因として見出された「自然・本性に反する意志的働き」は、もはやそれ以上に遡行してその原因を求め得ないものであって、いわば無底の深淵から生じると言うほかないからである(15)。

ところで、そうした自由・意志の働きの逆説的姿が自らの魂のうちで切実に自覚されるとき、悪の探究はさらに罪という問題位相に深化してゆくことになる。それはたとえば、以下のような表現に窺うことができよう。

「ロゴス（言葉、知性）が支配していないところでは、感覚的な力が支配的となる。そこには罪（ἁμαρτία）の力が何らか混合しており、快楽（ἡδονή）を通して魂を、ヒュポスタシス的に魂と結びついた身体への憐れみへと引き降ろしてしまう。そして魂が快楽によって、自らの自然・本性的なわざとして肉の情念的かつ快楽的な関心を追い求めるとき、魂は自然・本性に即した生から逸れて、現実的な存立（ヒュポスタシス）なき悪の造り手となる方へと促されるのである。[16]」

「諸々の情念（πάθος）が膨れ上って、悪しきもの、また本性的に情念的なものが侵入してくる。それこそは、〔自然・本性からの〕背反（παρακοή）による罪の法のことである。つまり、われわれの意志（γνώμη）の、自然・本性に反した状態（ἡ παρὰ φύσιν διάθεσις）が、罪の力なのである。[17]」

これらの文章からして、改めて確認しておくとすれば、悪とは、固有の実体としての存立を持たぬ欠如的なもの（善の欠如）であるが、その内実は、人間の自然・本性が本来は志向すべき究極の目的に適合してゆかず、そこから頽落した姿なのである。そしてさらに、そうした欠如と頽落の原因とは何かと言えば、それは、「ロゴス的力の背反する使用（παράχρησις）[18]」であり、「諸々の事物の背反する使用[19]」であって、それこそが罪にほかならない。

してみれば、「善（ないし実体）の欠如」としての悪と、それをもたらす原因たる「自然・本性（ピュシス）に背反する意志的働きとしての罪」とは、密接に結びついている。この意味で悪の探究は、主体・自己の働きから切り離された外なる客体的領域の中で為されるに留まってはならない。つまり探究の刃は、必ずや自己自身に突き返され、「より善きものへか」、「より悪しきものへか」という、両方向への変容可能性を担う自己のうちなる働きが凝視されなければならないのである。

さて、そうした罪の生起には、多分に逆説的な意味合いが隠されている。すなわちその際、人間的自由・意志は自らの本性に反することを自ら為してしまい、またそのことが自分自身の存在の欠如をもたらす。しかも、そうした意志の悪しき働きは、もはやその原因を問いたずね得ぬものであり、いわば自らの無底の深淵から生じるのであった。（ただしそれは、働きというよりは、真の働きの欠如であり、不作為であるが。）そのことはまさに、「自由の逆説」と呼ぶべき事態であろう。が、それは同時に、人間的自然・本性が無限なる神性に与りゆく可能性をしも逆説的に示しているのだ。

われわれは他者とのさまざまな関わりにあって、陰に陽に人を裁いたり、何らかの欲望や妬みなどに動かされたり、あるいは空しい虚栄や傲りに捉われたりすることがあろう。そうした情念を自ら是認し執着することによって、われわれは自分自身の存在様式の欠落を招いてしまう。しかし、そのように自由による頽落・罪に陥り得るということは、人間の自然・本性が無限なるもの（神性ないし存在そのもの）に与り、より善き変容に開かれていることを、間接的に証示していると考えられよう。

動物はむろん、勝義に試練を受けることもなければ、罪を犯すこともない。彼らはただ、それぞれに与えられた自然・本性を忠実に行使しているばかりであって、本性（種）としてはより善くなることも、より悪しくなることもない。人間のみがさまざまな試練を受けて、情念と受苦を抱え込む。だが、そうしたことは単に必然のことではなくて、その根底には、いかに試練や誘惑を受けとめかつ応答してゆくかという自由が介在しているのだ。それゆえ、人間に頽落ないし罪の可能性があるということは、それとは反対の可能性があることのしるしでもあろう。

　ただしかし、「自分はすべての情念を全く克服して、すでに完全性の域（悟り）に達した」などとは、誰も言い得ない。むしろ、聖人のような人であればあるほど、ふつう人が見逃すような小さな罪をも己れのうちに凝視して、絶えざる悔改めと祈りへと自らを差し出してゆくであろう。実際、己れのうちなる悪しき情念や罪との闘いのないところでは、「人間本性のより善き変容や開花」も「アレテー（徳）の成立」もない。この点、東方キリスト教における修道の伝統の祖、アントニオスの言葉を借りれば、簡明に次のように語られている。

　「人間の偉大なわざとは、神の前で自分の誤ちを凝視し、最後の息を引き取るまで試練（πειρασμός）を覚悟していることである。[20]」

　「試練を受けない人は誰も、天の国に入ることはできない。……試練を取り除いて見よ。そうすれば、何人も救われることはないであろう。[21]」

　ここに窺われるように、試練ないし誘惑を受けるということは、人間の自然・本性がより善きものに形成され救われるという可能性を、何らか逆説的に示している。そして、すでに言及したごとく、「救い」（σωτηρία）とは、ギリシア語では「健やかさ」に由来する言葉であった。それゆえ、自然・本性が十全な健やかさを回復することは、その可能性の開花・成就を、そして救いを意味しよう。「天の国」もまた、恐らくはそこに見出されるのである（マタイ五・三など）。

第三節　超越的善と自己

一　「在ること」の欠如と死性とに関わる罪

右に少しく見定めたように、罪とは基本的には、「自由な意志が自然・本性に反して働くこと」であり、およそ「もの・事物の転倒した使用」であった。意志のそうした悪しき（転倒した）働きは、無限なる「存在そのもの」（神）に背反し、非存在に傾いている。そしてそれだけに、何らか再帰的な仕方で、われわれに対して「在ること」の欠如をもたらすとされるのである。

この重要な論点については、なおも吟味してゆかなければならないが、その際、とりわけ注目さるべきは次の表現である。マクシモスは厳しくも直截にこう言っている。

「もし罪によって己れを殺し、情念への自由な衝動によって己れを神的ロゴスから切り離してしまうことがなければ、人間は全体として神によって生き、神とともにあって決して死ぬことはない。……他方、自然・本性（ピュシス）は、それに背反して生きる余りそれを朽ちさせてしまう人々に対して、その分に応じて懲らしめを与えている。すなわち彼らは、自らの自然・本性の力を全体として実現させておらず……無思慮な仕方で《在らぬもの》（τὸ μὴ ὄν）へと傾くことによって、自分自身に対して《在ること》（τὸ εἶναι）の欠如を招来させているのである。[22]」

この文章は、われわれの「在る」、「生きる」ということの意味把握に対して、一つの根本的反省を迫るものとなろう。なぜならば、そこにおいては通常の、多分に自然科学的かつ唯物的な生と死との把握が突破されて、罪こそが「人間的生にとっての死」だと洞察されているからである。すなわち、「罪が己れを殺す」、「罪こそが死だ」といった捉え方は、人がふつう「生きていること」の不分明な意味領域を切開し、「人間として（つまり、単にいわゆる生命体としてではなく）生きるとはそもそも何か」、そして「善く生きるとは何か」という問いを、われわれにとって真に切実なものとさせるのである。

そのようなとき、われわれは新たに謎かけられ、次のような問いに促されよう。すなわち、すべてが移りゆくこの世界にあって、「われわれは今、端的に生きているというよりは、むしろ生きつつ死に、死につつ生きているのではないのか」、そして、「自分では生きていると思っていても、実は罪の中にあって半ば死んでいるのではないのか」(23)と。

さてそこで、「在ることの欠如」や「死性」をもたらすような、いわば存在の次元での罪というものを視野に置きながら、まずはその手前に戻って、生と死の基本の意味について少しく振り返っておこう。

通常、生と死の意味は、生物学的な領域にあっては、多くの生命体の根底に存する現象に即して定義される。そしてそれは、われわれの常識のうちにも相当深く浸透しているのだ。ふつう生物学の提示する「生命」の意味は、その要点としては、多様な物体的諸要素が絶えず生成消滅に晒されつつも、そこに何らか一つの秩序が形成されるということに存しよう。従ってその場合、ある固定した生命体が存在しているのではなくて、むしろ多様な物的動きにおける動的な秩序形成そのものが、「生きている」ということの意味なのである。

ちなみに、今日の分子生物学の分野では、たとえば生命現象を構成している微小な要素(DNAやRNAなど)について、それら相互の結合、配列に関する精緻な解析が為されている。それは確かに、驚くべきものである。が、その第一線の研究に携わる専門家の中にも、そうした要素的解析が進めば進むほど、全体としての一つの生命現象が現に成立し得ていることの謎は、ある意味でますます深まると感じている人も少なくない。すなわち、部分ないし要素の分析が徹底して進められても、それらを結合し一つの生命(動的秩序)へと成立させている根、源的力は、ある種の神秘として受けとめられているのだ。そうした根源的力はときにエンテレケイアと呼ばれ、自然科学的実験によって対象的に検出・同定はされ得ぬとしても、生命現象が現に成立していることの根拠として、語られもする。そしてそうした探究方向は、哲学・神学的に人間的生命の意味を問い直してゆくことと、多少とも触れ合ってくるであろう。

ただ、ここに注意しておくべきは、諸々の自然科学的な生命探究の中には、「人間」という言葉が勝義には（全体としては）入ってこないということである。もちろんそこにおいても、探究のそれぞれの局面で人間という言葉が用いられよう。しかしそれは、「人間の」部分ないし要素を対象としている限りで用いられているのであって、全体としての勝義の「人間」との隔たりは殊のほか大きい。（このことはたとえば、絵具と絵画作品、あるいは音符と音楽作品との違いのようなものであり、両者はいわば存在の次元を異にしているのだ。）

実際、ロゴス的存在者たる人間に特有の「自己知、あるいは同一性への与り」、「善の超越性に開かれた自由」、そして「存在の次元に関わる罪」といった事柄は、言葉（ロゴス）のうちなる探究によってはじめて、その問題位相を何ほどか問い披いてゆくことができよう。

とすれば他方、さまざまな要素的部分を抽出して、それらについての実験的データをもとに考察してゆくといった自然科学的方法は、（同様の方法を用いる場合は、いわゆる人文科学、社会科学でも当てはまることだが）、人間という存在者の全体にではなく、どこまでも外なる対象ないし部分に関わるのだ。言うまでもなく今日、およそ自然科学的探究は目覚ましい発展を遂げており、それ自体として十分に尊ばれるべきである。しかし、同時にまたそこには、その探究方法や領域設定そのものにおのずと附随している限界があるのであって、そのことが見落とされてはならないであろう。

ところで、人間は確かに、物体的諸要素がその都度「動的な秩序形成」へと関わりゆくといった生命活動を抱えている。が、それとともに、人間はむろん「記憶し、知り、意志する（愛する）」という高次の働きをも有している。しかもそれら三つの働きは、単に分離し独立に働いているのではなくて、相互に浸透し結合してある種の三一性（三位一体）を形成しているのだ。[24] その詳細は措くとして、ここでの論に関わることのみ言えば、そのようにして人間は、人間以下の生命体に比して、ある意味で同一性により大なる仕方で与り得ているのである。つまりそこには、動的秩序のより大なる姿が存し、それゆえ、「生きる」ということのいっそう高次の姿が見出されよう。

この観点からすれば、「生きる」という言葉の勝義の意味は、低位の生命現象やその部分的構成要素からではなくて、むしろ人間という姿の全体から定義さるべきであろう。すなわち、生物学の提示する「動的な秩序形成」としての生命（生きること）は、人間の「記憶し、知り、意志する（愛する）」という三一性を有する働きのうちに、より高次の意味合い（定義）において成立しているのだ。ここに、秩序形成ということは、同一性への何らかの関与だと看做されよう。

このように人間は、「生きること」（動的な秩序形成）について、動物とは次元を異にする高次のかたちを保持している。そして既述のごとく、それはさらに、「善く生きること」（善く在ること）、つまりアレテーの形成へと開かれている。そのことは、神的生命へのより善き与りだと言ってもよいであろう。しかしむろん、そうした事態はすでに成立しているのではなく、また必然的に生じることでもなくて、あくまで自由な意志の働きを介して生起し得るのである。かくしてわれわれは、一口で言うならば、自らの自由・意志を介して、「善く在ることに、そして神的生命に与りゆくか」、それとも「頽落・罪に陥り、在ることの欠如と死性を蒙るか」という分水嶺に立っていることになろう。

二　超越的な善への意志的応答

先の引用文に語られていたように、罪というものの内実は、「《在らぬもの》（τὸ μὴ ὄν）への傾きによって、《在ること》（τὸ εἶναι）の欠如を招来させてしまう[25]」ということであった。では、そこに言う「在らぬもの」とは何なのか。

もしはじめから空無な非存在としか映らないものであれば、それは人を欺いたり迷わせたりすることもないであろう。それゆえ、右の「在らぬもの」とは、真実には「在らぬもの」でありながら、何かしら「在る」と看做されて、われわれがそれに執着してしまうようなすべてのもののことであろう。この意味では、世のさまざまな事物も、ふつうは価値あるとされるわざ（活動、営み）も、単にそのまま是認さるべきではなくて、根底においては一度び徹底した否定の調べに晒されなければなるまい。

実際、諸々の権力、富、快楽、名声等々、この世で重んじられている有限なものはすべて、「それが在ると思っている人の考えの中でだけ在るに過ぎない[26]」という。だが、そうした「真実には在らぬもの」（神ならぬもの）にいたずらに執着し、しかもその自己を肯定するような傲りに捉われるならば、そのわざ、そしてそのうちなる欲求と意志は、ほかならぬ自己自身に「在ること」の欠如をもたらすのである。

ところで、そこには一種の再帰的な構造が見て取られよう。この点、今少し踏み込んで言えば、それは次のような機微を有していると思われる。

われわれは諸々の欲求ないし意志の目的を立て、それに向かう。その際「それ」は、個々の欲求の「目的」

（そこに至ればその欲求が充足するゆえんのもの）たる限りで、とにかくも「善いもの」という性格を持つことになる。こうした語法にあっては、「目的・終極」（τέλος）、「充足」、「完成」、「喜び」、そして「善」（ἀγαθόν）といった言葉は、相互に通底する意味合いを有しているのである。

ただ、身体的質料的な欲求の場合は、それがあるとき満たされても、やがてまた欠如的な姿となり、再び欲求されることになる。そして、そのように充足と欠如とが相互に交替してゆく過程は、ほとんど無際限に続くことになる(27)。しかし、人間的魂の渇きとその真の充足といった次元に関わる場合は、全く別の様相を呈してくるであろう。

そこでわれわれが、ある個別的欲求の充足される行為を択ぶ場合を考えてみよう。そうした択び・行為は、「目的」として択ばれた限りで、「善いもの」という性格を有する。しかしそのことは、むろん特定の欠如と充足という枠内での話である。従って他方、個別の「善いもの」（欲求の充足）を択んだその行為が、行為する自己にとって「真に善いか否か」は、次元を異にする問題であろう。なぜならばそれは、魂・人間（人間的自然・本性）の全体としての充足と善に関わることであって、超越的な善に開かれた構造の中で問題化してくることだからである。してみれば、魂・人間の本性的な渇き（可能性）が充足してくるか否かは、単に個々の行為のかたち（形相）に内属する善さないし善性のみによって決まるのではなくて、むしろより根本的には、無限なる超越的善（神性、善性そのもの）に対する意志的関わり方によって決まってくるであろう(28)。

この点については、次のことに注意すべきである。すなわち、一つの有限な行為を「目的」＝「善いもの」として択ぶとき、その具体的行為においてわれわれは同時に、「無限なる善そのもの」に対しておのずと応答していしまっているのである。

ここに善そのものとは、すでに言及したように、人間的知の直接の対象とはなり得ぬ不可知なものであるが、その徹底した超越性のゆえに、あらゆる意志的行為の成立をいわば構造的に支えている根拠と目されよう。言い換えれば、善ないし善性は、それ自体の実体・本質（ウーシア）としてはどこまでも不可知なものでありつつ、その働き（エネルゲイア）は万物に及んでいる。そして、とりわけ人間は、そうした善性の働き（エネルゲイア）に促されつつ、それに対して自由に応答し、かつそれを一層ゆたかに顕現させてゆく力（可能性）を与えられているのである。

しかしそれにしても、善に対する実際の意志的応答の姿が、「われわれ自身にとって真に善いか否か」、つまり「人間本性の開花・成就に与るか否か」ということは、われわれ自身の知と判断とを限りなく超えていると言わねばなるまい。かえって、われわれの意志と行為は、いわば善そのものの側から見られ、測られているのだ。そして、そのように善によって見られかつ測られることによって、善によって知られるのだ。(29) この点、われわれの心の動きもわざもすべて、神の前ではあらわだとでも言えようか（ヘブライ四・一三など）。

ここに注意すべきは、「善によって知られる」という際、われわれにとって「その知られた姿」がまさにそれとして誕生・現出せしめられるということである。すなわち、われわれが「超越的な善ないし神性に対していかに応答したか」、「どの程度まで心披いて諸々のわざを為したか」という、その内的な姿は、そのまま超越的な善によって測られ、知られ、そして現出せしめられるであろう。端的に言えば、神に対する意志的応答のかたちが、取りも直さず、われわれの新たに成立せしめられた姿なのである。

とすればここに、基本方向として次のことが浮び上ってくるであろう。われわれが超越的善の働き・現存（エネルゲイア）に対して、「善く」（つまり「自然・本性に従って」）応答し聴従するとき、「善きかたち」、「善く在ること」（アレテー）が魂に刻印される。[30] 逆に、「悪しく」（つまり「自然・本性に反して」）応答するとき、「悪しきかたち」（「在ること」の欠如したかたち）が魂に刻印されることになろう。

この素朴な、しかし中心的な問題位相については、後に改めて吟味・探究しなければならないが、ここではさしあたり次のことを確認しておこう。

そこにおいては、「善く」という意志的応答のかたちが、「在ること」についての通常の固定された了解に先立っている。そしてそこに、「在る」と「善い」（存在と善）とのわれわれにとっての基本的連関が窺われよう。すなわち、一方では、「つねに在ること」（存在そのもの、神の名）は、万物がそこへと開かれ定位された「つねに善く在ること」（善そのもの）でもあるとされた。が、他方、そうした「存在＝善」としての無限なるもの（神）は、われわれにとってはむろん、それ自体としては顕現し得ず、むしろ無限なる善へと絶えず己れを超え出てゆく「無限の渇望ないし愛として」、はじめてこの地に現出してくるであろう。[31]

三　行為の形相の担う身体性

振り返って言えば、個々の行為のかたち・形相（εἶδος）は、超越的な善へと開かれた動的構造にあっては、その意味が微妙に変容してくる。つまりそこにおいて、それらの形相は、単に一義的に閉じられたものではなくて、より上の「魂のかたち」を受容するための素材とも身体ともなっている。すなわち、諸々の行為の形相は、「魂・人間が超越的な善に対していかに応答したか、どれほど開かれているか」という内的かたちを宿すところの、広義の身体となるのだ。

とすればその際、超越的な善に対して何らか応答した「魂のかたち」は、いわば個々の行為の「形相の形相」（かたちのかたち）という意味合いを担うことになろう。そして他方、さまざまな行為の形相の方は、魂・人間の「善への抜き」、そして「善への無限の渇きと愛」という動的かたちに対しては、ある意味で質料的な位置に立ち、それゆえ一種の身体性を担うことになる。

マクシモスによれば、「在ること」（τὸ εἶναι）は、その意味（ロゴス）としては形相より上位で、より善い。とはいえ、「在ること」がこの有限な世に現に生成・顕現してくるためには、形相と質料を必要とするという。(32) しかし、「在ること」はわれわれにとって完結し静止したものではなくて、いわば「より大に（＝より善く）在ること」へと、つまり「善く在ること」（τὸ εὖ εἶναι）（アレテー）へと、本来は絶えず開かれているのであった。そして、かかる「善く在ること」の成立にあって、われわれの関わる個々の行為のかたち・形相は、今一度言うならば、「善への魂の抜き、意志的な志向」が現成してくるための、広義の質料ないし身体という役割を果たしているのである。

マクシモスのこうした把握は、およそもの・存在物を超越へと開かれた動的構造のうちで捉えるものであった。その際、個々のもの、個々の人は、それぞれが完結したものとしてではなくて、後に見るように、より大なる秩序に向かって結合されつつ、いわば「全一的交わりのかたち」（エクレシア）を形成してゆくべきものとして、ある種のコスモロジー的な観点から捉え直されているのである。

さてそこで、後の論述に備えて、マクシモスの文脈が全体としていかなる意味射程を有しているかを、改めて少しく提示しておきたい。

(i) 個々のもの・存在物は、それぞれの形相（本質）を担って、とにかくも在る。つまりそれらは、限定された形相（ある種の器）のうちに、無限なる「存在」（つまり、神の名）を何ほどか宿しているのだ。この点、たとえば次のように言われている。

「すべてのものは、神によって生成せしめられたということからして、類比的に（ἀναλόγως）神（「わたしは在る」たる存在そのもの）を分有している。類比的にとは、つまり知性（ヌース）に即して、ロゴスに即して、感覚に即して、生命的動きに即して、そして〔無生物的な〕実体的適合性に即して、ということである。……そしてロゴス的存在者たる人間は、創られたという本質性格からして、神によって在り、かつ神へと向けられているのだが、神のうちなる先在のロゴスによって、神の分（分け前）（μοῖρα）と呼ばれ、また現にそのようなものとして在るのだ。[33]」

(ii) 従って、それぞれのものの形相は、そのものの限定された本質を担うとともに、無限なる神の在ることを象徴として指し示す。マクシモスによれば、

「神的な意志は（θέλημα）、諸々の存在者においてその自然・本性的な力（ἡ δύναμις φυσική）として現れている。……なぜなら神は、生成する各々のもの（被造物）を〔まずもって〕意志しつつ、それらを創ったからである。[34]」

これによれば、あらゆる事物はそれぞれの分に応じて神的意志を表現し、かつそれを証示していることになろう。それゆえ、すでに触れたように、「諸々の有限な形相知」と「無限なる神を指し示す象徴知」とが、個々の事物においてつねに、また同時に見出され得るのである。[35]

(iii)　だがさらに、マクシモスのうちには、すべての自然・本性的事物が人間を紐帯として全一的かたちへと形成されてゆく、という宇宙論的（コスモロジー的）な視点が漲っている。[36] すなわち、人間のロゴス的自然・本性が「善く在ること」（つまりアレテー）へと形成されるならば、そこには、他の非ロゴス的な事物がある意味ですべて統合されて、より善き（＝より大なる）「存在の現成」へと参与してゆく姿が認められよう。[37]

(iv)　ところで、無限性へと開かれた動的な構造において、問題の一つの要は、人間の自然・本性（ピュシス）が自由による頽落・罪に晒されつつも、本来は自らの開花・成就へと定位されているという、その変容可能性にこそ存しよう。そして、そのことはマクシモスにあって、「人間の自然・本性」と「人間を紐帯とした万物の自然・本性」とが、全一的な仕方で神的生命に与り、また存在（神）の現成に与りゆくような、いわゆる「神化」（θέωσις）（神的生命への与り）という問題の拡がりの中で捉えられていたのである。[38]

ただしかし、右の(i)〜(iv)のような事態は、ほかならぬ人間における「悪しき情念や罪との闘い」なくしては、現に成立し得ないものであった。そしてそこには、己れを無みする「否定の契機」が何らか不可欠の媒介として働いているであろう。

そこで次章においては、本章で論じた基本的動向を、やや角度を変えて具体的な場面において吟味すべく、諸々の情念とそれらの否定・浄化、そして自己変容といった事柄を問うてゆくことにしよう。それらはまた、「身体・質料の復権」とも呼ぶべきことと密接に関わっているのである。

第四章　情念と自己変容

——身体・質料の復権——

情念（πάθος）との闘いは、古来つねに修道の生の中心に存した。実際、歴代の教父たちをはじめ、往昔の師父、修道者は、己れ自身を厳しく凝視しつつ日々さまざまの情念と闘い、それぞれの仕方で自らの生を全うしていった。そうした彼らの姿は、まさに透徹した禁欲・修行（ἄσκησις）の道行きであり、今日、大方のわれわれの容易には及び難いものであろう。

しかし、彼らの択び取った道は、その一見特殊な外観にもかかわらず、必ずしも単に特殊な宗教的伝統の枠内でのみ評価されてはなるまい。もとより彼らの生の足跡は、時代、民族、風土などいずれの点においても、今日のわれわれ（欧米の人々も含めて）と大きく隔たっているかに見える。が、古の外なる対象として見ることから己れに突き返されて、虚心にその内実を問いたずねてゆくときには、まさに人間としての鮮烈な姿が映じてくるであろう。すなわち、彼らの愛智と修道との生は、その中心的場面を一言で言うとすれば、人間の自然・本性（φύσις）に与えられた普遍的な可能性を、能う限り開花させ成就させていったものだと考えられよう。

ところで、人間は「神の似像（εἰκών）」に即して創られたというが、それは現に在るわれわれにとっては、未だ十全に発現しているとは言えず、神的ロゴスという種子を受容し得る可能性の状態に留まっている（ルカ伝第八章、「種播きの喩え」など）。しかも、人間本性のそうした可能性の姿は、自らの頽落や枯渇の方向にもつねに晒されているのだ。が、そうであればこそ、そのより善き変容と開花のためには、さまざまな情念や執着、そして傲りなどとの絶えざる闘いが不可欠の契機を為しているであろう。このことはむろん、人間的自然・本性が「神性の顕現」あるいは「存在の現成」といった事態を自ら担いゆくことの機微に深く関わっている。そしてそこに、人間的自由というものの謎と神秘が存しているのである。

第一節　情念の起源とその終極

一　情念の意味と起源

「情念」（πάθος）という言葉は、「蒙る」（πάσχειν）という語に由来し、基本的には、人間の心ないし魂（ψυχή）が何ごとかを蒙ったそのかたちを意味しよう。人間の心なり魂なりは、決してはじめから不変の形相と本質を保持しているわけではなくて、諸々の人やものとの関わりを通してその都度何かを蒙る。その結果、そこに刻印され形成された「魂の受動的なかたち」が、さまざまな情念として現れてくるのだ。（ちなみに、こうした意味で、《πάθος》という言葉は、文脈によっては「受苦」、「受難」とも訳される。）

もとより、自分の心を引きつけるものが現に不在であれば、それに関する情念によって動揺させられることもないであろう。が、だからといって、そのときわれわれは必ずしも、「不受動心」（ἀπάθεια）、つまり「情念から解放された境地」にすでに達しているわけではない[1]。すなわち多くの場合、それぞれの情念は、いわば魂の奥に隠されており、その対象たる事柄が現れるならば、「情念もまた引き出されて」、「直ちに知性（νοῦς）を混乱させる」のである[2]。

それゆえマクシモスは、『愛についての四百の断章』の中で、「真の修道者とは誰か」ということに関して次のような厳しい言葉を発している。

「女性（結婚）、財産（所有）などを否定する人は、外なる人としては修道者となるが、未だ内なる人としてではない。右のような事柄について、情念に捉われた思いを否定する人こそが、内なる人、つまり知性（ヌース）において修道者となる。外なる人を修道者とするのは、欲しさえすればたやすい。しかし、内なる人を修道者にするために闘うのは、わずかの人である。(3)」

「この時代に一体誰が、情念に捉われた思いから完全に解放され、すべてにおいて浄い非質料的（霊的）な祈りによって秩序づけられているであろうか。だがそれこそが、内的な修道者のしるしである。(4)」

この文中、「内的な修道者」という言葉が用いられているが、それは「人間本性の成就」、そして「神的生命への真の与り」といった姿を示すものであろう。その限りでは、確かにどれほど至難の道であれ、それはある意味では、万人に開かれた道と言うべきであろう。

ともあれまずは、諸々の情念が現れ出てくる場面に立ち帰って、その起源・原因が問いたずねられなければならない。

情念（パトス）の生起には、むろんさまざまな感覚が原因として働いており、さらには記憶や想像の働きもそこに関わっている。ただし、感覚、記憶、想像などの力による像は、確かに情念の形成にある種の素材を提供するが、それがそのまま勝義の情念だということにはならない。情念とはむしろ、それらの像に魂が傾き執着するときに、ほかならぬその魂に刻印されてきた何ものかであろう。

ここに注意しておくべきは、諸々の対象的事物がそれに対応する情念を必然的に生むわけではなくて、情念の生起ということには、より根源的な意志の働きが根本の原因として働いているということである。なぜならば、「個々の事物をいかに受けとめるか」、「いかなる目的に開かれたものとしてそれに関わるか」ということが、いかなる情念が生じてくるかということに大きく関わっているからである。

してみれば、情念というものは、必ずしも一義的に悪しきものではなくて、「諸々の事物に善く関わるか、悪しく関わるか」、あるいは「何を究極の目的としてそれらに関わろうとするか」に応じて、善き情念と悪しき情念とが分れてくることになろう。

しかもそのことは、人間の「在ること」の根本の様式と方向とに影響を与えることとして捉えられていた。この意味では、「いかなる情念を持ち、いかなることを為そうが、自らの在ること、そして魂それ自身は何も蒙らない（つまり、いわば不変の神性を保持している）」などとは、誰も言い得ないのだ。すなわち簡明に言えば、「いかなる情念を持ち、いかにそれによって心動かされているか」ということが、取りも直さずその人の姿であり本質なのである。

ところで、もの・実体が悪ではなく、ものの「自然・本性に反する使用（παράχρησις）」こそが悪であった。そしてそのことは、諸々の情念や欲望の起源を問うとき、いっそう具体的に問題になってくるのである。たとえば、「食物、子を設けること、諸々の事物、名声や誉れなどが悪ではなく」、それらそれぞれに対応して「大食、淫乱、貪欲、虚栄が悪である。(5)」こうした「自然・本性に背反する使用」は、マクシモスによれば、いわば魂という畑の「自然・本性的な耕作について、心ないし知性（ヌース）が怠惰であることから生じる(6)」という。ただその際、問題なのは、何であれ事物についての単に対象的な知ではなくて、むしろそれに対してさらに、魂・人間が自らの全体としていかに関わってゆくかという意志の働きの方である。

そのことからして、諸々の悪しき情念は、およそ事物に対する意志的関わり方が転倒し、悪しきもの（悪しき意志）になったときに、そこからおのずと生じてくるであろう。[7] そして、悪しき情念の誕生の根底に潜んでいるものとして、とくに自己愛と傲りが凝視されることになる。

すなわち、あらかじめ言えば、マクシモスは自己愛（φιλαυτία）こそがあらゆる情念の原因であり、またあらゆる悪徳（κακία）の母だとしている。[8] そして自己愛の高じた極みが、傲り・傲慢（ὑπερηφανία）だという。[9]
実際、傲りが魂を満たしてその習性ともなるとき、人は神的なもの、超越的なものに対して心を閉ざし、神性の働き（エネルゲイア）ないし神的な霊（プネウマ）をもはや自由にかつ伸びやかに受容し得なくなってしまう。それはいわば、人間本性が己れの存立根拠から切り離され、その内的生命が枯渇してゆく姿であろう。ちなみに、キリストの次のような周知の言葉は、そのことを最も鮮烈に告げていると思われる。

「わたしはぶどうの樹、あなたたちはその枝である。人がわたしのうちに留まるならば、わたしもその人のうちに留まり、その人は多くの実を結ぶ。あなたたちはわたしなしには何も為し得ない。もし人がわたしのうちに留まらないならば、枝のように外に棄てられて枯れるであろう。」（ヨハネ一五・五―六）

厳しくも意味深長な言葉であるが、そこには、魂・人間の内的生命の本源とそこからの逸脱の姿が窺われよう。
そうした基本方向を見つめつつ、次に情念をめぐる問題の内実を跡づけるために、さまざまな情念の諸相とそれらの内的つながりとを見定めてゆくことにしたい。

二　情念・自己愛・傲慢――「在ること」の欠如をもたらすもの――

マクシモスによれば、さまざまな情念の現れには、ある種の因果的な関わりが認められる。たとえば、「多弁と大食は、放縦・無抑制（ἀκρασία）の原因であり、他方、金銭欲と虚栄（κενοδοξία）は、隣人に対する憎しみの原因である」[10]という。あるいは、他の多くの情念、つまり怒り、苦しみ、恨み、悪意などは、「大食、金銭欲、そして虚栄という三者に伴ってくる」[11]とされる。そしてこれらの情念はすべて、人の心ないし知性（ヌース）を「質料的な事物に結びつけて、地上的なものに結びつけてしまう」[12]のである。

そうした諸々の情念が生じる根元をさらに探ねてゆくと、自己愛（φιλαυτία）というものに行き着く。すなわち、自己愛こそがあらゆる情念やそれに捉われた思い・想念（λογισμός）の原因であって、大食、金銭欲、そして虚栄といった代表的な情念の姿にしても、それらの元を辿れば自己愛から生み出されるとされている。

ここに自己愛とはまず、身体的質料的なものへの非ロゴス的な愛好だという。[13]それはさらには、己れの欲求や判断を自ら「善し」とすることであり、結局は己れ自身に執着することにほかなるまい。とすれば、自己愛というものは、万物を貫き根拠づけている超越的な神性（善性）の働きに対して聴従することなく、己れの全体を閉ざした姿であろう。そして、そうした自己愛の極まった姿が、傲り・傲慢（ὑπερηφανία）の名で呼ばれるのであった。

そこでマクシモスは、端的にこう言っている。「あらゆる情念の端緒（根拠）（ἀρχή）は自己愛であり、終極（τέλος）は傲慢である」[14]と。そこには、「根拠＝終極」であるようなある種の円環的構造が潜んでいるであろう。なぜなら、自己愛が極まった姿としての傲慢は、それ自身がまた、あらゆる悪しき情念、悪しきわざの生じる根拠（原因）と考えられるからである。しかるに、すでに言及したように、傲慢（つまりは「悪しく意志すること」）の原因はもはや問い得ず、それはいわば無底の深淵に晒されており、そこに、人間的自由の謎・神秘が存するのである。

それはさて措き、ここでの文脈に戻ろう。傲慢とは確かに、あらゆる情念よりも根深いものと捉えられており、次のように喝破されていた。

「あなたがたとえば大食、情欲、怒り、貪欲といった粗悪な情念に打ち勝ったときにも、虚栄の想念が直ちにあなたに襲いかかる。しかし、もしあなたがそれに打ち勝ったとしても、傲慢の思いが続くのである[15]。」

このように、傲りないし傲慢は、最も由々しいものとして魂の内奥に生起してくるのであり、自己自身にとって最も手強い敵と言うべきであろう。というのも、さまざまな能力、知識、身分、あるいは社会での一見善きわざ・仕事なども、傲慢という最後の一点に対してはほとんど無力であり、それどころかむしろ、傲慢を助長させてしまう場合が多いからである。

実際、もし人が、諸々の権力、情欲、富、名声等々に意志的に執着するとき、その執着や自己愛は、それぞれの仕方で人を内的かつ外的に縛りつけ、心の晴朗さを奪い、真の内的自由から遠ざけてしまうであろう。だがさらに、古来の修道的伝統と一致してマクシモスが洞察しているように、たとい人がすべての情念や悪徳に打ち勝ったとしても、傲慢というものは、容易に消し去ることのできぬ最後の敵として残るのである。

では、傲慢とはその真相としてはいかなるものなのか。それは改めて一言で言うならば、自らの「在ること」の超越的根拠（神的ロゴスの働き）に対して自由・意志によって背反することであろう。が、そのことは同時に、自らの自然・本性（ピュシス）に背反することでもあるのだ。すなわち傲慢とは、人が自らに与えられた自然・本性に背くことであり、それこそが罪の内実にほかならない。この点マクシモスは、簡潔に次のように言う。

「罪（ἁμαρτία）とは、背反（不聴従）（παρακοή）に特有な結果・わざ（ἔργον）である。それと同様に、アレテー（徳）とは、聴従（ὑπακοή）に特有な実り・わざである。そして背反には、諸々の掟からの逸脱と、命ずる存在（神）からの分離とが伴う。それと同様に、聴従には、諸々の掟の遵守と、命ずる存在との結合・一致（ἕνωσις）とが伴うのである。(16)」

さて、自己愛や傲慢に捉われている際には、人は神に対して、超越的な善に対して己れを閉ざしてしまう。それゆえ、そのようなとき人は、超越的な善に何らか与ることに伴う神的な快楽（ἡδονή）を喜ぶことがないのだ。(17)そこで、たとえば次のように語られている。

「地上的なものを欲求する人は、食物、大食に奉仕するさまざまなもの、人間的な栄光、諸々の財産、あるいはそれらに伴う他のものなどを欲する。そして、もし知性（ヌース）が、欲望を差し向けるべき何かより善きものを見出さないならば、右に挙げたようなものを完全に蔑するよう説得されることはないであろう。しかし、神と諸々の神的なものとの知（γνῶσις）は、それらのものよりも比較を絶してより善いのである。(18)」

ここに「地上的なもの」とは、およそ有限で可変的なもの、真実には在らぬものであり、権力、財、学識、地位、名声などがすべてそこに含まれよう。すでに述べたごとく、それらは、「それが在ると思っている人の心の中でのみ在るに過ぎず」、真に在るもの（永遠なるもの）ではない。

もとより、そうしたものはそれ自身が悪なのではなかった。むしろ、それらに対する過度の執着とそのことをしも自ら肯定してしまう自己愛とが、さまざまな悪しき情念を生んでゆく。と同時に、それぞれの事物（執着の対象）に対応する情念のかたちが魂に刻印され、いわば魂を占有してしまうのだ。そこにあって人は、「より善きもの」（つまり、超越的な善に定位されたもの）に対して自らを閉ざすことになる。そして、そのことが高じるならば、何であれ自らの想念と欲望がそのまま「善い」と肯定され、自己自身がある意味で「善の規範」に成り代ってしまうであろうが、それが傲慢の姿にほかならない。

かくして人間的自然・本性は、そのように悪しき方向に頽落してしまう可能性を有している。しかもその際、「悪しき方向」とは、いわば「在ることのより少ない方向」であって、存在論的な意味合いを含むものであった。すなわち既述のごとく、悪しき方向への意志的な頽落ないし罪とは、単に附帯的な性質や量などのカテゴリーに属することとしてではなく、主体・自己の「在ること」それ自身の基底を脅かすこととして捉えられていたのである。この点、とりわけ次の表現が改めて注目さるべきであろう。

> 「自然・本性（ピュシス）は、それに背反して生きる余り、それを朽ちさせてしまう人々に対して、その分に応じて懲らしめを与えている。すなわち彼らは、自らの自然・本性の力を全体として実現させておらず……無思慮な仕方で《在らぬもの》へと傾くことによって、自分自身に対して《在ること》（τὸ εἶναι）の欠如を招来させているのである。[19]」

ここに明らかなごとく、われわれにあって「自らの自然・本性への」、そしてつまりは「自然・本性の存立根拠たる神への背反」は、「在ること」の欠如を自分にもたらす。してみればそこには、原因たるものが同時に結果として現に生じてくるという、一種の再帰的円環的な構造が、否定的なかたちを介してではあるが現前していると考えられよう。すなわち、

(i) ロゴス的根拠たる神への背反（＝罪）は、それが原因となって、諸々の悪しき情念を生む。
(ii) そうした情念に捉われたわざ・行為は、主体・自己の「在ること」の欠如を生む。が、それは、原因としての「神（《わたしは在る》たる存在）への背反」が、いわば現実化し（受肉し）、結果として生じた姿なのだ。
このように言えるとすれば、その際、原因と結果（終極）とは、「根拠への背反」というかたちとしては同一であるが、それがうちなる意志的働きを介して現にこの身に受肉してくる過程が認められよう。すなわち、うちなる意志の次元での「根拠への背反のかたち」は、魂と身体との何らかの結合体たる人間に、ある種の再帰的な仕方で「背反のかたち」を刻印し、ひいては「存在の欠如」たる姿を現出させてしまうのである。

第二節　情念の浄めと変容

一　「魂の三部分説」の受容と展開

右に見たように、悪しき情念、自己愛そして傲慢は、人間的自然・本性に本来与えられている可能性を塞ぎ、枯渇させてしまう由々しいものであった。（それは、ルカ伝第八章の「種播きの喩え」が鮮やかに示すところである。）が、それゆえにこそ古来、諸々の情念や傲りとの闘いが、真の愛智と修道との道の中心に存したのだ。そしてそこにあっては、さまざまな情念が浄められることを通してそれらが新たに「善きもの」へと変容し、さらには魂・人間が「善く在ること」、「善く生きること」（アレテー）へと開花して、「神性・善性の顕現」へと参与してゆく、といったことが目指されていたのである。

言い換えれば、それは、情念や身体（肉体）を単純に否定し排棄する道ではなくて、むしろ否定と浄化とを介してそれらを変容させ、再形成してゆく道であった。この論点に関してマクシモスは、たとえばプラトン以来の「魂の三部分説」を援用しつつ、古代ギリシア的伝統を多分に超えゆく洞察を示している。そこに指し示された道は、改めて標語として言うとすれば、「身体・質料の復権」、「無限性へと開かれた動性（ダイナミズム）」といった基本的特徴を有するものであった。

周知のごとく、いわゆる魂の三部分とは、「ロゴス（言語・知性）的力」、「気概的力」そして「欲望的力」の三つである[20]。これらについてマクシモスは、確かにまずはプラトンの文脈と同様、ロゴス的力が気概や欲望という二つの力を支配し制御すべきだと語っている。

「気概（θύμος）と欲望（ἐπιθυμία）とは、いわば他の民族のしもべであり召使である（レビ二五・四四以下）。観想的な知性（ヌース）は、それらをすべてにわたってロゴスの支配下に服せしめ、勇気と節制とにより諸々の徳（アレテー）に奉仕するようにさせる。が、自然・本性の法が霊（πνεῦμα）の法によって完全に飲み込まれるまでは、それら気概と欲望とを完全に解放させることはないのだ[21]。」

「われわれのうちでこの世が生きていて、質料的なものへの魂の意志的執着がある限り、欲望や気概の力に自由を与えるべきではない。それはなぜかと言えば、それらの力が自らの同族たる感覚的対象と交わり、魂に戦いを挑んで、魂を諸々の情念に囚われたものにしてしまわないためである[22]。」

ちなみにこうした把握は、旧約の歴史記述を観想し象徴的に解釈することによって語り出されたものである。すなわちマクシモスによれば、右の箇所は次のことに対応しているという。「古代のバビロニア人たちは、あたかもそのようにエルサレムを陥れた（列王下二五・四）。……〔旧約の〕法（νόμος）は、他の民族のしもべたちが隷属の状態に留まるよう命じたのだ（レビ二五・四〇―四二）。」

ここに他の民族のしもべとは、気概や欲望を象徴していると解されており、それゆえ右のような箇所は、単に字義的にイスラエル民族が他の民族を服属させたなどということを意味するのではない。そして、そのことに関して述べられた次の言葉は、一般に聖書釈義の基本を示すものであった。

「その際ロゴスは、歴史的字義的なことを通して思惟的なものを開示しつつ、この世ないし現在の生に対する魂の意志的な関わりのことを語っているのである。[23]」

ところで、何であれ有限な事物への執着が残っている限り、気概や欲望といった力はその手下として働き、魂ないし人間をさまざまな情念に捉われたものにする。そのとき魂・人間は、いわば自分自身に対して分裂し、自らの一性と晴朗な姿とを失うことになる。そして、そのように自分に対して分裂し分散した姿のまま他者と関わっても、そこには真実の交わりも愛も成り立ち得ないであろう。後に改めて吟味するごとく、「自己自身に対する異なり・分裂」は、恐らくはまた「他者との異なり・分裂」として現れてくるのであって、二つのことは相互に関わっているのである。

ともあれ気概と欲望は、それらの赴くままに放置しておくべきではなくて、あくまでロゴス（言語・知性）的力によって制御されることによって、節度が与えられなければならない。ただその際、「自然・本性の法が霊（プネウマ）の法に飲み込まれるまでは[24]」という限定が付いていた。むろんそれは至難の境地であり、現実のわれわれはそれに対して、最後まで途上にあると言うべきであろう。つまり、さまざまな試練を受け情念と闘うことは、愛智と修道の道をゆく者にとって、終わることのない絶えざる道行きなのだ。しかし、「霊の法に飲み込まれるまでは」という仕方で終極（目的）の位相が語られていることは、重要な意味を有する。なぜならそのことは、そうした境地に与りゆく可能性がわれわれに附与されていることをも示しているからである。

従って、われわれが神的な霊（プネウマ）、神的な働き（エネルゲイア）の現存を観想し、心披いてそれを受容するならば、そこには新しい事態（魂の善きかたち）が生起してくるであろう。すなわちそのようなとき、気概や欲望の力は新たに変容せしめられ、今度はより善き役割を担うとされることになる。

このことは、マクシモスの文脈の中でとりわけ注目すべき事柄だと思われる。それは大局的に言えば、ヘブライ・キリスト教の伝統が古代ギリシア的な諸伝統を摂取し、拮抗し、かつ超克していったという歴史把握の本質に触れてくることであろう。とはいえ、両者における表現のさまざまな要素や部分のみが切り取られて比較されるだけに終ってはならず、問題の帰する中心的な動向が捉えられてはじめて、真の対比も為され得るのである。

さてマクシモスにあって、気概と欲望との力は、確かにまずはロゴス的力のしもべだとされている。しかしそれらは、必ずしも単に下位のものとして服属しているものではなかった。それらは本来は、一度びそれらの悪しき傾きが否定され浄化されることを通して、より善きものに変容し得るものとして捉えられていたのだ。すなわち気概や欲望は、そうした根本的な否定を介してロゴス的力にしっかりと支えられるならば、魂・人間の善きかたち（アレテー）の形成に与るものに変容・再形成されるであろう。この点、端的にこう言われている。

「観想的な知性（ヌース）が〔創造の〕原型に即したものになるとき……それは気概と欲望とを自由なものとする。すなわち知性は、神的な愛に伴うような、汚れなき快楽と純粋な没我へと気概を変容させ、他方、霊的な熱心さ、つねに働く飛躍、そして節度ある狂気へと欲望を変容させてゆくのである。[25]」

気概と欲望とがこうした変容を蒙るとき、それらは服属させられるだけのものでも単に排棄さるべきものでもなく、かえって魂・人間を全体として導いてゆくものとして甦ってくるであろう。従ってそこには、否定・浄化と変容・甦りという、密接に関わる二つの契機が漲っているのである。

そしてそのことには、身体というものについての新しい評価が含まれていた。すなわちマクシモスによれば、「われわれは諸々の情念を捨てて、身体（σῶμα）をアレテー（徳）のロゴス的な働きの場としなければならない」[26]という。このように捉えられた身体は、もはや低位の副次的なものでも悪しきものでもなくて、「アレテーの働きの場」となるべく定位されている。従って身体は、たとえば古代ギリシア的伝統におけるよりも、遥かに積極的な役割を担うことになる。そしてそこには、「身体の復権」とも呼ぶべき事態が認められよう。が、それはむろん、魂と身体との全体に関わることであった。

「〔気概と欲望との変容にあって〕魂と身体とは、感覚が知性に対して霊的に変容することにもとづいて、霊の神的な法のみによって互いに結合する。そうした変容によって魂と身体は、ロゴスのつねに働いているような生きた働きを有している。」[27]

このように「感覚が霊的に変容すること」が生じたとき、快楽（ἡδονή）や狂気（μανία）などの意味合いも、大きく変容してくるとされる。つまり、「快楽とは現実化された欲望であり……狂気とは現実化された気概だ」[28]とあるが、欲望と気概という「魂の二つの力」の新たな変容について、マクシモスは次のように語っている。

「欲望と気概という力をロゴスに服属させている人は、次のことを見出す。すなわち、一方で欲望は、恵みにおいて魂が神的なものに汚れなく結合しているような快楽となっている。他方、気概は、神的なもののうちに快楽を守るような純粋な熱情となり、また、魂の没我的な力の欲求に即して、諸々の存在物から完全に離脱させるような健全な狂気となっているのである。」[29]

これは簡単に言うなら、欲望が「神的な快楽となり得ること」、そしてまた、気概が「善き没我・離脱へと向かう狂気となり得ること」を示している。

そのようなことが現に生起してくるならば、そこにあって魂・人間の自然・本性自身も、その「在ること」の根底から変容を受け、「善く在ること」ないしアレテーへと形成されると考えられよう。そしてこのことは、魂と身体とのある種の結合体たる人間の全体に関わるのだ。すなわち、「感覚の霊的な変容」や、後に改めて言及する「身体の聖化ないし神化」といった事態は、人間本性そのものが開花し成就してゆく道行きにおいて何らか不可欠のものとして伴ってくるのである。

二　愛による一性の回復

魂の欲望的力や気概的力は、決して単に蔑され排棄さるべきものではなかった。かえってそれらは、ある根本的な否定を介して変容を蒙り、魂・人間の全体としての開花のために用いられてゆくのだ。すなわち、それらの力は、有限な対象・目的（つまり、とにかくも善いもの）との関わりに閉ざされている限りは、どこまでも否定さるべきである。だが、一度び根底から無みされて、無限なる善（神性ないし善性）へと開かれ定位されるならば、それらは魂のより善き形成のために不可欠な、いわば身体・質料として甦り、新たに用いられてゆくことになろう。

しかし逆に、ロゴス的力が欲望や気概の力を正しく制御せず、根底から支えないならば、魂全体もその自然・本性（ピュシス）に反した状態に陥ってしまう。そこにあっては傲慢が支配し、その結果、魂は情念に捉われたものとなり、分散した悪しき姿、非存在に傾いた姿となってしまうのである。

ただ、ここに注意すべきは、マクシモスにあっては、魂のロゴス的力すら不変の完結した力としては捉えられていないということである。つまり、欲望や気概といった力だけでなく、ロゴス的力もまた、より先なる働きによって動かされ得るものとしてあるのだ。この点、たとえば次のように語られる。

「悪魔の邪悪で破壊的な王国は――それはアッシリアの王国によって象徴されるのだが（列王下一八・一一）――、徳（アレテー）と知に対する戦いを引き起こし、魂のうちなる力を通して魂を背反させるように画策する。かくして欲望（ἐπιθυμία）は、自然・本性に反するものを欲求するように刺激を受け、思惟物よりも感覚物を優先するように唆かされる。また気概（θυμός）は、感覚物への欲望によって択ばれた対象に達するように促される。そしてロゴス的力（λογιστικόν）は、感覚に即した諸々の快楽の方式を画策するように仕向けられるのである。(30)」

この文中、悪魔という名は既述のごとく、傲りないし傲慢の極みを意味するとしてよいであろう。少なくともそれは、単に外側からわれわれを脅かす存在ではなくて、むしろわれわれの魂の内奥に潜む不可思議な闇の力、あるいは背反の可能性そのものであろう。そしてそこに、人間的な自由・意志の謎と逆説が存するのであった。

右の引用文は、魂が傲慢によって自己分裂を来たし、自らの自然・本性に適った一性（存在性）を失った姿を示している。すなわち、「傲慢のしるしは、アレテー（徳）とピュシス（自然・本性）との創り手たる神を否定することだ(31)」とも言われるが、そうした根拠たる神、「わたしは在る、在らんとする」存在（出エジプト三・一四）に対する意志的背反・傲慢が、己れ自身に非存在のしるしを刻印してしまうことになるのである。

ところで、右のことからして、人間に附与されたロゴス的知性的な力すら、その本性に反した悪しき方向に働いてしまうことが見て取れよう。その意味ではロゴス的力もまた、われわれにあってそれ自身完成したものではなく、「より善き」と「より悪しき」という両方向への可能性を抱え込んでいる。それゆえロゴス的力は、「祈りと観想によって神に向かうとき」はじめて、善く働き得るであろう。

言い換えれば、人間の有するロゴス的力は、神性（善性）の超越的な働き（エネルゲイア）に自らを全面的に委ね、己れ自身がいわば神性の働きの場とも道具ともなるといった多分に逆説的な仕方で、はじめて自然・本性に適った働きを為し得るであろう。この意味では、ロゴス的力は「それ自体で端的に善い」というよりは、むしろ祈りと観想によって翼が与えられてこそ、善く働くのだ。それは、魂・人間が神的な働き（エネルゲイア）を受容しつつ、己れを超え出て神への愛に引き出されるときでもある。そしてそこには、「背反する悪しき傾きの否定」と、さらには「否定を介しての浄化・再形成」という二つの契機が認められるのだ。そこで総じては、魂の三部分の全体としてあるべき姿について、端的にこう語られている。

「魂の気概的力を愛によって帯せよ。欲望的力を自制によって弱めよ。そして、ロゴス的力に祈りによって翼を与えよ。かくして、知性（ヌース）の光は決して暗くされることがないであろう。[32]」

さて、魂の三部分は、こうした根本的な変容と再形成を介するならば、全体としての一性を回復することになろう。そして注目すべきは、そのように魂・人間の一性を成り立たしめる根拠たる働きが問いたずねられるとき、はじめて「愛」（ἀγάπη）が勝義に問題となるということである。この点は、後に「他者」および「全一的交わり（エクレシア）」について論じる際、改めて吟味しなければならないのだが、ここでは、これまでの探究が収斂してゆく問題場面を示すものとして、次の表現を引いておこう。

「何ものも愛ほどには、分散した人々を一つに集め、彼らに息を吹きかけて力ある一つの意志を造り出すものはない。愛の特徴は、同等の美（善）（καλόν）を〔万人に〕措定することである。それゆえ愛は、魂の諸力、つまりロゴス的力、気概的力そして欲望的力が、神的なものをめぐってそれ自体として集約され一体化されることを成り立たせるのだ。すなわち、愛にもとづいて神的栄華の美を記憶に刻みつつ、神にあって万人が同等の価値があることを恵みによって注意する人々は、神的な憧れ・渇望を忘れがたいものとして持つ。その際、愛は、魂の指導的部分に朽ちない美（善）を記憶させ、彫り込むのである。[33]」

密度の高い文章であるが、そこからさしあたり、後に吟味すべき論点を少しく引き出しておく。

(i) 愛によって「ロゴス的力、気概的力、そして欲望的力が神的なものに向かって集約され、一体化される」というが、それは、魂・人間がいわば己れ自身に対する異なり・分裂を脱して、一性を何ほどか回復した姿であろう。

(ii) 他方、愛は「分散した人々を一つに集め」、意志において結合・一体化させるという。

(iii) しかし、そうした愛の誕生・成立の場に立ち帰って言えば、人が神的な愛によって（つまり『雅歌』の言葉で言えば、愛の矢によって）何らか心貫かれ、今度は、そこに根拠として現前している神的な愛をどこまでも志向し渇望してゆくという事態が存する。

とすればここに、(i)～(iii)に対応することとして、「自己自身に対する一性（結合）」、「他者に対する一性」、そして「神に対する一性」という三つの事柄が、恐らくは不即不離に結びついていると予想されよう。従って恐らく、神的働き（愛）に心披き、それを絶えず脱自的に愛しゆくことがなければ、われわれはある意味で自己自身との異なりと分裂を抱えたままであり、ひいてはまた、他者との真の交わりや愛も成立し得ないであろう。

「自己」と「他者」、そして「神（絶対他者）」という三者は、このように微妙な関わりにおいてである。そしてマクシモスにあっては、本来は人間が紐帯となって万物が「全一的なかたち」へと形成されゆき、そのような仕方で自他相俟って「神性の顕現」、「存在の現成」に与ってゆくという、一種の宇宙論的視点が存するのである。

それについてはさて措き、魂の三部分をめぐる右のような考察の要点を、改めて確認しておこう。欲望的力や気概的力は、ロゴス的力に支えられるならば、本性的な変容を蒙りかつ甦って、新たにより善き目的のために働く。ただし、そのことに先んじて、ロゴス的力もまた、祈りと観想によって神性の働き（神的な霊）に委ねられ、己れに閉じられた傲りが打ち砕かれねばならないのだ。かくして、欲望や気概の力は、いたずらに排棄されるのではなくて、根底における否定と浄化を介して甦らしめられ、人間本性の全体としての開花・成就のために、一種の先導者としての役割を果たすことになろう。

従ってまた、欲望や気概の関わる身体的肉体的力にしても、単に蔑され捨てられるべきものではない。かえってそれらは、悪しき情念や行為に仕える限りでは根元から否定されつつ、そうした否定・浄化とともに変容せしめられ、自然・本性に適った本来の目的のための広義の身体・質料として、あるいは道具として用いられてゆくのだ。[34]そのことは、「身体・質料の復権」とも言うべき事態であった。そしてそれは、当初からの問題の拡がりとしては、人間的自然・本性（ピュシス）が、単に「在ること」から「善く在ること」（アレテー）へと形成され、より高い存在次元に与ってゆく道行きの本質的契機なのである。

三　偶像の破壊と再形成――「金の子牛」の象徴的解釈をめぐって――

旧約の『出エジプト記』には、「金の子牛」という偶像についての興味深い一節がある（第三一―三二章）。周知のくだりであるが、マクシモスはニュッサのグレゴリオスなど先行の教父たちと同様、その箇所について極めて象徴的な解釈を提示している。そしてそれは、「身体・質料の復権」というくだんの事態を、いっそう鮮やかに語り出すものとなっているのである。

そこでまず、歴史的背景を簡単に述べておこう。イスラエルの民はモーセに率いられてエジプトでの隷属状態を脱し、紅海（葦の海）での奇蹟を経て、故郷の地を目指して荒野を進んでいった。そのときモーセは、シナイ山において再度の神の顕現（いわば「闇のうちなる神の顕現」）にまみえ、さらには十戒を授かった。モーセは十戒が刻まれた二枚の石板を携えて山を降りる。が、その間イスラエルの民は、モーセがシナイ山からなかなか降りて来ないのを見て疑念に駆られ、若い雄牛の鋳造を造ってそれを拝した。山から降りてきたモーセは、彼らのそうした偶像崇拝と放縦の姿を見て激しく怒り、十戒の板を投げつけ、山の麓で砕いた。そして、次のように述べられている。

「モーセは、彼らが造った若い雄牛の像を取って火で焼き、それを粉々に砕いて水の上に撒き散らし、イスラエルの人々に飲ませた。」（出エジプト三二・二〇）

マクシモスは旧約のこうした歴史記述（ἱστορία）を観想し、象徴的に次のように解している。

「情念（πάθος）のいかなる動きですらも、観想が生じることを準備することになる。それは丁度、旧約における金の雄牛のような場合であって、いかなる情念が生じても、知性（ヌース）はその存立そのものを砕き粉々にして、知（γνῶσις）の水に撒いた。かくして知性は、情念の裸の像を完全に破壊し、それらを自然・本性に適って完成された姿へと再形成するのである。[35]」

ここに明らかなように、マクシモスにあっては、ふつうは歴史上の遥か過去の出来事と看做されることも、単にそれだけに留まるものとしてではなく、むしろ時と処とを超えて、いわば同時的にすべての人に生起し得る普遍的なこととして解釈されている[36]。そして、右の一文にあってはとくに、諸々の悪しき情念の「浄化、変容、さらには再形成」という事態が注視されているのである。

さて、諸々の情念は、たとい悪しきものですら、単に排棄さるべきものとは看做されていない。それらはむしろ、一度び打ち砕かれることによって、自らを構成している要素へと解体され、そこから再び造り変えられるのだ。このことは、諸々の身体的質料的な要素が、いわば知性（ヌース）によって、また創造の根拠たるロゴスによって砕かれ、浄化と変容を蒙って新たに再形成されることであろう。

してみれば、われわれのさまざまな情念は、一つの根本的な否定と浄化とを蒙る際には、魂・人間が全体として新たに「善きかたち」（善く生きること）へと再形成されゆくための、重要な素材として用いられることになる。かくして、「さまざまな情念は善きものとなって」働き得るのだ。すなわちそれは、次のようなときだという。

「それはたとえば、われわれが欲望を、神的なものへの思惟的憧れという欲求的動きとして働かせるときである。また快楽を、神的な賜物への知性の意志的動きがもたらす喜びへと向け変えるときである。また畏れを、誤ちの上に加えらるべき罪から自分を守るための注意とするときである。そしてさらに苦しみを、現にある悪を正すための悔改めとするときである[37]。」

このように、「欲望」、「快楽」、「畏れ」そして「苦しみ」などの情念は、それぞれ「神的なものへの欲求」、「賜物に対する喜び」、「罰から自分を守る注意」、そして「悪を正す悔改め」へと変容し得るという。そして一般に、およそ情念というものは、もし有限な事物への意志的執着や傲りが砕かれ無みされるならば、それぞれに浄化と変容を受け、新たに善いものとして働くであろう。

　これは具体的な生活に即して言えば、悪しき情念と罪のうちにまどろみ、そこに埋没していた人が、心からの悔改めを介して赦しを受けたときに、現に経験することであろう。つまりそのようなとき、かつてその人を支配していたさまざまな情念、そして気概的かつ欲望的な力などは、新たに変容し一つに結集されて、神の意志に適うわざを為すために用いられてゆくのだ。

　従って、そこに目指されているのは、身体的な力ないしエネルギーをいたずらに蔑し、魂のみが分離して天上に向かうといった道ではない。またむろん、「何を為そうが自分の魂のみは何ら影響を受けずに、不変のままだ（それ自身で神性を保持している）」などとうそぶくことでもない。そうした一種グノーシス主義的な思想態度は、「自己とは、人間的自然・本性とは何か」という問いの答えを、身体性を切り捨てた純粋な魂に求めるものであろう[38]。それは恐らく、自らの主張自身のうちに自己把握の虚偽を抱え込んでおり、しかもかえって、それをしも自己肯定して開き直っている。つまりその根底には、ほとんど無意識のままに傲慢が支配しているのである。

　それに対してマクシモスにあっては、魂と身体との全体としての変容と再形成の道が注視されていた。すなわち、魂だけではなく、「身体的物体的なものも観想を通して《善く在ること》に分け与る[39]」という。そのように言われるとき、究極の位相としては、「魂における神化（θέωσις）を類比的に分有することによって、身体も神化する」[40]という境位が望見されていたのだ。

　人間が「神化」に与ってゆくということの意味と根拠については、後に詳しく論究しなければならない。ただ、右に述べてきたような「情念の変容と再形成」および「身体・質料の復権」といった事態には、なおも立ち止って問いたずねるべき論点が含まれている。というのも、それらのことはむろん、「魂と身体との関係」、「それらの何らかの結合としての人間の自己把握そのもの」に、密接に関わっているからである。

そこで、次に章を改めて、ここでの叙述をやや別の角度から捉え直すべく、マクシモスにおける身体性の問題、つまりいわゆる心身問題について、今一歩踏み込んで考察しておくことにしよう。

第五章　身体性の問題

身体ないし肉体というものは、ヘブライ・キリスト教の伝統にあって殊のほか重要な意味を担っている。そのことはたとえば、旧約聖書においては具体的な場を離れた抽象的な概念（形相）や論理がほとんど見当らず、大方は具象的な表現が主たるものであったこと、そしてとりわけ新約聖書において、「ロゴス（言葉）が肉体（σάρξ）となって、われわれのうちに宿った」（ヨハネ一・一四）という「ロゴス・キリストの受肉」が中心を為すことなどからも、十分予想されるところであろう。

この意味では、「キリスト教においては身体・肉体が蔑視されている」とするのは、多分に後世の偏見であり、誤解を招きやすい言い方である。すなわち、キリスト教および広義の修道の伝統において蔑され否定されてきたのは、身体的肉体的なものへの執着の方であって、決して身体や肉体そのものではなかった。この点、魂（＝神的なるもの）を端的に善とし、肉体や物体的なものを悪とするような、往時のグノーシス主義やマニ教といった思想潮流は、教父たちにとって看過することのできない謬説であり、問題の根源に立ち帰って論駁してゆくべき対象なのであった。

しかしそれにしても、身体、肉体とはそもそも何なのか。そのように改めて問われるならば、何人も容易には答えられないであろう。とすれば、存在、善、美についてはもとより、時間、自己そして身体等々についても、それぞれの言葉の担う意味の真相は、われわれにとって深く隠されていると言わねばなるまい。

実際、「人間において心ないし魂（ψυχή）と身体（σῶμα）とがいかに結合しているのか」、そして「両者のある種の結合たる人間的自然・本性がいかなる方向に開かれ定位されているのか」といったことは、古くから難問とされるものであった。が、それゆえにこそ、その問題に対する捉え方に応じて、人間把握、存在把握の根本が左右されてきたと考えられよう。

ところで、既述のごとく、東方西方の教父の伝統は、旧約・新約のヘブライ的伝統を根幹としつつ、古代ギリシア以来の諸々の伝統をも少なからず摂取し、それらとの根本での格闘を経て形成されていった。従ってそこには、ヘブライ・キリスト教が古代ギリシア的思想潮流を受容し、拮抗し、さらには何らかの仕方で超克していったという、西洋の思想史上ほとんど未曾有のドラマが存したのだ。

証聖者マクシモスは、歴史的に右のような意味を有する東方・ギリシア教父の後期に属し、数世紀に及ぶその伝統の集大成者と目される人であるので、その身体論、人間論は、いわばヘブライズムとヘレニズムという二大思想潮流の出会いと格闘との顕著な縮図でもあった。そしてそこには、自然（自然・本性）と人間との本質把握に関して、自然科学の余りにも進展した今日であればこそ、なおも一つの範型となり得るような洞察が含まれているのである。

第一節　魂と身体との自然・本性的結合

一　身体を生かすものとしての魂

いわゆる心身問題について、マクシモスは基本的にまず、人間の心ないし魂が身体から離れて「それ自体として在る（自存する）」という把握を決然と退ける。われわれにあって魂は、自然・本性的に身体と結びついているとするのである(1)。

マクシモスのこうした捉え方は、直接には往時のオリゲネス主義との論争という文脈の中で語られる。そしてそれは、広くは、たとえばプラトンの『パイドン』などで模索されているような、古代ギリシア的な魂（霊魂）観あるいはそこでの探究方向に対する一つの応答・挑戦とも考えられよう。

むろん問題の根は深いのだが、改めて言えばマクシモスは、人間的魂というものを、古代ギリシア的諸伝統におけるよりも遥かに動的な構造のもとに捉えていた。すなわち魂は、完結した実体としてそれだけで現実に存在しているのではなくて、自然・本性的に（つまり本質的に）身体と結びつき、また身体と結合してはじめて現にこの世に生成し存立してくるという(2)。しかも、両者のある種の結合たる人間的自然・本性は、無限なるもの・超越的なるもの（神性ないし善性）に対して徹底して開かれた動性（ダイナミズム）としてあるとされるのだ。

ちなみに以下においては、〈ψυχή〉（心、魂）と対に用いられることの多い〈σῶμα〉には、主として「身体」（そして「物体」）の語を当て、往々にして全体としての人間をも示す〈σάρξ〉には、「肉、肉体」の語を当てることにする。〈σάρξ〉という言葉のそうした用法は、『セプチュアギンタ（七十人訳・ギリシア語旧約聖書）』にはもちろん、新約聖書にも見られるが、そのことには、「わが骨、わが肉」のように、体の一部の名でもって人間の全体を表わすヘブライ的語法の影響が認められよう。

ともあれ、魂と身体とについてのマクシモスの捉え方は、先に触れたように歴史的背景としては、かなりの勢力を持っていた当時のオリゲネス主義が、いわゆる「魂の先在説」を主張していたことに対する論駁という性格を有していた。(3) もとより、そこに潜む問題は、単に一つの特殊な教説に対する批判といった枠内に留まるものではなくて、より普遍的に、「人間とは、そしてその自然・本性とは何なのか、また何に向って開かれ、何であり得るのか」ということの根幹に関わっているのである。

さてマクシモスは、心身関係をめぐる古来の難問に対して、次のように言っている。やや長いが、問題の基本線を語るものとして、まずはじめに提示しておこう。

「さまざまな肢体が集まり結合して一つの組織的〔道具的〕身体を形成しているが、そうした組織的身体は〔同時に〕思惟的魂と一体化せしめられて、〔全体として〕全き人間となっている。それゆえ、魂であれ、身体であれ、その肢体であれ、人間の部分が真理から外れて罪を犯すのではない。そして、組織的身体が思惟的魂ないし人間に帰属しているのならば、魂は身体の全体にわたって全体として偏在し、身体に生きることと動くこととを与えている。すなわち魂は、自然・本性として純粋で非物体的〔非身体的〕なものであって、身体に分配されたり閉じ込められたりせず、肢体の全体と部分とに現存する。つまり身体は、魂の働き〔エネルゲイア〕を自然・本性的に基体として受容する力に従って、魂〔の現存〕をおのずと受容しているのだ。その際、魂の働きは全体として現存しつつ、異なった仕方でそれを受容する各々の肢体を、まさに一つの身体が存立することへと類比的に結合させているのである。[4]」

ここに示されているように、非物体的魂が身体と何らか結合しつつ肢体のすべてに現存し、全体として現実の人間となっているという。ただその際、注意すべきは、魂をいわば「もの化」して捉えてはならないということである。これは、「魂はその本性上、非物体的なものだ」とされていることの内実に関わってくるであろう。

この点、われわれはともすれば、「魂」という一つの名称で語られたものを、あたかも「完結したもの、自存するもの」であるかのように捉えてしまう。ある意味でそれは、「もの化」、「対象化」への傾きであり、知性の抱えている誘惑でもある。とすれば、より原初的な場面に立ち帰るべく、「魂は身体の全体にわたって全体として偏在し、生きることと動くこととを与えている云々」という表現に注目しなければなるまい。それによれば、身体（物体）は「生きることと動くこととを与えられている。」つまり、身体にはそれ自身だけでは「動き」はなく、あくまで魂によって動かされる。言い換えれば、身体が（あるいはより正確には、身体を担った人間が）、何らか生き、動いているとき、その「生きること」と「動くこと」とを成り立たしめている何ものかを「魂」と呼んでいるのだ。[5] それはある意味で、「魂」という名・言葉の真相の発見でもあろう。

このように見るとき、魂とはまずは、固定し完結した実体の名である以上に、身体・物体に生きることと動くこととを与えている「働き」の名なのだ。そしてこの意味では、われわれ人間にとって、魂が身体から離れて「それ自体として在る」と言ってはならないことになろう。なぜなら両者は、現実には相関的なものとして生成し存立していると看做されるからである。

ところで、こうした問題をさらに問い進むに際して、マクシモスは、「生成（γένεσις）のロゴス（意味、根拠）」と「実体・本質（οὐσία）のロゴス」との区別を導入している。[6] 前者は、「いつ」、「どこで」、「何かに対して（関係的に）」在るということを示し、後者はただ、「在る」、「何かで在る」、「いかに在る」ということを明らかにしているという。(7) つまり「生成のロゴス」とは、この有限な可変的世界における「具体的生成の場面」に関わるが、「実体・本質のロゴス」とは、そうした現実の生成を離れた「意味の次元」にのみ関わるのである。(8)

この区別に従えば、魂と身体との問題は、次のような二つの局面に分けて語られねばならない。

(i)「魂」や「身体」という言葉は、実体・本質（ウーシア）的にはそれぞれ異なる意味を担い、それぞれが独立に規定され得る。

(ii) しかし他方、この時間的世界における現実の生成（ゲネシス）の姿としては、魂と身体とはあくまで関係的に結びついており、両者相俟ってはじめて、具体的に人間として誕生・生成してくるほかないのだ。

というのは、もし仮に魂が身体から離れて、それ自体として現に存在しているとするならば、それはいわば天使的存在でこそあれ、「具体的な人間の魂」ではあり得ないからである。つまりマクシモスにあっては、(i)のような抽象化された「人間の形相」たる魂が、「意味の次元」では語られつつも、あくまで(ii)のような、この現実の世における「魂と身体との何らかの結合たる全体としての人間」の「誕生・生成の場面」が凝視されていたのである。

二　自然科学的探究の意味と仮構

そこで、改めて注意しておくべきは、次のような対極的な把握がいずれも退けられるということである。

(i) 魂は「神的なもの（不死なるもの）」であり、それ自体で完成した実体として存在する。人間はそうした神的な魂を、身体（肉体）という器のうちにすでにして所有しており、それゆえにまた、魂は死後は身体を脱して、不死なるものとして存続する。

(ii)　魂はそれ自体としては存在せず、たといそれが語られるとしても、身体ないし物体という要素的なものの、何らかの複合、配列、あるいは調和などとして規定されるものでしかない。

もとより、右の(i)および(ii)は、いささか単純化した言い方である。が、概して言えば、(i)のような捉え方は古代ギリシア、とくにプラトン以来の魂（霊魂）観に通じるであろうし、少なくともその通俗化した形態である。さらにはまた、それが極端な善悪二元論的な密儀宗教と結びつくと、グノーシス主義やマニ教などの教説へと変形してゆくことになろう。他方、(ii)は、古くから見られる捉え方であるとともに、とりわけ近・現代の大方の自然科学が標榜するところである。

ちなみに、(i)と(ii)は確かに対極的な見方であって、それ自身としては相容れない。しかし、一種魔術主義的な密儀宗教と西欧近代の自然科学とは、歴史的に自然科学の成立の根源に遡れば見えてくるように、意外と共通の根を有しているのである。

このことについて、仮に一言で言っておくとすれば、善悪二元論的密儀宗教的思想（グノーシス主義、練金術、ヘルメス主義など）から、魂（＝神的なもの）をめぐる魔術主義的教説を払拭し、物的自然を無色のものとして対象化することによって、近代自然科学の領域が独立化せしめられた[9]。その際、とくに「自然ないし自然・本性」〈φύσις, natura〉という言葉の意味が著しく狭められ、一見自律的客体的な物的自然に局限される。（そこでは先に言及したような、「身体・物体」〈σῶμα〉が魂によって「動き」を与えられるという意味次元は、はじめから閉ざされている。）しかし、そうしたことは、「存在」、「一性」、「善」そして「自己」等々に関する根源的な謎を封印し、それらのロゴス的探究を放棄することによって生じてくるのだ。とすれば、自然科学というものはこうした大きな犠牲を代償としてはじめて、自らの存立とその客体的探究領域を獲得し得ているということが、つねに忘れられてはならないであろう。

自然科学にあっては、基本的には要素還元的な方法をまずは採用せざるを得ない。だが、素朴な、しかし根本的な問いを掲げるとすれば、諸々の物体的要素が無数に結合して一つのものを形成しているとしても、それがまさに「一つのもの」として、またとりわけ「一つの生けるもの」として成立している根拠は何なのか。それは恐らく、諸々の要素・部分の分析と、それらの結合様式の把握を探ってゆくという探究次元には、どこまでも隠されたままであろう。[10] つまり、何であれ「在るもの」、「生けるもの」の「一性」、「〈それ〉という全体」の成立は、単に要素ないし部分の次元からは真実には根拠づけられず、知られ得ぬものに留まる。そのことはたとえば、絵画や音楽などの作品形成が、むろん絵具や音符などの要素の複合、配列ということによってだけでは語り尽くされぬような、「より先なる高次のもの」、「美の直観と現出との謎」を孕んでいるのと、ある意味で類似しているであろう。

しかしわれわれは多くの場合、自然科学的要素還元的な存在把握がそれぞれの学の限定された対象領域（ある種の仮構）の中で提示されたものたることを見逃し、半ばそれに服し、半ばそれとは相容れぬ心・魂の働き（直観と良識）に愛着しているのではなかろうか。

ともあれ、ここでは問題点についてのみ附言しておこう。自然科学的なもの・事物把握にあっては、「ものの《在ること》の意味」、および「ものの《一性》に関わる知の成立」といった難問は、はなはだ平板な前提（存在了解）のうちに、いわば埋没したまま放置されている。そしてそれとともに、諸々の客体的対象（在るとされるもの）について知りかつ語る「主体・自己の在ること」は、その成立の意味と根拠が問い披かれることなく、問題の局外に措定されているのだ。

とすれば、自然科学とそれを一つの範とした諸学の、いわゆる客観性および実証性を標榜する探究は、真に普遍妥当的な探究ではあるまい。それはむしろ、最も身近で、しかも最もむづかしい謎・神秘とも言うべき問題を封印した上で、それとは切り離された客体的探究領域を設定しているという点では、いわば一種の仮構の中での探究と言うべきであろう。

このことは一つの例として、一般に時間を〈t〉というパラメーターで表わすこと、そしてニュートンの運動方程式等々で〈t〉の二次微分が入っていることからも、少しく窺えよう。つまり、正も負も二乗すれば正となるが、過去と未来の区別が闇雲に消失してしまうような時間は、われわれが現に担っているような「生きられる時間」ではあり得ない[11]。もとより、かく設定された仮初の構造の中では、自然科学的な探究方式は無類の強みを発揮する。そしてその成果は、われわれの実際の生活に対しても大きな便益をもたらすものとなっていること、言うまでもない。が、くだんの「存在」、「善」、「時間」、「自己」そして「神」等々の問題は、何人にとっても依然として謎・神秘であり続けるのである。

しかし、右のような自然科学的探究方式を普遍妥当的なものと見誤り、その反面、感覚的現れと恣意的思惑に閉ざされた判断を「善し」として、それに執着してしまうならば、どうなるであろうか。恐らく両者は根が通じているのだが、そうした態度からは、(i)、自分の魂は諸々の判断の根拠として、神的な善をすでにして所有しているとするか、(ii)、あるいはそれとは対極的に、すべてが物的必然性のうちにある中で、人間はただ偶然的かつ蓋然的な判断と行為を為すのみといった、半ば諦め、半ば開き直った姿が生じよう。（そしてそれは、容易に享楽的な生き様に通じる。）そのようなとき、われわれは、右の(i)と(ii)についての十分な見定めがないまま、いわば混合した生を生きているのかもしれない。

それはともかくとして、先のマクシモスの文脈に立ち帰るなら、身体（物体）（σῶμα）に「生きること」と「動くこと」とを与える根源の働き（エネルゲイア）を注視することなく、魂（ψυχή）をいたずらに身体から分離させたり、一方を他方に解消させたりすることは、この生身の自己を多分に欺くことになろう。そして、次に述べるマクシモスの「魂の先在説批判」とは、右に概観した問題を正面から見据え、その真相をあらわにしようとするものであった。

第二節　魂の先在説に対する批判——魂と身体との同時的生成——

一　魂の先在説をめぐって

魂の先在説なるものはマクシモスにおいて明確に退けられているが、そうした主張は、次の引用文に見られるように、いわゆる「体の復活」という事態の意味をめぐって語り出されていた。しかしそのことは、単にこの世を無視してあの世を言挙げするということに留まるものではなくて、むしろ現に在るわれわれ自身の自己把握の質に深く関わっているのである。

ちなみに次の文中、ふつう「復活」と訳される〈ἀνάστασις〉という語は、字義的には「立ち上る」の意であった。それゆえその語は、「情念と罪に埋没していた人が、再び力を得て立ち上る」といった、今、ここなる出来事を意味し得るであろう。ともあれ、まず問題となる表現は次の通りである。

> 「魂が身体より先に存在するという理に適わぬ説を放棄して、《復活へと立ち上る人は死ぬことはあり得ない》と語る主を信じるがよい。……そして主はまた、《生きてわたしを信じる人はすべて、永遠に死ぬことはない》（ヨハネ一一・二六）と言う。もし魂が〔それ自体として〕先在したとすれば、死を何らかの仕方で受け容れることもあり得なかったであろう。……なぜならば、もし身体と魂とが人間の部分であって、部分というものが必然的に何かとの関係としてあるとすれば、そのように関係的に語られるものは、その生成（γένεσις）に際して、同時に全体として、また全体的に在るからだ。すなわち諸々の部分は、それらの結合によって〔人間という〕形相全体を完成させるのであって、区別のための概念によってのみ、〔魂や身体という〕各々の本質・実体（οὐσία）を互いに区別するのだ。すなわち、魂と身体とは人間の部分として、〔現実には〕互いに時間的に先在したり、後に別々に存在したりすることはできない。というのも、そのようなことを言えば、関係のロゴス（意味）が排棄されてしまうからである。[12]」

ここに明確に語られているように、魂と身体とは、それぞれの無時間的な意味・概念としては独立のものであるが、この世界における現実の誕生・生成としては、あくまで関係的に在る。つまり、両者が相俟ってはじめて、人間の形相（人間的自然・本性）が現に生成してくるとされるのだ。

では、なぜそうしたことが殊更に重要な論点となったのであろうか。それは先に触れたように、単に人間の誕生以前や死後の状態が主な関心事であったからではなくて、むしろそれ以上に、今われわれが生きているという実際の、その「自己」や「生」の意味こそが問題だからであろう。なぜならば、魂の自存や先在といったことを主張するときには、その反面、否応なく可変性や死性を抱えているところの、生身の「自己」の生と死との意味が、不分明なままに放置されてしまうからである。

すなわち、もし魂が先在し、しかもそれ自身ですでにして神性や永遠性を保持しているとすれば、魂それ自身は死ぬことがない。そして、身体のうちに入った魂自身は、人間が死ぬときにも身体から離れて、不死なるものとして存続するということになろう。

こうした捉え方がさらに進んで「魂（善にして神的なもの）」、「身体（悪しきもの）」という善悪二元論的な形態になったとき（グノーシス主義やマニ教、そして後世の多くの亜流）、それは一見したところでは、神性（永遠性）を保持する者として人間の尊厳を謳っているとも看做されよう。しかし、そこにあってなおも問われるのは、「人間」、「自己」という言葉がそもそも何を指し示しているのか、ということである。すなわち、魂だけが自己で、身体はそうした魂を単に受容する外的な容器に留まるものなのか。だが、「魂＝真の自己（真我）」はこの生身の自己が死んでもなおも不死だと主張するとき、その教説が正しいか否かを云々する以前に、まずそこにおける人間や自己という言葉の内実が問われなければならない。

そしてさらに、不死なる神性を有する魂（＝真我）を人が保持しているとすれば、人間は本性的に完成しており、すでに救われていることになろう。しかしその場合には、人間・自己がより善くなり（さまざまな学習や徳の形成）、より善く生きるために、意志的な努力とわざ、そして祈りなどは、何ら必要ではなくなるのだ[13]。が、それではいかにも奇妙であり、そこにあってはかえって、卑俗なところに開き直った傲慢な態度が生じることになろう。

二　魂と身体の同時的生成

さてマクシモスは、魂や身体がそれぞれ形相としての「意味の次元」（無時間的な個々の意味領域）を持つことは認めつつ、それらが現に結合して「人間として在ること」に至る「生成の次元」を際立たせている。この点では、それぞれの形相は、もはや「それ自体として在る」という仕方で単独に完結したものではなくて、むしろこの世界における「人間の誕生・生成」へと定位された中間的なものなのだ。つまりこうした捉え方にあっては、「魂や身体という個々の形相（概念）」と「それらの結合による〈人間の現に在ること〉への生成」との、いわば存在次元の違い（在ることの充実度の違い）が注視されているのである。

そこでマクシモスは、人間の生成（創造）の機微を次のように語る。

「形相（εἶδος）に即した〔人間としての〕全体の完成（生成）は、あるものに対する他のものの結合に際しての、〔単に〕受動（πάθος）によるのではなく、また諸々の部分の自然・本性的な力によるのでもなくて、魂と身体とにおいて、〔人間の〕形相が全体として同時に生成すること（γένεσις）による。つまり、いかなる形相にあっても、滅びなしに、ある形相から別の形相へと変化することはあり得ないのである。[14]」

これによれば、人間の形相（人間で在ること）は、端的に、いわば突如として生成し現出してくる。その原因は深く隠されているのであって、構成要素（部分）たる魂や身体の形相的な力（δύναμις）に原因が求められてはならないのだ。つまりその際、人間を構成する要素ないし部分を、単に人間の生成の後に静止した仕方で分析するという方法は退けられ、あくまで現に在る人間の「人間としての生成・現出」の機微こそが問題とされているのである。[15]

もとより「魂」や「身体」の形相は、「人間」の形相ないし自然・本性を何らか構成しているとされよう。が、現実の生成の場面では、「魂や身体の形相が何かしら連続的に変化して、人間の形相が生じる」などと言ってはならない。「いかなる形相にあっても、滅びなしにある形相から別の形相へと変化することはあり得ない」からである。それゆえある意味では、魂と身体との形相が滅んだその無限性の場において、人間の形相が新たに生成・誕生せしめられたと言うべきであろうか。現実の世界における「形相の生成」には、無限なる場から新たに現出してくるといった謎・神秘が現前しているのである。(16)（そしてこのことは、さまざまな行為の選択においてであれ、芸道や勝負の世界においてであれ、およそ善きわざ、善き択びが成り立ってくるときに、共通に見出し得る事態であろう。）

そのことを念頭に置きながら、「魂の先在説批判」の文脈をさらに追っておこう。マクシモスは先述の「実体・本質のロゴス（意味、根拠）」と「生成のロゴス」との区別を適用して、こう言っている。

「魂は生成の後、実体・本質（οὐσία）ということによってはつねに〔意味として〕それであるが、生成（γένεσις）ということによっては絶対的にではなくて、いつ、どこで何に対して（関係として）という状態（結合）においてである。というのも、魂は身体の死の後にも、単純に魂なのではなくて、人間の魂であり、しかもある人の魂だからである。すなわち魂は、身体と相俟ってこそ自らの形相全体を持つのであって、両者の結合の状態に従って、人間的な部分として〔人間に〕述語づけられるのである。(17)」

このようにマクシモスは、「無時間的な意味の次元」とは異なるものとして「生成、現実の次元」を注視し、そこにあっては、魂と身体とがどこまでも関係性においてあることを改めて見出している。それゆえ、「魂は身体から離れてそれ自体として存在する」とか、「身体的な死の後にも魂のみは不死なるものとして存続する」といった捉え方は、マクシモスにあって明確に否定されるのだ。魂と身体は、全体として関係性なしには現に存在し得ないからである。そしてそこに、「魂と身体との同時的生成」が語られるのである。(18)

ただし、人間的自然・本性が現に生成するとき、魂と身体とでは生成の意味に違いが存した。すなわち「魂の生成」とは、神的なもの、生命あるものが語り得ざる仕方で注入されることによるが、他方、「身体の生成」とは、基体としての質料から魂と同時に身体が生成してくることによるという。とすれば、魂と身体にとって、「在ること」は同一の仕方では語られないのだが、生成の意味と様式とはあくまで相互に関わり合っているのだ。[19]そこでマクシモスは、魂と身体との同時的生成について、次のように見極めている。

「もし魂と身体との存立に関して、その生成が同時的であって、一方が他方よりも前に先在したり、後に在ったりしないならば――それは両者から成る全体としての〔人間の〕形相が解消せしめられないためであるが――、相互の関係のロゴス（意味）については、一方の部分（魂）がその本質上、〔身体に〕先んずるヒュポスタシスを有している。しかし、他の事物に対しては、〔魂と身体とが相俟って〕自然・本性（ピュシス）に従って、全く関係的ではない一性（ἕνωσις）を有しているのである。[20]」

この文中、ヒュポスタシス（ὑπόστασις）という語は、魂と身体とが関係性で結ばれている際の、それぞれの「個的な実体ないし現実」を意味しよう。そして、魂と身体とはそれぞれ、「生命を附与する能動的なもの」と「生命を附与される受動的なもの」といった性格を持っている。それゆえ、実体の意味としては（論理的には）、魂と身体とは先後あるものである。が、両者は実在的には、相互に関係的に結ばれているのであって、この世界における生成としては同時なのである。

こうした「実体・本質としての意味」と「その現実的な生成」との区別と関わりについては、さらに大局的に、いわば創造と時間との機微を窺うごとく、次のように洞察されている。

「いかなるものであれ、すべて存在するもの、生成せしめられたもの（存在物）は、実体・本質（οὐσία）としては神によってあらかじめ措定され、生成（γένεσις）に先んじて思惟されかつ知られている。しかしそれぞれのものは、まさに然るべきとき（カイロス）に、現に〔この世に〕生成し存立してくるのだ。……そして万物は、神の意志（βούλησις）により、その無限の力にもとづいて予知的な仕方でつねに包摂されている、とわれわれは信じるのである。[21]」

この一文によれば、「諸々の存在物の根拠（ロゴス）が神のロゴスのうちで、いわば無時間的に知られること」と、「それらが現に〈在ること〉を得て、この時間的世界に生成せしめられること」とは、次元を異にする事柄として区別されている。つまりそれは、より簡明に言うなら、「神的ロゴスのうちなる知」と「然るべきときにおける現実の生成」との対比である。あるいは、「無時間的な意味の次元」と「時間的な生成」との対比と言ってもよい。

では、そうした一見図式的な区別は、われわれ自身に即しては何を意味するのか。それらの区別は、改めて押えておくとすれば、とりわけ人間の成立についての二つの位相を示すものであろう。すなわち、

(i) 人間を構成している魂と身体は、その実体・本質としては、いわば神のロゴスのうちにそれぞれ知られ、独立の無時間的な意味（根拠）を有する。これはわれわれの側から言えば、魂と身体との限定された意味が、つねに無限性に開かれているということでもあろう。

(ii) しかし他方、魂と身体が自然・本性的に何らか結合し、人間として現に「在ること」を得て、この世界に誕生・生成してくるときには、両者はあくまで関係的に結びついたものとして、同時的に生成してくるのだ。ただもとより、魂の生成は、身体のように基体としての質料から生じるのではなくて、「神の意志により、語

り得ざる仕方で生命の霊（πνεῦμα）が吹き込まれることを通して生じる[22]」という。が、その際、魂は、現に「在ること」を身体との結合と同時に受け取って、一人の人間として誕生・生成するとされるのである。

第三節　変容可能性を担うものとしての身体性

以上のように、マクシモスは「魂の先在」や「魂のみの死後の存続」などの教説を否定して、魂と身体との同時的生成を語る。だが、そうした論の眼目はまずは、単に人間の誕生前や死後の姿を詮索することにではなくて、何よりもまず、現に在るわれわれ自身の自己把握そのものに存したと言ってよい[23]。そしてその際、魂と身体との何らかの結合としての人間が、いわば第二の誕生へと開かれ、自然・本性としての変容可能性を有していることが見つめられていたのである。

既述のごとく、「人間のうちに神性と不死性を保持した魂が自存し、それこそが真の自己（真我）だ」とするような教説は、多分に自己把握の虚偽を孕んでいる。そこでは「自己とは何か」ということが、闇雲に身体を切り捨てた仕方で「魂＝神的なもの」と等置されており、全体としての人間・自己の意味は甚だ不分明なものとなっている。だがそのようなとき、かえって人は、さまざまな意志的な迷いや弱さを抱えた自らの姿に目を閉ざし、自分がすでにして全き神性を所有しているといった一種の悟りを標榜することになるのだ。

しかるにマクシモスによれば、人間的自然・本性は本質的に「動き」のうちにあり、それゆえ根本的変容可能性に晒されている。この意味では、身体とは、単に人間の自然・本性の質料的かつ消極的な部分・要素に留まるものである以上に、恐らくは魂・人間の全体としての変容可能性を担う何ものかだということになろう[24]。

そこで今一度言えば、われわれはどんなことを為しても影響を受けないような「不動の神的魂」を所有しているわけではなくて、何を欲し何を為すかということが、主体・自己の全体としての存在様式に何らかの変容をもたらす。かく意志や行為と自らの存在とは密接に連関しているのであって、安心して確保しておけるような主体・自己の存在などはどこにもないのだ。それゆえ、「心さえ、魂さえしっかりしていれば、外なる行為がどうあろうと影響は受けない」などとは、本来誰も言い得ない。が、そのように思いなすとき、自らが自然・本性としての変容可能性を否応なく抱えていることが覆い隠されよう。従って、そうした思想態度には小さからぬ虚偽と傲りが混入し、ついにはかく思いなす自己自身を半ば空洞化させてしまうのである。

してみれば、身体という言葉は、単に人の肢体という自明のものである以上に、われわれが「自らの自然・本性の開花か、それとも非存在への頽落（罪）か」という両方向への変容可能性を担っていることをしも、何らか指し示している。あるいは、魂・人間がそうした根本的な変容可能性を担っていることを広義の身体性と呼ぶことができよう。

人間的自然・本性がこの意味での身体性を有しているとすれば、人間の人間としての開花・成就は——それは、「在りて在る存在（＝神）」への関与、あるいは救いや神化といった言葉で示されようが——、マクシモスにあって、決して身体を排除した魂のみに関わることでなかった。実際、すでに触れたごとく、不変の神的魂（＝真我）がはかない二次的住居のような身体を仮の宿りとしているというのならば、そうした魂としての人間はすでに救われていることになろう。つまりそこにあっては、善く在ること（善く生きること）、アレテーの形成のための努力、修業、祈り等々も不要となり、ひいてはキリストの受難や復活などということも、人間の真の成立・救いにとってほとんど無縁の出来事となってしまうのだ。

これは、先行の教父たちがグノーシス主義やマニ教などに抗して闘ったときの中心の論点に重なるのだが、マクシモスは往時のオリゲネス主義の「魂の先在説」に、同様の危険な傾きと自己把握の虚偽とを見ていたのである。そして、その問題はむろん、単に過ぎ去った過去のことではなく、現代の内的外的状況においてもまさに同時的に、「今、ここなる」われわれ自身の道行きの根本に関わってくること、言うまでもない。

かくして、身体を含めて全体としての人間が、ほかならぬ自らの自由・意志によって、一方では頽落と罪との可能性に晒されつつ、他方、自然・本性の開花・成就の可能性へと開かれていることが、基本線として改めて浮び上ってくる。

あらかじめ言えば、そうした道行きには、「人間的自由の働きと神的働き（恵み）との微妙な関係性」が張っている。そしてそれは、超越的な神性（善性）の顕現の様式におのずと関わってくる「信・信仰の問題」であった。そこで次章においては、その重要な論点を改めて主題化して論を進めてゆくことにしたい。

第六章　人間本性の変容と開花への道

――「神と人との協働」と「信」をめぐって――

証聖者マクシモスの基本的文脈にあって、われわれは現在とにかくも「在ること」(τὸ εἶναι)を保持しているとしても、なおも可変性と頽落・罪への傾きとを抱えている。それゆえ、「在ること」のいわばより大なるかたちとしての「善く在ること」(τὸ εὖ εἶναι)(つまり勝義のアレテー)は、未だ十全には形成されておらず、その実現は自由・意志の働きに依存しているという。そして、「善く在ること」はさらに、「つねに(善く)在ること」(存在そのものとしての神)へと徹底して開かれ、定位されているのである。が、この有限な可変的世界において人間の「善く在ること」は、どこまでも途上のもの、比較級的意味合いを持つのであって、自然・本性上「動き」のうちにあるとされるのであった。

このことは後に吟味するように、愛智の探究における信・信仰(πίστις)というものの基本性格に関わっている。すなわち、「われわれは、信を通して〔この世を〕歩んでいるのであって、〔神の〕直視・知(εἶδος)によってではない」(二コリント五・七)というパウロの周知の言葉は、およそ探究の一つの規範となるものでもあった。なぜならそれは、一見はかなく移りゆくかに見えるこの世界にあって、われわれが無限なるもの、永遠なるものに何らか与り得るための、その緊張したかたちと構造を指し示しているからである。

ところで、人間が単に「在ること」から「善く在ること」に上昇し、さらにはそれが「つねに在ること」へと定位されているということは、マクシモスの場合、「神の似像（εἰκών）」に即して創られた姿（創世一・二六）から「神との類似性（ὁμοίωσις）」へと成りゆく道に何らか対応するものとして捉えられていた。もとより、その道は必然的な上昇の階梯ではなくて、それが現に生起することのうちには、人間的自由の働きと神的霊の働きとの不思議な関係性が漲っているであろう。そしてそのことは、人間という存在者の成立そのものとも言うべき謎・神秘に関わっているのである。

そこで以下、そうした事態の中心的位相を、テキストに即して能う限り問い披いてゆくことにしたい。本章での論述は、とりわけ先の第三章「人間的自由と善の問題」に直結しているが、同根源的な主題を、改めて別の角度から捉え直し吟味するものとなろう。

第一節　神性・善性への意志的応答と聴従

一　神的働きに対する意志的応答――エイコーンからホモイオーシスへ――

「神の似像（エイコーン）」から「神との類似性（ホモイオーシス）」への道とは、すでに触れたように、ロゴス的知性的存在者たる人間にとって、成りゆくべき基本の方向を示すものであった。この点、まず次の表現に注意しておこう。

「諸々の神的な思惟によって知性（ヌース）を照らし……汚れなき想像によって感覚を浄める人は、神の似像に即した自然・本性的な美（καλόν）の上に、類似性に即した意志（グノーメー）的な善（ἀγαθόν）を加えるのである。(1)」

美（καλόν）と善（ἀγαθόν）という語は、マクシモスにあって（また一般に教父の文脈にあって）ほとんど同義に用いられることが多いのだが、右の一文では、すべての人に共通な所与の姿と、自由・意志の働きを介して新たに形成され附加されてきた姿との対比を示している。すなわちマクシモスにあっては、「神との類似性（ホモイオーシス）」は、「神の似像（エイコーン）」に即して創られた人間の生来の姿が開花し成就してきた姿を意味した[2]。そしてそれは、次に見るように、とりわけ「神の善性への意志的与り」だとされるのである。

「神は自存するもの、善性そのもの、そして知恵そのものとして存在する。あるいはむしろ、より真実に言うなら、神はそうしたすべてを超えており、対立するものを全く持たない。しかし被造物は、全体として分有（μέθεξις）と恵み・恩恵（χάρις）によって現に存立し始める。……被造物がつねに（永遠に）存立するか否かは、創造主の力のうちにある。しかし、神の善性（ἀγαθότης）や知恵（σοφία）に与るか否かは、諸々のロゴス的被造物の意志（βούλησις）に依存しているのである[3]。」

これによれば、「神の善性に与るか否か」、そしてつまり、「〈在ること〉のより大なる姿としての〈善く在ること〉に上昇してゆくか否か」は、われわれの意志に依存している。ここでは、「意志」として〈βούλησις〉という語が用いられているが、同様の文脈では多くの場合、「グノーメー」（γνώμη）、つまり「迷いをも含んだ意志」を意味する語が用いられている。

ちなみに、この点をめぐる用語の輪郭を確認しておこう。「神はロゴス的思惟的なものを存在にもたらしたとき、四つの固有性を分かち与えた[4]」という。それはすなわち、「存在」（τὸ ὄν）、「永遠の存在」（τὸ ἀεὶ ὄν）、「善性」、そして「知恵」の四つである。ただし、「前の二つは〔神的意志に依存し〕実体において存立するが、後の二つはグノーメー的な適合性による[5]」とされるのである。

「グノーメー」は、「知る」（γιγνώσκω）に由来する語として、古代ギリシアでは元来、「思考」、「知識」、「判断」、「意志」等々を示す言葉であったが、マクシモスにおいては、とりわけ右のような文脈にあって、意志的なカテゴリーに属するものとして用いられている。それに対して、「ブーレーシス」（βούλησις）とは一般に、神にも人にも語られる「端的な意志」のことであり、また「プロアイレシス」（προαίρεσις）とは、具体的な選択・行為やそこにおいて働く意志のことであった。それゆえグノーメーは、かかるブーレーシスやプロアイレシスと実在的基盤を異にするものではないのだが、生成ないし現実の場面で働く「迷いをも含んだ人間的な意志」を表わすために、新たに導入されたのである。（この意味のグノーメーという語は、後述のごとく、いわゆる「キリスト両意説」が語り出される際、キリスト論の文脈において重要な役割を果たすことになる。）ただ以下では、とくに区別する必要がないときには、これらの意味合いを含めて、単に「意志」という語を使うことにしたい。

さて、「神の善性に与るか否かは、われわれの自由な意志に依存する」という事態に、改めて注目しなければならない。それは一見単純なことであるが、そこには恐らく、「在る」と「善い」（存在と善）との関わりが、われわれにとって最も原初的なかたちで現れ出ているのである。

なぜならば、神の善性の働き（あるいは神的霊の現存）に対して、「意志的により善く応答するか、より悪しく応答するか」は、「〈在ること〉のより大なる現成（つまり〈善く在ること〉の成立）か、〈在らぬこと〉への頽落か」ということを左右するものとなるからである。もとより、神の善性（=存在そのもの）は、この有限な時間的世界にそれ自体としては決して現れ得ない。しかしそれは、恐らくはただ、「〔より〕善く在ること」として（つまり、「在ること」のより大なるかたちとして）、かろうじて顕現し得るであろう。

ところで、「徳（アレテー）と悪徳、知と無知など、相互に対立するものを受容し得る」ということが、人間のようなロゴス的知性的存在者の特徴であった。ひとり人間のみが、自らの存立根拠たる神的ロゴスに対して自由に応答し得るのだ。そうした意志的働きに応じて、人は、「自らの自然・本性（ピュシス）のより善き変容と開花か、あるいはより悪しき頽落か」という両方向のいずれかに向かうことになる。

なぜなら人間は、動物などとは決定的に異なり、自らの種という形相的な限定のうちに閉ざされてはいないからである。すなわち人間は、固有の形相を担いつつも、いわばその都度、その形相的限定の領域を超え出て無限性に開かれているのであり、またそうでなければなるまい。そのように「無限性に開かれる」とは、己れに閉ざされた自己執着が無みされ否定されることである。そして、その限りでわれわれは、無限なる神性・善性の働きに善く応答し、かつそれに何らか与りゆくことができるであろう。

二　問題の基本線の確認

そこで、第三章にてすでに述べたところを振り返りつつ、問題の基本線を改めて確認しておこう。根拠たる神的ロゴスに対して、あるいはまた神的善（善性）の働きに対して「善く応答する」とは、「自然・本性に従って」意志を働かせることであった。が、そのように善く応答し、己れを無みし超出しつつ善そのものを志向するとき、人間的自然・本性は一つの根本的変容を蒙ることになる。かくして、善の働きのいわば場となり器となった自己のうちに、より善きかたち（アレテー）が形成されることになろう。

とすれば、そのことには、善に対する意志の志向が「善によって超えられる」という、被超越の機微が見出される。すなわち、人間の意志的な働き・志向は、いかにその限りを尽くしても、決して善そのものに達することはできず、どこまでもいわば「善そのものによって超えられてゆく。」言い換えればそれは、「善そのものによって測られ、知られること」であろう。こうして、善そのものによって「超えられ、測られ、知られること」は、取りも直さず、かく「超えられ、測られ、知られたかたち」が自己の姿として新たに誕生せしめられることだと考えられよう。(6)

だが逆に、自由な意志が自らの「自然・本性に背反して」働くとき、そこには情念に捉われた悪しき思い・想念が生じてくる。それは「魂の汚れ」(7)であるが、それがさらに現実の働きとして為されるとき、勝義の罪（ἁμαρτία）となる。そこに、魂の浄れがいっそう現実化（身体化）したものとして、「身体の汚れ」(8)が語られるのである。

ただしかし、基本的には右のように言えるとしても、具体的な行為の場に立ち帰って、改めて次のように問わなければなるまい。意志が自然・本性に即して働き、自らのロゴス的根拠に善く応答してゆくということは、具体的な行為の現れに対してはいかに関わっているのか。このように問うとき、およそ行為の成立に関して、次元を異にする二つの位相が浮び上ってくる。

(i) 既述のごとく、善とはそれ自体としては無限なるものであり、個々の限定を限りなく超えた超越的なものであった。従って、そうした超越的な善（神性）に対して善く応答し、善く意志するということは、対象的な限定を伴うような通常の行為ではあり得ず、根本では無限性への徹底した披けとして、つまり祈りないし観想として為されるであろう。

(ii) だが同時に、それがさらに具体化してくる場面では、「善く意志すること」は、「悪しく意志することという限定（閉じられたかたち）の否定」として、何らか間接的な仕方ではじめて現出してくると考えられよう。

とすればここに、魂・人間の一つの善きわざ・行為は、それ自身のうちに次元を異にする二つのわざを同時に含んでいる。それはつまり、(i)、無限なる善への披け、そして祈り、観想のわざと、(ii)、悪しき限定とも言うべき「情念への執着」を否定し突破してゆくような、具体的な修業・実践のわざとの二つである。これら両者は対極的な方向にあるのであって、それぞれ「無限性への超出、披け」と「有限性への内在、結実」といった性格を有しよう。そして、観想と実践とをめぐる考察の基本も、そこにあるのである。

次元を異にするそうした二つのわざは、互いに密接に関わりつつ、両者相俟ってはじめて、われわれの生の善きかたち（善く在ることないしアレテー）を形成し得るものとなろう。それゆえ、心砕かれた祈りと観想なくしては、諸々の情念との闘いの具体的なわざ・修業なども、未だ外的で皮相なものに終る。が、他方、情念との闘いのわざに結実することなくしては、祈りや観想も名ばかりのものとなる。そして、これらいずれの場合にも、個々の善き行為は真実には成立し得ないことになろう。

言い換えれば、個々の行為は、われわれが自らの内奥においていかに神の前に立ち、どれほど謙遜であるかという一点から光を当てられ、その善し悪しが暴き出されてくる。とすれば、人の目に一見善きわざですら、それが心の内奥で何らかの虚栄のために為されたり、己れ自身に執着する自己愛や傲りに支配されて為されたりする場合には、神の眼差しの前ではほとんど無に等しいものとなろう。この意味では、神性の働きに虚心に聴従してゆく謙遜ということにこそ、恐らくはすべての問題が一度び収斂してくるのである。

三　絶えざる動性（ダイナミズム）

心砕かれた祈り、そして諸々の情念との闘いとは、およそ有限なものや人への執着を離れ、また畢竟、自己自身への執着を無化してゆく道であった。己れを無みするそうした否定の調べを介してはじめて、超越的な神性・善性の働き（エネルゲイア）を真に受容する場が開かれよう。すなわちそのとき、人間の自然・本性（ピュシス）それ自身が、神性の働きを受容し宿す器とも場ともなると考えられよう。

してみれば、そこには、人性（人間本性）と神性とのある種の結合が生起してくることになるであろう。後の章にて詳しく吟味するように、そのことはまさに、「ロゴス・キリストの受肉、神人性」の問題に重なっているのだ。マクシモスにあってアレテー（徳）というものが、「神の受肉した（身体化した）かたち」（θεός σωματούμενος）として捉えられていたゆえんである。(9)

ここに注目すべきは、右のような神性の受容と顕現ということには、(i)、絶えざる動性（ダイナミズム）と、(ii)、神と人との協働という二つの根本的事態が漲っていることである。

まず第一の点についてであるが、すでに触れたように、意志的聴従によって神性を受容することは、われわれにとって、あるとき生起してその完成に達してしまうなどということではあり得ない。たとい何らかの完成に到達しても、それはまた、より高次の（＝より善き）段階の端緒となる。従って、全体としての道は本来、絶えざる増大・伸展という動性（ダイナミズム）を旨とするのである。この点、マクシモスは次のように語っている。

「神の知によって徳（アレテー）に即して形成される限りは、完成せしめられても改めて増大へと動かされる。なぜならば、その際には、ある段階の終わりは次の段階の始まりとなるからである。つまり、諸々の徳（アレテー）によって己れのうちに実践的に滅びの根源を阻止する人は、より神的な他の経験へと参入し始めるのだ。」(10)

「魂が力から力へ（詩編八四・七）、そして栄光から栄光（二コリント三・一八）への道を進む限り、すなわち徳（アレテー）から徳へのより大いなる道、知から知へのより高い上昇を続ける限り、魂は旅人、寄留者たることを止めなかった。《わたしの魂は長らく旅をしてきた》（詩編一二〇・六）とある通りである。[11]」

人間的な自然・本性は既述のごとく、純粋な不変の形相ではなく、本性上「動き」のうちにあり、広義の身体性と変容可能性を抱えている。それゆえ人間本性の開花・成就への道は、一挙に神性・善性に到達してしまうこととしてはあり得ず、諸々の情念との闘いという否定を介した「絶えざる浄めと自己超出」として生起してくるほかないであろう[12]。

この意味では、超越的神性への披け、意志的聴従ということもまた、不変のものとして確保され得るのではない。むしろそれは、心砕かれた悔改めと謙遜のうちに絶えず新たに生起してくるもの、与えられてくるものなのだ。それゆえ、「謙遜（ταπεινοφροσύνη）とは、涙と労苦とを伴った絶えざる祈りだ[13]」と言われるのである。

第二の点は、「神と人との協働」ということであるが、これは信（πίστις）というものの根本構造に関わる重要な論点であるので、次に節を改めて吟味し探究してゆくことにしよう。

第二節　神的働きと信との関わり——神的働き・恵みと人間的自由との協働——

一　「信の測りに従って」という規範

右に見定めたように、超越的な神性・善性の働きに対して善く応答し、それゆえ善く意志することは、人間的自然・本性が変容しかつ開花してゆくための本質的契機となるものであった。しかし、それにしても、神性の現存する働きに善く応答してゆくということには、それが現に生起するための根拠（原因）を問いたずねてゆくと、ある種の不思議な循環が存することに気付かされよう。それは一言で言うならば、「神的な働き・恵みと人間的自由・意志の働きとの関わり」において見出されることであり、古来、難問の最たるものであった。

マクシモスはその問題について、先行の教父たちの伝統を継承しつつ、一つの根本的な洞察を示している。その眼目は、あらかじめ提示しておくと、神的な働きないし恵み（χάρις）が「信・信仰（πίστις）の測り・度合に従って」顕現してくるというところに存した。(14) そしてそのことには、人間という存在者が「存在（＝神）の現成」を担う者となることの――それは取りも直さず「人間の真の成立」でもあろうが――機微が潜んでいるのである。

ところで、「善く在ること」のかたちとしてのアレテー（徳）は、マクシモスによれば「人間的な弱さと神的な力との結合でもあった。(15)」だが、人間本性の弱さに閉じこもり、その欲求とわざに執着してしまうと、人は根拠たる神性の働きを自ら塞いでしまう。そして、そうした魂の境位からは、放縦や迷い、あるいは俗的なもの、功利的なものへの開き直りといった生の姿が生じるのだ。それは具体的な生活にあっては、むろんさまざまな形を取ってくるが、それらの根底には多くの場合、ほとんど無意識の自己愛と傲りとが支配しているのである。

しかしそのことは、かえってアレテー成立の機微を窺わせるものとなろう。すなわち、神性のある種の宿りたるアレテーは、神性の働きに対して意志的に聴従することによって成立してくるのであった。が、その成立の度合は、単に一方的な必然的流入によるのではなくて、神性への披きと聴従との度合でもあるのだ。従ってそこに、神的な働きと人間的自由の働きとのある種の「協働」が語られることになる。(16)

そこでマクシモスは、神的な働き（エネルゲイア）、つまり霊（プラウマ）の働きと、人間におけるその受容・顕現との関わりについて、次のように洞察している。

「神的な使徒（パウロ）は、聖霊の異なった働き（エネルゲイア）を異なった賜物として語る。ただそれらは、明らかに同一なる霊の働いた姿なのだ（一コリント一二・一一）。それゆえ、もし霊の顕現が、賜物への与りを通して、各人の信・信仰の測り（μέτρον）に従って与えられるとすれば（ローマ一二・一二）、信じる各々の人は明らかに、信の類比（ἀναλογία）とその人の魂の状態とに従って、霊の相応する働きを受容する。そして、そうした霊の働きは、個々の掟を実行するに適した習性を各人に賜物として与えるのである。(17)」

ここに明確に示されているように、神的な霊の働きは、一方では確かに、その働きの主体（源泉）としては同一であり、それゆえにまた、有限な場・世界を遥かに超えた起源を有すると言わねばなるまい。だが、それは他方、この有限な世界における働きとしてはあくまで、それに心披く人の「信・信仰の測りないし度合に従って」受容され、顕現してくるのである。

言い換えれば、この世界における「神性の顕現」、あるいは「存在（＝神）の現成」ということにおいては、無限なるものと有限なるものとの微妙な関係性が漲っているのだ。そしてそのことは、「人間本性の変容とその開花・成就」というくだんの道行きを問い披こうとするとき、極めて重要な論点となるのである。が、そうした関係性の論理的意味合いについては次節にて吟味することとし、まずはそれに先立って、同様の表現を含むテキストを取り上げておこう。それらは、神的ロゴスなる「主」の多様な現れに関するものである。

二　神的ロゴスと霊との多様な現れ

右のような問題を考察するに際して、マクシモスは聖書の多くの箇所を参照しつつ、それらを極めて霊的かつ象徴的に解釈している。そしてそこに、見えるものと見えざるもの、また有限なものと無限なものとの全体的な奥行きと射程とが浮彫にされるのである。この点まず、次の表現が注目されよう。

「知（γνῶσις）を探究する人は、主がモーセに《わたしとともに立て》（申命五・三一）と言ったように、魂の基礎を主（κύριος）において不動なものとして建てなければならない。だが、主の側に立つ者たちの間にも異なりがあると知るべきである。……すなわち主は、初心者にはしもべ（δοῦλος）のかたちで現れ（フィリピ二・七）、かの変容（μεταμόρφωσις）の山に高く登る主に自らも従うことのできる人々には、世界の創造の前に存した神のかたちで現れる（マタイ一七・一―九）。それゆえ、主とまみえるすべての人々にとって、主は同一の姿で現れることはあり得ず、各々の人における信・信仰の測りに従って、それぞれの人に別様に現れるのである。(18)」

ここに言及されている聖書のテキストは、「闇のうちなる神（ヤハウェ）の顕現と十戒の制定」、「神の子、キリストの自己無化と受肉」、そして「イエス・キリストのタボル山での変容」など、いずれ劣らぬ意味深長な内容を有している。それらは簡単に言えば、それぞれ「神の超越性」、「神の子の受肉」、そして「その変容」である。が、それらは「信の測りに従って」の神の顕現という文脈の中で、あたかも一連の出来事であるかのように語られているのであって、そのことには小さからぬ意味が隠されていると思われる。

ただここでは、さしあたり次のことだけを押えておこう。すなわち、同一なる超越的存在が、われわれの側の「信の測り・度合に従って」、さまざまな姿で顕現してくる。そして恐らく、右の三つの事態は、われわれに即して受けとめられるならば、それぞれ「超越性への伸展・超出」、「アレテーとしての内在的宿り」、そして「さらなる変容、つまり神秘への参入」といった道行きと対応していると考えられよう。言い換えれば、「信の測り・度合」、あるいは「魂・人間の〈神への披き〉の度合」は、それら三つの階梯として、分節化して現出するのである。

そうした全体的構造についてはさて措き、「信の測りに従って」ということに関する同様の表現を、今一つ挙げておこう。

「日々の糧（パン）を受けようと求める人は、その糧のあるがままにその全体を受け取るのではなくて、受容する人自身の受容し得る力に従って受ける。なぜならば、生命の糧は〔神の〕人間愛として、求める人々すべてに自らを与えるのだが、万人に等しい仕方によってではなく、正義の大きなわざを為す人にはより多く与え、より小さなわざを為す人にはより少なく与える。すなわち、各々の人に対して、彼が知性（ヌース）に即してふさわしいものを受容する、その力に従って与えるのである（ヨハネ六・三五）[19]。」

この文中、「受容し得る力に従って」とあるのは、むろん生得的に与えられた資質・能力などのことではなくて、先に語られていたような「信の測り・度合に従って」ということである。言うまでもなく、神的な霊の働きや恵み（賜物）は、はじめから大小あるものとして偏った仕方で人に与えられるのではない。たとえば太陽の光は、つねに同一の仕方で輝いているとしても、人がそれに面を向ける度合に応じて、その人の顔を照らす。それと同様に、神的な霊はつねに同一の仕方で降り注いでいるとしても、人がそれを受容し得る度合に従って受容され、その分だけ具体的に顕現してくるであろう。とすればそこには、超越的で無限なるものが、有限なるかたちにおいて、また有限なるかたちとして宿り来たるという事態の、一種類比的な構造が見出されよう。

かくして、「主」、「生命の糧（パン）」、そしておよそ神的霊の働き・恵みは、各人の「受容し得る力に従って」、つまり「信の測り・度合に従って」具体化し宿り来たる。それゆえにまた、「それぞれの人のうちなる異なった働き・活動（*ἐνέργεια*）に従って、同一の霊が異なった名称を取ってくる[20]」とされるのである。

すなわち、それぞれの名称は、同一の神的働きがそれぞれの受容力と信との度合で受容された際の、その多様な働きのかたちから語り出されてくる。しかし、そこに見落とし得ないのは、神や聖霊の実体・本質（ウーシア）が知られるのではなくて、さまざまな人間的経験のうちなる神的働き（エネルゲイア）の名称が、その経験の根拠を遥かに指し示している、ということである。とすればここに、「経験から、その根拠へ」という探究方向が、改めて基本のものとして確認されよう。

三　聖書における名称の意味と構造

さて、神的ロゴスや霊（プネウマ）の多様な現れについては、枚挙に暇がないのだが、次に、マクシモスの特徴的解釈が見られる幾つかの箇所について、さらに言及しておく。それらには、神的働きとその具体的現れに関する極めて柔軟な思考と観想が窺われるのだ。たとえば、こう言われている。

「ある人々は水と霊（πνεῦμα）によって再生する（ヨハネ三・五）。またある人々は、聖霊と火によって洗礼を受ける（マタイ三・一一）。これら四つのもの、つまり水、霊、火、聖霊は、神の一にして同じ霊だとわたしは思う。というのも、聖霊はある人々にとっては、身体に関する諸々の汚れを浄めるものとして水であり、ある人々にとっては、徳（アレテー）に即した諸々の善きものを働かせるものとして霊であり、ある人々にとっては、魂の根底における汚れを浄めるものとして火であり、そしてある人々にとっては、偉大なダニエルによれば、知恵（σοφία）と知識（γνῶσις）との導き手として聖霊であるからである（ダニエル一・一七、五・一一―一二）[21]。」

ここに見て取られるように、神の同一の霊がわれわれのうちにさまざまな仕方で働くとき、それらの内在的な働き（現実のわざ・実り）が、それぞれ水、霊、火、聖霊といった名称を獲得してくる。その限りでは、それらの名称は、単に個々の「実体（ウーシア）の名」ではなくて、むしろそれ以上に、神的働きがさまざまに顕現し宿った「働き（エネルゲイア）の名」なのだ。あるいは、「経験の名」だと言ってもよい[22]。

この点、とりわけ何らかの善きかたち（アレテー）が形成されるような善き経験のうちには、それを成立させる根拠として神的働き（エネルゲイア）が現前しているであろう。が、そのとき、それは、超越と内在との緊張した性格を有している。なぜならそうした神的働きは、個々の経験のうちに顕現し宿っているとともに、われわれにとってどこまでも超越的なものと言わざるを得ないからである。してみれば、先の文脈での「水、霊、火、そして聖霊」といった名称は、固有の限定された意味領域を持ちつつも、勝義にはそれを突破して、内在的かつ超越的な神的働き（エネルゲイア）をしも指し示しているのである。

ところで、神のロゴスの多種多様な現れについては、右に見定めたのと同様の観点（つまり、関係構造の把握）から、以下のように語られている。それらは、聖書のさまざまな言葉（名称）に関する霊的象徴的解釈の、ある種の範例ともなり得るであろう。

「神のロゴスは、徳（アレテー）の身体的かたち（形相）に関心を持つ人々にとっては干草とも藁ともなって、魂の情念的部分を支え、諸々の徳に仕えるように導く。神のロゴスは他方、諸々の神的なものを真に把握するような観想に進んだ人々にとっては糧（パン）（ἄρτος）となって、魂の思惟的部分を神的な完全性へと導くのだ。それゆえわれわれは、始祖たちがその道行きにあって、自分たちには糧を、ろばたちには干草を供するのを見出す（創世二四・二五、四二・二五）[23]。」

この一文はむろん、固定した仕方で人間を等級に分けているのではない。つまり、すべての人が自らの「受容の力に従って」、また「信の測り・度合に従って」、ある意味で「始祖」とも「ろば」ともなり得るのだ。それゆえ、そうした名称は、それぞれの人が神的ロゴスの働きを自由・意志によって受容する際の、それぞれに「異なった受容のかたち」（生のかたち）を指し示しているのである。

神のロゴスはまた、よく知られているように、露、水、泉、河そして道などとして語られている。これらについてマクシモスは、次のような洞察を示している。

「神のロゴスは、露（δρόσος）（申命三二・二）、水（ὕδωρ）、泉（πηγή）（ヨハネ四・一四）、河（ποταμός）（同、七・三八）などと呼ばれ、実際そうである。すなわち、受け取る人々の主体的な力に従ってそのようであり、かつそのように成るのだ。というのも、ある人々には露となって、情念が彼らに外から身体的に攻撃してきたとき、その燃焼と働きとを消し去るからである。また、悪の毒によって自分の基底を焦がすような人々にとっては、ロゴスは水となる。その水は、対立物を通して対立物を滅ぼすだけではなく、善く在ること（τὸ εὖ εἶναι）への生命的な力を与えるのだ。……」[24]

「神のロゴスは、実践的に立派にかつ力強く徳（アレテー）」の競争を走る人々にとっては、道（ὁδός）である（ヨハネ一四・六）。彼らは虚栄によって右に傾いたり、情念への衝動によって左に傾いたりせず、神に従う歩みをまっすぐに走るのである。」[25]

こうした説明はやや恣意的なものとも思われようが、そのように言われるとき、自然界のさまざまな事物は、単に比喩として用いられているに留まらない。それらは、ばらばらに孤立したものとしてではなく、全体として動的に開かれたものとして捉え直され、いわば包摂されるのだ。

すなわち諸々の事物（ここでは、露、水、泉、道など）は、自らの成立根拠たる神的ロゴス（ヨハネ一・三）の新たな顕現を、それぞれの仕方で担うものとなり得る。しかしそのことは、人間が神的ロゴスを何らか宿し、「善く在ること」（アレテー）を形成してゆく道行きへと定位されているのである。そしてその際、さまざまな事物は、人間のそうした道を構成するいわば身体・質料として甦ってくるであろう。（ちなみにこのことは、「万物の統合」、「全一的な交わり」（エクレシア）の成立」といった論点に関わるものであって、次章以下の主題として吟味される。）

さて、同様の観点によるものであるが、マクシモスはさらに、神的ロゴスが門、光、生命、復活、真理などと呼ばれることについて、次のように説き明かしている。

「神のロゴスは門（θύρα）と言われる（ヨハネ一〇・九）。なぜならロゴスは、実践の揺ぎない歩みによって徳（アレテー）の道を立派に進んでゆく人々を、知恵へと導くからである。ロゴスはまた光（φῶς）として、知恵の多様な宝を示す。ロゴス自身が道であり、鍵であり、王国であるからだ[26]。」

「さらに主は、光、生命（ζωή）、復活（ἀνάστασις）、そして真理（ἀλήθεια）と呼ばれる（ヨハネ八・一二、一一・二五、一四・六）。光と呼ばれるのは、魂を灯し、無知の闇を追い払い、語られざるものの把握へと知性（ヌース）を照らし、そして浄い人々に対してのみ神的な神秘を示すからである。生命と呼ばれるのは、主を愛する魂に神的なものへの動きを附与するからである。復活（立ち上ること）と呼ばれるのは、質料的なものへの執着から知性（ヌース）を引き上げ、あらゆる腐敗と知性から浄めるからである。そして真理と呼ばれるのは、ふさわしい人々に諸々の善きものの不変の習性（ἕξις）を与えるからである[27]。」

引用が長くなったが、神のロゴス、そして主の現れはこれほどまでに多様であり、感覚的身体的なものから可知的霊的なものに至るまで、あらゆる存在次元にわたっている。そこで、それらの個々の内容は措くとして、全体に共通することとして、改めて次のことに注意しておきたい。

右のように、神的ロゴスの顕現を示す多くの名称は、魂・人間が「善く在ること」（アレテー）へと形成されゆく経験の中から語られている。その際、さまざまな事物は、かかる経験のうちに浸透し、それを構成する身体・質料ともなってくる。そして、そうした全体としての経験が、自らの「善く在ること」への変容のうちに、その根拠として働いている神的働き（エネルゲイア）を証示しているのである。（この意味では、「神のロゴス」も「霊」も、有限なわれわれにとって、まずは「働きの名」なのだ。）言い換えれば、己れの閉ざされた存在様式が何らか砕かれ、脱自的な愛へと促されるような経験によってこそ、まさにその成立根拠として働いている神的ロゴスが指し示されてくる。そしてそこに、「経験から、その根拠へ」という探究の勝義の場が存しよう。

すなわち、とりわけ問題となるのは、何の驚きも痛みもない平板な経験ではなくて、神的ロゴスおよび霊の働きを受容し、それを顕現させるような経験である。ただそれは、殊更に人目を引く出来事である必要はない。むしろ、どれほどひそやかなものであれ、心の琴線に触れるような出会いと驚きの経験であればよいのだ。そして、そうした経験の成立のうちにつねに漲っているのが、「信の測り、類比に従って」神的働き（エネルゲイア）を受容するという契機なのである。

かくして、先に列挙したような「神的ロゴスの多様な現れ」とは、単に天降りの客体的出来事ではあり得ず、むしろ神的働きに貫かれた人々（使徒なら使徒）の主体的経験のうちに何らか現前していることなのであった。しかし、それは、必ずしも特定の時代と場所に限られるようなものではなくて、いわば同時的に、すべてのとき、すべての人において生起し得ることであろう。

ただそれにしても、神的ロゴスの顕現という事態においては、無限なるものと有限なるもの、永遠と時間とが、「信の測りに従って」という契機を介して微妙に関係している。そこで次に、そうした関係性に含まれた論理的意味合いについて、今一歩踏み込んで考察しておきたい。

第三節　「信の測り」における関係性の論理

一　類比的かつ実在的な関係性

神のロゴスと霊は、無限性としての神という意味合いからすれば、時と処とを超えて永遠に働いていると言わねばなるまい。しかしそれらは、具体的には「信の測りないし類比に従って」この有限な世界に顕現してくるとされた。ではそのことは、神的な善性、恵みの無償で永遠的な働きに対して、殊更に外から限定を加えているのか。そうではないとすれば、そこにはいかなる論理が隠されているのか。

そこでまず、およそ神的働きの顕現に共通する契機を、代表的表現に即して今一度確認しておこう。

「各々の人は、自らのうちなる信・信仰の類比に従って、聖霊の明らかな働きを獲得する（ローマ一二・三）。すなわち、各人は自分自身の恵みのいわば執事なのだ。そして、よく思慮を巡らして、さまざまな恵みを享受している他の人を決して妬んではならない。諸々の神的な善きものを受容する状態は、各々の人に依存しているからである。(28)」

「各々の人の信の測り・度合は、諸々の神的な善きものが現出し存続するための原因だという。すなわち、自らが信じているその仕方に応じて、われわれは行為の熱心さにおいて進歩するのだ。実際、行為する人は、実践の類比に従って、信の測りを証示している。信じたその度合に従って、恵みを享受しているからである。[29]」

マクシモスのこうした表現は、基本線を言うとすれば、超越的な神性ないし善性が、単にそれとして彼方に望見されるだけではなくて、真に実在的な仕方でわれわれのうちに顕現してくるための、動的かつ類比的な構造を指し示していると思われる。

もし仮に、神性の働き・恵みが、われわれの側の自由・意志の働きとは無関係に、一方的な仕方で降り注がれるとするならば、それは一見、神の恵み（恩恵）の超越性と無償の憐みを強調しているように見える。しかしその際、そうした恵みにわれわれがいかにして結合し関与し得るかということは、未だ問題の局外に置かれたままであろう。

この点、たとえて言うなら、どれほど素晴らしい天上的な糧も、われわれの体（そしてつまり人間本性）に適合したものとならなければ、真の栄養とはならず、健康（救い）を与えるものとはならないであろう。それゆえ、神的な働きや恵みがいたずらに超越化され、そのことのみが強調されるならば、人間的自然・本性（ピュシス）は単に有限性の領域に閉じ込められよう。が、そのようなとき、人間本性は、神的恵みとの実在的な絆ないし関与から切り離され、ただはかなく願望するということになりかねない。

してみれば、そのとき人は、自らの存立根拠としての「神のロゴス」に善く応答してはおらず、自由なロゴス的存在者としての自らの本性を埋没させていることになろう。そして、そこにおいて信仰というものが語られたとしても、未だそれは、意志的同意によって「神的働き・恵みを現に受容し宿したかたち」ではなくて、彼方へ

のある種の願望ないし要請に留まるのである。(30)

しかるにマクシモスの把握によれば、「信・信仰の測りに従って」神的働き・恵みが受容されてくるという。そのことは、何らか類比的な仕方においてではあるが、神性（神的霊）の働き・恵みが現実に宿り顕現してくることを意味しよう。従ってそこにおいては、神性の働き・恵みと人間的意志の働きとは、決して単に対立するものではなくて、微妙な実在的関係性のもとにある。すなわち、神性の働きは恐らく、人間が「善く意志すること」のうちに働き、何らか受肉し顕現してくるであろう。とすればそこには、いわば「神と人とのある種の協働」という事態が認められるのである。

二　「神性の顕在したかたち」としての信

ここにとりわけ想起さるべきは、パウロの次の言葉である。それは、われわれのうちに働く「神の働き」と、「われわれ自身の自由・意志の働き」との不可思議な関わりを洞察したものである。

「わたしの愛する者たちよ、あなたたちが〔神に〕つねに聴従したように、わたしがともにいるときだけでなく、いない今もなおさら聴従し、恐れおののきつつあなたたちの救いを達成するよう努めるがよい。なぜならば、あなたたちのうちに働いて、御旨を為さんために〔善きことを〕意志させ、かつ働かせているのは、神だからである。」（フィリピ二・一二―一三）

これはちなみに、「神の子キリストが己れを無化して受肉し、十字架の死に至るまで聴従して」、「それゆえ高く挙げられた」という周知のくだりに続く一節であった。これらは、いわゆる受肉、受難、復活そして高挙を語る文脈である。そこで、引用文中の「聴従した（従順であった）」という語には、「己れに死んで、自らの全体を神に委ねる」という意味が込められている。ともあれ、ここにとりわけ注目したいのは、「われわれのうちに働く神（という主語）」が原文の構成からして、御旨を為さんために、われわれの意志すること（τὸ θέλειν）と働くこと（τὸ ἐνεργεῖν）とを目的・対象としていることである。(31)

このように解されるとすれば、「神の働き（エネルゲイア）、神の霊（プネウマ）」と「人間の自由・意志の働き」とは、すでに触れたように、本来は決して、単に対立するものでも二者択一的なものでもなくて、むしろ、人間的意志の善き働きとして、またそのうちに神的働きが顕現してくるであろう。つまり、神性の徹底した超越性ゆえに、その働き（エネルゲイア）は、人間的意志のうちに最も深く内在し得ると考えられる。(32) 神の働きは万物に浸透し、それぞれの自然・本性（ピュシス）の限定された形相を通して、何らか内在的に働いているとしてよい。だが、神の働きが最も勝義に宿り顕現してくるのは、人間がそれに対して自由に善く応答し、「善く意志すること」においてであろう。既述のごとく、「アレテー（徳）において神が何らか受肉（身体化）してくる」とされるゆえんである。

言い換えれば、パウロの言葉からも知られるように、神は人間、とくに人間の意志的働きをしも、神自身の働きの場とも器ともする（ローマ六・一三、一コリント三・一六、エフェソ二・二一など参照）。そして神は、「御旨を為さんために〔善きことを〕意志させ、かつ働かせている」のだ。が、そのことは、人間が神的働きに対して自由に聴従するときはじめて、勝義の仕方で現に生起してくるであろう。とすれば、それは確かに、「神の働きと人間の意志的働きとの協働」という性格を有するのだ。

ただし、そうした協働が語られるのは本来、人が善く意志する場合であろう。なぜなら、われわれが情念に捉われて悪しく意志し、罪のわざに傾く場合は、自由・意志の働きは神的意志に背反しているからである。その際、われわれは「在ることの欠如」を自ら招くのであり、そこには神的働きとの協働ではなく、いわば協働の欠如が見出されよう。

しかし他方、「善く意志すること」の発動に関しては、その根拠は超越的な神性・善性の働きに徹底して開かれている。この意味でわれわれは、恐らく根源の受動性に貫かれることによってはじめて、真に能動的であり得るであろう。（逆に、自らを根拠として善く意志し得るとするのは、神を僭称することであり、傲りの極みなのだ。）すなわち、一言で言っておくとすれば、われわれは神の前に赤裸に己れを委ね、神に聴従するときにこそ、真に能動的に、かつ善く意志し得るであろう。そして、くだんの「信の測りに従って」という文脈は、右のような意志論の中心的位相に深く関わっているのである。

さて、神的な働きないし恵みは、「信・信仰の測りないし類比に従って」、それに対応したかたちで現に具体化してくるとされた。そこにあって「信の測りに従って」とは、神的働きに対する「意志的聴従の度合に従って」ということを意味しよう。神的働き・恵みというそれ自体として無限なものは、「信の測り」ないし「意志的聴従」の度合にもとづく類比的な仕方で、はじめてこの有限な世界に、それぞれの限定されたかたちとして顕現してくるのである。

この意味では、恵み（恩恵）というものを、「人間の自由・意志」や「その善き働きたる信じること」から隔絶した絶対的なものと捉えることは、恵みなら恵みをいたずらに祭り上げることになろう。そのようなとき、われわれは、神的な働き、恵みがこの世界に顕現してくる機微に対して心を閉ざすことになりかねないのである。

従って、人間的自由が排棄されぬためには、つまり人間がロゴス的存在者でなくならないためには、神性が人間の意志を強制的に動かし、それを奴隷化させるのであってはならない。もとよりわれわれは、己れを閉ざして神性の働きを受容することを拒み得るのであり、悪の原因もまた、そうした「意志の転倒」（つまり自然・本性への背反）にこそ存した。しかし、人が善く意志し、よりゆたかに神性の働きを受容し得るのは、神性の支えあってこそであろう。それは丁度、周知の「ぶどうの樹の喩え」において、「枝が樹につながっていなければ、自ら実を結ぶことができない」（ヨハネ一五・四）とされるのと同様である。

　してみれば、神性の働き（エネルゲイア）に善く応答し聴従すること、すなわち信じることは、神性の徹底した超越性という場・構造においてこそ生起し得るのだ。そしてそこには、関係性そのものを全く超えたものとの関係が漲っている。が、そのように関係性そのものを超えた存在（神性）への関与は、ただ「信の測り、類比に従って」、自由な意志的聴従のうちに、意志的聴従として生起することになろう。

　そうした意志的聴従ないし信のかたちは、取りも直さず、この有限な地に神性が顕現してきたかたちなのだ（ヘブライ一一・一）。つまり信とは、神的な働き、恵みを人間に可能な仕方で受容し顕現させた類比的な知なのである。そうした信はむろん、神の端的な直視・知ではあり得ないが、やはり知のカテゴリーに属する。ただその際、「神性の顕現たる信」の成立には、一見不可思議な循環が潜んでいる。が、さしあたり言えば、それは、人間的自然・本性が自由・意志を介して神性の働きを受容し、かつ自らの開花・成就に与ってゆく道行きの機敏をしも、逆説的にしるしづけていると考えられよう。

　かくして魂・人間は、神的な働き（エネルゲイア）を類比的に受容し宿すことによって自らの自然・本性の形相的限定を超え出て、無限なる存在（＝神）の現成を何ほどか担うものとなり得よう。もとより、超越的な神性・善性と人間本性との間には、無限の隔たりが存する。しかし、意志的聴従と信とによって神性の働きを能う限り受容してゆくとき、われわれのうちに、神性とのある類比的な、それゆえにまた実在的な関与が現出し得るのだ[33]。そしてそこにこそ、人間本性の変容と開花・成就への道が認められるであろう。

三　前途瞥見

では、右のような意志的聴従や信が現に成立するための、さらなる根拠は何なのか。そのように問うことは、取りも直さず、われわれが端的に「善く意志すること」の根拠を、そしてその現前のかたちを、われわれ自身の内奥に問うことであろう。もとより、意志は本来的に自由であって、その意味では無根拠的に働くとしなければなるまい。しかし他方、現実のわれわれとしては、つねに「善く意志している」とは言い難い。これはわれわれにとって単純な原事実であろうが、そこにはむろん、容易に解消し得ぬ難問が潜んでいるのである。

それはマクシモスにあって、いわゆる「キリスト両意説」や「ロゴス・キリストの受肉、神人性」といった事態にまで関わることとして捉えられていた。が、そうした問題を詳しく吟味・探究することは、これを最終章に委ね、ここではただ問題の射程を少しく提示し、前途を瞥見しておきたい。

「善く意志すること」、あるいは「超越的な神性・善性への意志的聴従」とは、われわれ自身を根拠とする自己因によるものとしては捉え切れない事柄である。しかし、だからといって、神の一方的な恵み(恩恵)を強調するだけに終ってはなるまい。すなわち、神的働き、恵みの超越性はつねに語らなければならないが、それは、人間的自由をいたずらに排棄するものであってはならないのだ。なぜならば、既述のごとく、神的な働き、恵みは、それがこの有限な世界で働くときには、「信の測り・度合に従って」われわれが「善く意志すること」のうちに、また「それ」として、はじめて具体化し顕現してくるからである。そしてそのことは、われわれが超越的な神性・善性に、類比的な仕方においてであれ実在的に関与してゆくための、不可欠な関係様式なのであった。

そのように、「善く意志すること」そのものが、神性の超越性への何ほどかの関与であるならば、その成立の根底には恐らく、「神性の働きが人間本性と結合した原型ないし範型」が根拠として現前し働いていなければなるまい。とすれば、そこには、人がそうした原型（根拠）に与りゆくことを通して、それに似たものと成りゆくといった、一種の円環的自己還帰的な構造が存している。そして、「原型の現前と、それへの与り」といったことは、われわれのほんの小さな善き意志、善き信の発動の根底にも見出し得るのである(34)。

かかる原型（根拠）がわれわれのうちに、しかもわれわれを超えて現存していなければ、恐らくわれわれの意志は、未だ「依拠すべき確たる礎」も「目指しゆくべき真の目的（完全性）」も見出せぬまま、多分に恣意的な判断と欲求に動かされることになろう。言い換えれば、そうした原型・範型は、はじめからわれわれの外に前提されていたというよりは、むしろ、われわれの「善く意志すること」（つまり脱自的愛）の発動そのもののうちに、「その成立の根拠」＝「志向する目的」なる存在として見出されてくるのではなかろうか。いわば愛の原初的経験が、その根拠を指し示しかつ証示しているのである。

かくして、人間的自然・本性（ピュシス）の変容と開花・成就への道を問い進むとき、その道の成立根拠として一つの原型・範型の姿が浮び上ってくる。それは教父の伝統にあって、「神性と人性」、「神的意志と人間的意志」とが、不可思議な仕方で（ヒュポスタシス的に）結合した存在として語られてきた。それはあるいは、「神性への意志的聴従」の全き姿とも考えられよう。しかし、それは、無限なる神性に直接関わるものであるだけに、端的に「知の対象」ではなく、いわば「志向的知」として、また「信のかたち」として語り出されるのである。

このように言えるとすれば、「神性と人性とのヒュポスタシス的結合」、「ロゴス・キリストの受肉、神人性」

といった事柄は、単に特殊な教理に属することとして探究の局外に前提さるべきではなく、むしろ愛智の道行き（＝哲学）の中心的位相に触れてくるのである。この意味では、キリスト論というものは、もしそれが愛智の探究の根底から問い披かれ見出されてゆくならば、人間把握、自然把握の、そしてとりわけ意志論の最前線に位置するものとなろう。

さて、振り返って言えば、本章までの論述は主として、「人間本性の変容と開花への道」をめぐって、その意味と構造を問うものであった。しかし、その目指しゆくべき完全性（目的）の姿は、マクシモスにあって、単に人の内面に閉ざされたものではあり得ず、広義の他者との交わり・結合をもたらすものとして捉えられていた。すなわち、そこにあって人間は、本来「自然・本性の紐帯」として、万物を結びつけ統合する役割を果たすとされる。そしてアレテー（徳）とは、人を己れ自身に結びつけ、同時に他者と結びつける性格を有するという。そうした論点はひいては、人と人、人とものとの「全一的な交わり（エクレシア）」という問題に連なっている。そしてキリストとは、かかる全一的な交わりを根拠づけ統べる存在（エクレシアの頭）として、いわば宇宙論的な拡がりの中で語られていたのである。

そこで、以下の論の見通しを少し示しておこう。まず第七章では、現実の世におけるさまざまな異なりと分裂の姿を、改めて創造と罪との文脈から跡づけ、そこからの再統合と他者の問題を考察する。それに続いて第八章では、エクレシアの諸相と、その全一的かたちを見定めてゆく。そして最後に、第九章においては、ロゴス・キリストの問題を愛智の普遍的探究の中から吟味し問い披いてゆく。その際、とりわけ主題となるのは、「受肉と神化（神的生命への参与）との関わり」、そして「人間と人間を紐帯とした万物の神化」といった事態である。

これらは確かに、一見大仰なこととも思われようが、恐らくは、被造的存在たるわれわれにとって、魂の内奥での最も切実な嘆きと希望、受苦と再生という道行きに、深く関わっているのである。

第七章　異なり、分裂、そして再統合

——他者の問題——

存在論的ダイナミズムとも言うべき証聖者マクシモスの探究構造にあって、前章まではほとんど封印していた今一つの重要な視点が漲っている。それは、人間と自然との全体が相俟って、いわば宇宙的な神化（テオーシス）へと開かれてゆくという動的コスモロジーの視点である。そして、そうした文脈の一つの要ともなっているのは、「人間があらゆる自然・本性（ピュシス）の紐帯となり得る」という捉え方であった。

言い換えれば、マクシモスの論はある意味で、人間が「全体としての自然のロゴス化」に与り、ひいては「創造のわざの継続と成就」を担いゆくべきことを洞察するものであった。すなわちその観点からすれば、世界創造などということは、単に過去に生じた完結した出来事なのではなくて、むしろ、ほかならぬわれわれのロゴス的かつ意志的なわざを通して、今、ここに展開され成就されゆくべきこととなろう。マクシモスの眼差しは、根本ではつねに、万物のかかる変容と完成としての宇宙的神化という事態に向けられていたのだ。

ただしかし、マクシモスはいたずらに壮大な、また楽観的な理想を語ったのではない。その論は、この現実の世にあってわれわれが否応なく頽落と罪に晒され、自己と他者との異なり・分裂を抱えていることを凝視しつつ、しかもさらに、人間本性に託された可能性とその展開の道を問い抜くものであったのである。

第一節　五つの異なりと分裂

先行の教父的伝統を継承してマクシモスの語るところによれば、「すべて生成するもの（被造的なもの）のヒュポスタシス（個的現実）は、五つの異なり・分割（διάφορα）に分かたれる。[1]」そしてそのことは、「神的ロゴス〔の働き〕を注視し、その役者となった人々から」（ルカ一・二）、およそ存在物の秘められた知（γνῶσις）として伝えられてきたことであったという。[2] そうした五つの異なり・分割とは、あらかじめ簡単に列挙しておくと、次のようなものであった。

(i)　創られざる自然・本性（ピュシス）と創られた自然・本性（つまり、神と被造物）
(ii)　思惟されるもの（可知的なもの）（νοητά）と感覚されるもの（αἰσθητά）
(iii)　天と地
(iv)　楽園（パラダイス）と人の世（οἰκουμένη）
(v)　男性と女性

これらの字義的な意味は明らかであろうが、それぞれの内容について、まず次のように言われている。

(i)　神は自らの善性（ἀγαθότης）によって、諸々の存在物の驚くべき（輝やかしい）秩序（διακόσμησις）を形成した。が、その秩序が全体として何であり、いかにあるかは、われわれにとって自明ではない。それゆえ、被造物を神から区別する分割（διαίρεσις）が無知と呼ばれる。なぜならば、存在物を互いに自然・本性的に分かつもの（諸々の形相）は同一のロゴス（意味）を持ってはおらず、一なる実体・本質（οὐσία）に一体化され得ないからである。

(ii) 創造によって「在ること」(τὸ εἶναι) を得るものは、思惟されるものと感覚されるものとに神によって分かたれる。

(iii) 感覚されるもの、自然・本性は、さらに天と地とに分かたれる。

(iv) 地はまた、楽園(パラダイス)と現に人間の住む世とに分かれたる。

(v) 最後に登場した人間は男性と女性とに分かたれているが(創世一・二七)、本来、万物を統合する役割を担っており、すべての異なり・分割の両極を観想して、善き仕方で諸々の存在物に関与してゆくという。[3]

人間の役割を語る最後の点はとくに重要であるが、まず注意しておくべきは、先にも触れたように、創造というわざがすでに完了しているのではなく、今もなお継続しているということである。しかも、神の世界創造というものは、とりわけ人間の働きを介して、また人間の働きのうちに顕現してくるのであり、つねに動き・途上においてあるのだ。そして人間に託された役割とは、万物を改めて一つに結びつけ統合することだとされている。[4]

ただしかし、万物の統合・一体化などということは、先述のさまざまな異なりが単に解消されて、単一のかたち(形相)へと融解せしめられるということを意味しない。目指されているのは、むしろ、諸々の存在物の異なり(あるいは自然・本性的な形相)が、それぞれの固有性を保持しつつも、全体として一なる姿へと形成されゆくことであった。そして、それは恐らく、広義の他者問題がそこへと収斂してゆく究極の姿でもあろう。

すなわちマクシモスにあって、すべてのものの成りゆくべき目的(終極)として見つめられていたのは、諸々の異なり・分割の単なる排棄や解消ではなく、また逆に、それらの無秩序な分散や分裂などでもなくて、「多様にして一なるかたち」、「全一的な交わり」(エクレシア)への展開・成就であった。そうした統合・一体化への動きは、いわば神的な創造のわざの継続と成就への道であろうが、そこにおいて人間は本来、中心的な役割を負わされているのである。

しかし、もとより現実の世界と人間の状況としては、先の五つの異なりが多様なる一へと秩序づけられることなく、かえって互いに分裂し分散して、結合・一性（ἕνωσις）を欠如させていると言わねばなるまい。それは具体的には、時と処との状況に応じて、さまざまな様相のもとに現れてくる。現に歴史上、昔も今も、諸々の国や民族、また人と人との間で、悲惨な分裂と争いが数限りなく生じてきた。だが、それら悲惨な出来事の真の原因を辿ってゆくならば、世の諸々の事物に関する情念や執着が、そして畢竟、転倒した自己愛や傲りが、根底において人を支配し突き動かしているのである。

言い換えれば、「人と人との分裂」の根底には、「自己自身に対する分裂」が潜んでいる。とすれば、そうした二つの分裂の姿は互いに通底しており、単に別箇の事柄ではあるまい。そして恐らく、他者との分裂の姿は、自己自身に対する分裂の姿をいわば映し出していると考えられよう。

ともあれ、そのことに直接立ち入る前に、「五つの異なり・分割」に含まれている問題の射程を見定めておかなければなるまい。それは次に吟味するごとく、「創造における原初的かたち」、「頽落と罪」、そして「そこからの再形成・統合」といった全体的な構造のうちにあるのだ。この点、あらかじめ言えば、諸々の異なり・分割は、それ自身として罪ではない。が、それらは罪（自然・本性への背反）によって、由々しい分裂に陥り、結合・一性を失ってしまう。[5] 従って、先に示された異なりの姿は、単に静止した現実ではなくて、「全体としての結合・一性の形成か」、「一性の欠如たる分裂への落下か」という二つの方向に開かれているのである。

第二節　創造と罪

一　「原型、頽落・罪、そして再形成」という構造

先述の「五つの異なり・分割の姿」は、マクシモスによれば、創造の最後にくる人間によって、また人間のうちに、新たに一性へと結合され一体化さるべきものであった。が、現実の世と人にあっては、五つの異なりは多くの場合、「在ること」の欠如たる分裂と頽落の姿に陥っていると言わねばなるまい。

では、「その原因とは何か」と問えば、何らか原因と見えるものが、それぞれの時と処、それぞれに状況に応じてさまざまに指摘されよう。しかし、そのように一見原因と見えるものを透過して、根底に潜む場面へと遡ってゆくならば、われわれはほかならぬ自らの意志的働きに突き返されてくるであろう。そしてそこにおいて、意志的背反としての罪が改めて問題化してくるのだ。すでに述べたように、罪（ἁμαρτία）とは、「自然・本性（ピュシス）への背反（つまり不服従ないし不聴従）（παρακοή）」であった。[6] それは同時にまた、あらゆる自然・本性（存在物）の根拠たる「神的ロゴスへの背反」でもあったのである。

ところで、魂の内奥においてこうした罪（神への意志的背反）が生じると、それは魂の諸々の力、そして諸々の事物に働きかけて、具体化し現実化しようとする。この意味では、魂の諸々の力（つまりロゴス的力、気概的力、欲望的力）を、そして諸々の事物を「自然・本性に反して用いること」が、やはり罪なのである。従ってここに、罪というものの二つの位相、つまり「神への意志的背反の最初の発動」と「その具体化したわざ・姿」という二つの位相が認められよう。こうした「自然・本性に反する」という意味合いからすれば、罪によって生じた分裂や頽落の姿とは本来、自然・本性そのものに帰属しているものではなくて、あくまで自然・本性に対する意志的

背反によって生じたものなのだ。とすれば、最初の罪が、さらに結果として具体化した罪のかたちを生むのであり、そこにはある種の円環的自己還帰的な構造が存しよう。

そこで次に、右のことをより大きな意味射程の中で捉えるべく、「創造、罪、そして再形成」という全体として動的な構造を少しく見定めておくことにしたい。

創造（生成）（γένεσις）の問題は、有限なわれわれにとってつねに問題性そのものであって、必ずしも単に「創造主と被造物」という二項関係として語り切れるものではない。すなわち、創造主と被造物という両者を外なる対象として措定し、一方が他方を創造し存立させるというだけでは、それを語る自己がはじめから問題の局外に措定され、いわば永遠的な位置に鎮座していることになりかねない。それはむろん、仮初の二次的な構図であり、物語り的な語り口であろう。

では、端的な創造を、そして創造主（神）を語るとは、そもそも何なのか。それはほかならぬ人間・自己の成立の根拠を問うことであり、従って問題は、そのように問いかつ語る自己に同時的に投げ返されてくるのだ。[7] それゆえ、神を語ることは勝義には、まさに自己を語ることであり、自己の成立の意味と根拠をどこまでも問い披くことにほかならない。とすれば、このことが見落とされたり、あるいは問題の局外に切り離されたりするなら、そこでの論は、問題の最も中心的な位相には関わらない副次的なものに終るであろう。この点、聖書と教父たちの伝統において、神を主語とした表現が数多く見られる場合でも、それらは根底においては、人間・自己成立の根拠への問いに収斂してくるのである。

かくして、創造の問題は勝義には、単に創造主と被造物との対象化された関係としてではなく、人間の人間としての真の成立自身の問題として問い直されることになろう。そしてそれは、まず図式的に言えば、ある種の二重否定を介した次のような三段階の構造を有している。

(i)　人間の創造（生成）における「原型（原初的完成のかたち）の成立」

(ii)　神への意志的背反による「原型からの頽落・罪」

(iii)　そうした頽落・罪のかたちの否定・浄化による「原型の再形成（成就）」

こうした三段階の捉え方はむろん、教父の伝統に共通の『創世記』解釈に関わる。はじめに今一度注意しておくべきは、(i)の「原型」や(ii)の「頽落・罪のかたち」が、神話的物語的な語り口の象徴的に意味するところとしては、決して単なる過去の特殊な出来事ではないということである。そして、(i)から(iii)への「原型──→頽落・罪──→再形成」という全体の構造そのものが、恐らくは「今、ここなる」われわれの本来的道行きを指し示しているのである。

その際、「人間の創造における原型」とは、究極の目的たる姿が端的に提示されたものと考えられよう。つまり「原型」とは、人間的自然・本性の真の成立の姿であるが、それは現実のわれわれからすれば、成りゆくべき開花・成就の姿なのだ。なぜならば、現に在るわれわれはすべて、「原型」（神の似像かつ類似性の全き姿）を現に保持してはおらず、頽落と罪との可能性を否応なく抱え込んでいるからである。そしてそこには、以下のごとく、人間的自由というものが深く関わっている。

人間は（人間本性としては）、創造されると同時に、自ら自由に意志しはじめる。[8] 自由・意志というものは人間本性に帰属しているからである。従って、創造と頽落・罪という二つの事柄の間には本来、数直線で示されるような通俗的な時間の経過を入れてはならないのだ。（物語風に出来事を対象化して語る場合は別であって、事実マクシモスもそうした語り口を用いて、創造と罪とを過去の続いて生起した二つの出来事として語っている。）すなわち、「創造」と「意志的背反による罪」とは、本質的かつ論理的にはむろん先後があるが、現実には、まさに同時的に生じるのである。[9] そして人間は、自由な意志の択びによって、「より善きものにか、より悪しきものにか」の両方向につねに開かれている。その限りで、現実の人間はすべて、「原型→頽落・罪→再形成」という構造の中で、中間の「頽落・罪のかたち」においてあると言わざるを得ないのである。（ただしそこにあっても、「神の似像・エイコーン」という所与の姿は、可能性として何らか保持されているのだが。）

　では、創造のはじめの「原型」とは、われわれにとっていかなる存在身分を有するのか。それはいわば、「神的ロゴスのうちなる定め（知）」であろう。すなわちそれは、ある意味で歴史の外、無時間的な次元での原型（神の全き似像）であり、神の知における本来的人間とも言うべきかたちであろう（創世一・二六）。しかしそうした原型は、その完成された姿としては、そのままわれわれにとって所与のものとしてあるのではなくて、「頽落・罪のかたち」から「究極の目的たるかたち（原型の再形成）」への道によってはじめて顕現してくるであろう。すなわち、人間本性の開花・成就とは、頽落・罪という否定をしも絶えず否定してゆくという、一種の二重否定的な道行きとして実現してくると考えられよう。

　もとよりわれわれは最後まで途上の「動き」のうちにあるのであって、何人も「すでに人間としての成就、悟りに達した」とか、「神との合一や直視（絶対知）を得た」とか言ってはならない。ここに、「われわれは（神の）直視（知）によってではなく、信を通して歩む」（二コリント五・七）というパウロの言葉が、再び想起されよう。それは教父の文脈では、「無限なる神性への絶えざる伸展・超出（エペクタシス）」、そして「癒され切ることのない無限の愛の渇望」などとして示されてきた。そうした言葉には、現実のわれわれにとっての「勝義の人間」の姿が語り出されているのだ。

ただしかし、右のような「原型」や「再形成のかたち」は、そもそもいかなる仕方で「それ」として知られ得るのか。改めてこのように問うとき、われわれは、はじめの「愛智の探究の端緒」、あるいは「根源的出会いと愛の発動」という場面に突き返されてくるのである。

二　他者との分裂と罪――歴史のダイナミズム――

さて先の構造にあって、中間の「頽落・罪のかたち（現に在る姿）」から「再形成のかたち」への道行きの端緒となるのは、旧約の『雅歌』に象徴的に語られているごとく、神的な働き（エネルゲイア）、神の霊（プネウマ）たる「愛の矢」に貫かれたような、根源的出会い（カイロス）の経験であった。それはマクシモスにあっては、既述のように、単に「在ること」から「善く在ること」（アレテー）が発動してくることでもあった。[10] そのようなとき、新たに現出したその姿は、己れのうちに完結し閉じていることはあり得ず、本来は絶えず己れを超え出て、無限なる神性への脱自的な志向ないし愛として働き出してくる。

だがそのとき、まさにそうした経験のうちに、人間本性の成りゆくべき開花・成就のかたち（究極の目的たるかたち）」が何らか知られてくる。すなわちそれは、「われわれがつねにそれを志向し、それへと定位されてゆくべき完全性のかたち」として、つまりいわば「志向的な知」として知られてくるのだ。そして、そこにあって同時に、かかる完全性のかたちからの頽落においてある自己が、改めて自覚され凝視されてくることになろう。

してみれば、右のことは「歴史」というものの通常の把握に、一つの新たな視点を与えることにもなる。すなわち、われわれが己れを無みしつつ、「頽落・罪の姿」から「人間本性の成就という目的の姿」へと超出してゆく絶えざる道行きこそ、「時間」と「歴史」との本来の意味であろう。（言うまでもなく時間とは、絶えず非存在へと落ち込んでゆくものたる限り、決して客体的な量ではなく、ましてや数直線や年表のようなものでもない。それらは、知性ないし精神〈ヌース〉によって捉えたものを二次的に対象化したものに過ぎない。）

そこで今一度強調するなら、人間本性の開花・成就のかたちは、最も原初的には、単に天降りに措定されたものではなくて、脱自的な愛に促された経験の中から、およそ人間の「目指しゆくべき完全性のかたち」＝「志向的な知」として知られよう。だが、そうであればこそ、それは同時に、創造のはじめに神的ロゴスのうちに知られた「原型」として語られねばならなかったのだ。なぜなら、現に在る「頽落・罪のかたち」は、元来の「原型」からの頽落（否定）として意味づけられ得るからである。

かくして、すべて人間の目指しゆくべき「目的・終極（人間本性の完全性のかたち）」は、あらかじめ根拠（原型）として神的ロゴスのうちに知られているとされる。それゆえここに、われわれの道行きとして、「原型──→そこからの頽落・罪──→再形成」という自己還帰的な構造が見出されてくるであろう。しかしそれは、はじめから外なる前提としてあったのではなくて、根拠たる神的エネルゲイアとの出会い、そして脱自的愛の発動といった経験の中から、「その愛の志向する目的」＝「愛の発動の根拠」という両極へと開かれた構造として発見されてくるのだ。

このことはまた、「創造」（創造主）と「被造物」といった関係性の言葉（知）が、真に語り出される原初的な場を指し示している。つまり、神による創造（生成）とは、罪によって存在の欠如・無に面した人間（民族）が、悔改めを介して新たに甦らしめられたとき、その経験の根底に働く「根拠＝目的なるもの」の現存・働きとして証示され、語り出されるのだ。しかし、そこに見出される円環的自己還帰的な構造は、単なる円環でも原型への回帰でもない。すなわち、神的ロゴスのうちなる定め（知）としての原型が、現にこの有限で可変的世界に実現してくるのは、魂・人間が絶えず己れを無みし超出してゆく「エペクタシス」ないし「アレテーの動的かたち」としてであろう。その意味で人間の真の成立は、そうした勝義の時間と歴史とのダイナミズムを必要とするのだ。

魂・人間の道行きの全体構造が右のように見定められるとしても、われわれは自らが現に置かれている状況にその都度突き返されてくる。改めて確認しておくならば、「原型→罪→再形成」という構造にあって、中間の頽落・罪という姿は、神への意志的背反によってもたらされたものであった（創世記第二章）。だがそれは、単に過去のことではなく、すべての人がそこにおいてある姿なのだ。それゆえわれわれは、そこから生の歩みを始めざるを得ないのである。

ただ、そうした頽落の姿は、実際のわれわれにとっては、必ずしも特定の罪によって生じたものである以上に、人間的自由が「神への背反」の可能性にも否応なく晒されているという、いわば「自由の負荷」である。この意味でそれは、自由な存在者としての人間が自らの本性の構造として抱え込んでいるものであろう[11]。

ところで、罪とはマクシモスによれば、自然・本性（ピュシス）に反して人やものに関わること、つまり「自然・本性に反する（自らの自然・本性の）使用」であった。それはまた、「根拠たる神への背反」でもある。それだけに罪というものは、単に個人の内面に留まるものではなくて、多くの自然・本性的事物（存在物）間の、また広義の他者とのさまざまな分離と分裂をもたらすのだ。そしてそのことには、以下のように、罪というものの存在論的かつ重層的な意味合いが潜んでいると考えられよう。

(i)　罪のわざは、それを為す人自身の「在ること」（τὸ εἶναι）を欠如にもたらす[12]。つまり、神への背反としての罪は、真の存在たる神から人間を分離させる。

(ii) それゆえ罪は、人間をいわば自己自身から分離させ、ある種の分裂と無秩序との姿に陥らせる。

(iii) 同時にまた、罪は、人間を広義の他者から分離させ、人と人、人とものとの分裂と無秩序をもたらす。

このように人間はほかならぬ自らの罪によって、「神に対して」、「自己自身に対して」、そして「他者に対して」分裂し、無秩序に陥ってしまう。だが、これら三つの分離ないし分裂の姿は、単にそれぞれ別箇のことではないであろう。それらは恐らく、重層的な仕方で互いに連関しつつ、根底においては一つの事態であろう。人間は自らの自由・意志の働きによって、そうした畏るべきことを招来させてしまうのだ。そしてそのことは、単に過去の出来事ではなく、また自分の与り知らぬことでもなくて、現に今、すべての人に生起し得る事態なのである。

しかし他方、人間がそうした頽落と罪との可能性を否応なく抱えていることは、それとは反対の「より善き変容と再形成」への可能性をしも、逆説的な仕方で証示している。実際マクシモスは、そうした自由の深淵を凝視しつつ、先述のような自他のさまざまな異なり・分割が、一なる姿へと結合・一体化されゆく道を語っている。これについては次節において、マクシモスの指し示すところを跡づけてゆくことにしよう。

第三節　万物の再統合への道

一　紐帯としての人間による「五つの異なりの再統合」

人間は創造のわざの最後に登場した存在者として、多なるものを己れのうちで結合し、一性へともたらすような「自然・本性的な紐帯（σύνδεσμος）」だという。(13) すなわち、先に「五つの異なり・分割（διαφορα）」について述べたが、人間は本来、それらをそれぞれに一体化させる役割を担っているのである。

五つの異なりとは、今一度記せば、(i)、創られざる自然・本性と創られた自然・本性（つまり、神と被造物）、(ii)、思惟されるものと感覚されるもの（思惟物と感覚物）、(iii)、天と地、(iv)、楽園（パラダイス）と人の世、(v)、男性と女性、という五つであった。人間は、後に見るような仕方でそれら各々を統合し得るのだ。が、まず全体的な観点から、マクシモスは次のように言っている。

「人間は各々の異なり・分割の両極におのずと関係しているので、それらの中間点にあってそれらを結合・一性（ἕνωσις）へともたらす力を有している。そうした力によってこそ、それら分割されたものの完成される道（方式）が可能となり、神的な目的の偉大な神秘があらわに顕現してくるのだ。……そしてその力は、諸々の実体（ウーシア）におけるそれぞれの極に調和ある仕方で関わって、最も近いものから最も遠いものへ、また、より悪いものからより善いものへとそれらを高め、さらには神へと上昇して、結合・一性をそれらにもたらす。そのために、人間は諸々の実体（存在物）の最後に生ぜしめられ、自然・本性的な紐帯（σύνδεσμος）として、諸々の部分を通して普遍的な極（頂き）を熟考し……大きな隔たりによって互いに自然・本性的に異なっているさまざまなものを、自らのうちで一性へと導くのである。(14)」

これによれば、ロゴス的存在者としての人間は、こうした全般的な道筋によって五つの異なりを一つに統合し、神（ロゴス的根拠）との結合・一体に導いてゆく役割を与えられている。(15)

とはいえ、現実のわれわれは自然・本性への意志的背反（＝罪）のゆえに、五つの異なりを統合するどころか、逆に分離と分裂へと陥らせてしまっている、というのが実情であろう。しかし、それらを再統合する道は、先取りして言うなら、人間に固有な力のみによっては実現し得ない。とすればそこに、「ロゴス・キリストの受肉、神人性」の働き（エネルゲイア）が、諸々の分離・分裂の新たに結合されゆく可能根拠として見出されることになろう。[16]なぜならば、そうした新たな統合とは、ある意味で神性・一性に与ることであろうが、そのことはわれわれにとって恐らく、神性そのものの側からの働きかけなくしては生じ得ないからである。が、この中心的な問題位相については後に吟味することとし、ここでは先の引用に続く文脈を押えておこう。

マクシモスによれば、人間は先述の五つの異なり・分割を統合してゆくに際して、逆に最後のものから最初のものへと進んでゆくという。すなわち、その概要は次の通りである。

(i) 人間はまず、不受動心（アパテイア）でもってアレテー、つまり徳に与りゆくことによって、男性と女性との異なりに固有なものを振い落としてゆくであろう。この点、マクシモスはニュッサのグレゴリオスの見方を継承して、男女の性差というものを、人間の原初的成立には帰属しない二次的なものと看做している。そしてそれは、人間創造の二段階といった捉え方ともなる。[17]が、ここではとくに、アレテー形成（人間本性の成就への道）において男性と女性との異なりや諸情念を超えゆく姿が見つめられている。

(ii) 人間は次に、「楽園（パラダイス）と人の住む世とを、自らの聖なる生活を通して一つの地とするであろう。」そこにあっては、もはや諸部分の異なりによる分離は経験されず、むしろそれらは、一つの秩序へと集約され一体化されてゆくのである。

(iii) 次に、「人間は自らに能う限り、アレテーに従った天使的な生によって天と地とを結合し」、また「感覚された被造物の全体を分割されざる同一なるものとするであろう。」その際、知性（ヌース）は霊（プネウマ）によって軽やかなものとなり、いかなる身体的な重さによっても地に縛りつけられない。つまり、知性は純粋に神に寄り縋っており、天への上昇に際して何ら妨げられないのだ。

(iv)　人間はさらに、「知（γνῶσις）に関して天使との等しさを得ることによって、思惟されるものと感覚されるものとを結合し、すべての被造物を一つの被造物とするであろう。」そのとき、諸々の実体（存在物）のうちなるロゴス（根拠、意味）を捉える知識が十全に生じ、知恵（σοφία）の流れが純粋に注がれることによって、ふさわしい人々に神についての語り得ざる知・観念（ἔννοια）が備えられるという。

(v)　そして最後に、人間は、「創られた自然・本性（ピュシス）を創られざる自然・本性に、愛（ἀγάπη）によって結合・一体化させ、恵み（χάρις）の習性・姿に従って同一なるものとして示すであろう。」すなわちそのとき、「人間は全体として全体的に神と交流し、実体・本質（ウーシア）における同一性は除いて、何であれ神に関わるものの全体となる」という。かくして人間は、「神自身へと上昇してゆくことの褒美として、すべての自然・本性的な動きの目的・終極であり、かつ動かざる静止であるところの神を、何らか獲得してゆくのである。」[18]

以上のような道筋によって、この世の五つの異なり・分割が人間の働きを介して再統合されてゆくとされる。しかし、ここに注意すべきは、そうした叙述が、罪の問題をさしあたり度外視して為されているということである。すなわち、それは、創造のはじめ・根拠（神的ロゴス）（ἀρχή）において人間に与えられている役割として語られているのだ。言い換えれば、右の(i)から(v)への道筋は、神のロゴスのうちなる「人間の定め（本質、運命）」を、まずはいわば理念的に提示したものだと考えられよう。

しかるに、既述のごとく、現に在る人間は、誰しも自らの自然・本性が抱える構造として、「自然・本性に対する意志的背反」という罪のうちに置かれている。従って、現実のわれわれは、右に提示されたような定めをそのまま自然・本性的に担い、遂行してゆくことができないのだ。実際このことについて、次のように語られている。

「創造（生成）に際して、人間は本来、諸々の異なりにおいてあるものを結合・一性（ἕνωσις）へともたらし得る自然・本性的力を与えられていた。……しかしかえって、その力を自ら自然・本性に反して用いて、分離・分割（διαίρεσις）を招来させてしまった。そして、そのことによって憐れにも、再び〈在らぬこと（非存在）〉に陥る危険をあえて為してしまったのである。[19]」

これは一見確かに、過去のこととして語られている。が、すでに言及したごとく、それは、単に誰か個人の過去的な出来事なのではなくて、すべての人の根底に本性的に見出される頽落・罪の姿を示すものであった。

もとより罪とは、人間的自然・本性そのものには属さず、むしろその欠如であり欠落である。だが人間は、自らの自然・本性に背反して意志する方向にもつねに晒されている。その意味で、人間はその自然・本性の欠落（つまり、在ることの欠如）たる罪を、構造的な可能性としてつねに抱えているのだ。そしてそれが、具体的な時と処とに応じて個々の罪として現に生起してくるのである。

この点、マクシモスの言う「実体・本質のロゴス（意味）」と「生成の方式」との区別を用いれば、さらに次のように言うべきであろう。つまり罪とは、その本質としては（無時間的な意味の次元では）、自然・本性の欠如・欠落であり、いわば可能的なものに留まる。だが他方、現実の人間は（生成の次元では）、その都度、意志し行為している。人間の「在ること」の方式、生成のかたちは、自らの自由・意志の働きに依存しているのだ。従って、人間が現に意志し行為する者たる限りで、罪のかたちは単に可能性としてではなくて、すべての人において現に生起したものとして語られるのである（ローマ三・九、六、一二）。

二　神の受肉による再統合

かくして、すべての人はそうした罪のうちにある。が、自らの自然・本性的な力によるだけでは、その頽落・罪に打ち勝って原型たるかたちを回復させることができない。そしてここに、そのことの可能根拠として、神なるロゴス・キリストの受肉が語られることになる（ヨハネ一・一四）。すなわち、「滅ぼされた人間を救うために、神は人間となる」[20]と言われるのである。

ところでマクシモスは、そのことを端的に現在形で表わしている。その意味するところは、神の受肉が、単に過ぎ去った出来事ではなく、また未来のことの要請や願望に留まるものでもなく、その都度の今、生起し現存するということに存しよう。ここに、「受肉の現在」とも呼ぶべき事態が窺われるのである。

ただそれにしても、「神が人間となる」などということが、いかにして、また何によって「それ」と知られ得るのか。改めてこのように問うとき、注目すべきは、神の受肉が、「滅ぼされた人間（すべての人）を救うために」ということとの連関において語られていることである。この相関的表現は「受肉と神化との関わり」という中心の主題に関わるのだが、ここでは次のことだけを確認しておこう。

「人間が救われること」とは、「人間本性の病（罪）が癒されて健やかとなり、本性として成就すること」であろうが、その全き実現は、確かにどこまでも将来のことと言わねばなるまい。しかし同時に、それが「すでにして」、何らかのかたちで到来しているという経験からこそ、先の相関的表現が語られ得たのではなかったか。すなわち、自らの罪と滅びが何らか癒され、救われたという経験が、恐らくはその根底に現前する成立根拠を指し示しているのだ。言い換えれば、神的な働き（エネルゲイア）を受容し、自らの本性の変容と救いを経験した人々が、その経験を成立させた根拠たる働きを身をもって証示している。つまり、「神的エネルゲイアの経験」が、「神的エネルゲイアの主体（源泉）としての、〈神の受肉、神人性〉」を指し示しているのである。

こうした「エネルゲイアの経験から、その根拠へ」という探究方向をつねに念頭に置きつつ、次の論点に入ることにしよう。それはすなわち、くだんの「五つの異なりや分離・分裂」を神の受肉存在がいかにして再統合してゆくか、という問題である。マクシモスはそうした「万物の再統合の道」について、まず全般的にこう語っている。

「それゆえに（人間の頽落・罪ゆえに）、諸々の自然・本性（存在物）が新たにされる。が、それは逆説的な仕方においてであって、言うなれば、〈自然・本性的に全く不動なもの〉が、〈自然・本性的に動かされるもの〉（人間）の方へと、不動な仕方で、自然・本性を超えて動かされる。すなわち神は、滅ぼされた人間を救うために、人間となるのだ。その際、神は、（万物の）普遍的な自然・本性の諸断片を、自ら（受肉存在）を通して、自然・本性に適った仕方で結合する。……そこにおいて、さまざまに分割されたものの結合・一性（ἕνωσις）がおのずと生起する。そして御子キリストは、父なる神の偉大な意志（βουλή）をあらわに示して、成就させることになる。それはすなわち、すべてのものは《子において創られた》（コロサイ一・一六）のだが、《天にあるものも地にあるものも、万物を自らのうちに再統合する》（エフェソ一・一〇）ということである。実に御子は、万物の普遍的な結合・一性を自らのうちに集約し、（神でありつつも）われわれにおける異なり・分裂から始めて（それを担って）、完全な人間となる。つまり神は、罪は除いてであるが、われわれから、われわれのために、われわれに即して、われわれに属するすべてを欠けることなく保持して、人間となるのである。[21]」

万物の再統合を語るこうした文脈は、確かに壮大であり、また一見大仰とも見える。が、それは、ひとえに聖書の証言する「キリストの姿」を見つめることから語り出されたものであろう。つまりそれは、使徒たちの眼に映じた姿、使徒たちの経験に遡る。ここにわれわれは、永遠と時間とが交錯するかのようなロゴス・キリストの歴史性に改めて面することになる。すなわち神のロゴスは、時間性・歴史性という広義の身体をまとってこの有限な世に現れてくるのであって、永遠と時間といういずれかの極に解消されてはならないのだ。

実際、前章で見たように、神のロゴスの顕現をめぐるマクシモスの表現は、極めて柔軟で射程の大きいものであった。その際、二千年前のいわゆる史的イエスの姿にしても、その具体的な面ばかりが切り離されて、いたずらに特権的なものと看做されはしない。むしろその姿は、そこに現前し働く神的エネルゲイアを担うものとして、永遠なるものとの関与・緊張をつねに担っているのだ。それゆえにまた、すでに言及したように、「主とまみえるすべての人々にとって、主は同一の姿で現れることはあり得ず、各々の人における信・信仰の測りに従って、それぞれの人に別様に現れる。[22]」すなわちたとえば、「初心者にはしもべのかたちで現れ（フィリピ二・七）、かの変容の山（タボル山）に登る主に自ら従うことのできる人には、世界の創造の前に存した神のかたちで現れる（マタイ一七・一—九）」とされている。[23]

神のロゴスは、こうした意味射程をもって顕現し働く。そして、それはほかにも、パン、泉、道、光、生命、復活、真理などの名称で呼ばれ、多様な姿で現れるのであった。が、注意すべきは、それらすべてが、神的ロゴスの働き（エネルゲイア）をそれぞれに宿しかつ証示しているということである。言い換えれば、具体的な生において「善きかたち」（アレテー）が現出したとき、その経験の中から、その根拠として現前している神的エネルゲイアが指し示されてくるのである。この意味では、万物の再統合を語るマクシモスの表現は、確かに受肉した神を主語としたものであるが、その内実としては、「神的エネルゲイアとの出会い」、そしてつまり、「ロゴス・キリストとの出会い」という人間的経験の直中から発せられたものと考えられよう。

さてマクシモスは、くだんの「五つの異なりと分裂」がそれぞれに克服され再統合されてゆく階梯を、以下のように洞察している。

(i) 受肉した神、キリストはまず、「人間的自然・本性(ピュシス)における男性と女性という異なりと分離を取り去る」という。もとよりそれは、種族(形相)の保持のために必要な異なりであるが、それが無みされ超えられることを通して、より高い霊的交わりの境位が開かれよう。そして、「キリストには男性も女性もない」(ガラテア三・二八)という言葉が、そのことを示している。[24]

(ii) キリストは次に、「人間に適合した自らの生を通してわれわれの住む世を聖化し、その死後、真実に楽園(パラダイス)への道を開く。」それは、かつて十字架上で盗賊の一人に、「今日あなたはわたしとともに楽園にいるだろう」と、自ら語った通りである。従って、「キリストにはもはや、楽園と人の世との異なりはない」のだ。そしてさらに、キリストは死者からの復活(ἀνάστασις)の後、彼とともにいた弟子たちに、「この地は一つであって分割されておらず……あらゆる分離から解放されて安全に保たれる」と告げるのである。

(iii) キリストはまた、「天に昇ることを通して、明らかに天と地とを結合し一体化させた。」すなわちキリストは、われわれと同じ自然・本性の地上的身体をもって天に入り、「感覚されるすべての自然・本性が、それ自体として最も普遍的なロゴス(根拠)と一つのものであることを示した。」

(iv)　キリストはさらに、「その魂と身体とをもって……神的で思惟的なものすべてを透過することによって、感覚されるものと思惟されるものとを結合・一体化した。」そして、すべての被造物が一なるもの（τὸ ἕν）へと収斂し、交流していることを示すのである。

(v)　そして最後に、キリストは「人間性を担う者として神自身のもとに赴き、人間として《われわれのために父なる神の面（顔）の前に明らかに現れる》（ヘブライ九・二四）。」すなわちキリストは、「ロゴスとして決して父から分離し得ないが、人間としては、神のあらかじめ定めた限りのことをすべて、揺ぎなき聴従にもとづくわざと真実によって成就するのだ。」それはなぜかと言えば、われわれが、創造のはじめに自然・本性的に与えられていた力を自然・本性に反して使用してしまい、頽落・罪の状態に陥っているからである。[25]

このようにしてキリスト（受肉した神）は、五つの異なり、分裂をそれぞれの局面で新たに一体化させて、すべてのものを再統合してゆくという。ただそのことは、神の一方的な、また無時間的なわざによるものではなくて、人間を通して、人間に即して、はじめてこの有限で可変的な世界に生起し得るのであった。

そこで、われわれの側から言えば、人間がさまざまなもの、自然・本性を新たに結合する役割を担ってゆくためには、いずれの局面においても神的な働きの支えを必要とする。「神と人との協働」が語られるゆえんである。すなわちわれわれが、受肉した神、キリストの現実の姿を見つめつつ、神的ロゴスと霊（プネウマ）に聴従してゆくならば、恐らくわれわれ自身が、神的な働き（エネルゲイア）を受容し宿す器とも場ともなるであろう。そして、そのように神的働きを受容した限りでの「人間を通して」、また「人間のうちに」、世界におけるさまざまな異なりと分裂が何らか克服されてゆく。言い換えれば、諸々の自然・本性が分離して一性（存在性）と秩序を失った姿は、神的働きへの意志的聴従によって、またつまりは己れを無みし超えゆく脱自的な愛によって、新たに結合され一体化されゆくであろう。

この意味で人間は、およそ自然・本性を結びつける紐帯なのだ。そして全体の方向として言えば、人間が右のように、愛によって被造物と神とを結合すべく招かれているのは、神が被造物への愛によって、万物の多様にして一なる交わりの姿（広義のエクレシア）として顕現するためだとされるのである。(26)

第四節　アレテーの統合と愛

一　感覚的なものと思惟的なものとの類比的関わり、そしてアレテーの成立

万物の再統合などという大局的な事柄も、その内実を問うときには、魂・人間の「善く在ること」への変容・再形成という場面に突き返されてくる。そこで以下、前節で提示したことを、より見近な場面から捉え直すために「感覚的なもの、思惟的なもの、そしてアレテーの重層的な構造」を見定めてゆくことにしよう。

あらかじめその基本線を言えば、マクシモスにあって、感覚的なものと思惟的なものとは本来、決して分断されて独立に存立しているのではなく、類比的に結合しつつ、それぞれのアレテー（徳）の成立に与ってゆく。そしてさらには、諸々のアレテーが互いに結合し、すべてが相俟って、より上位の霊的次元に上昇し得るとされるのだ。ともあれ、まず次のように言われている。

「感覚される世界（κόσμος）とは、五つの感覚を自然・本性的に構成する要素である。……同様に、思惟（διάνοια）による世界とは、諸々のアレテーを自然・本性的に構成する要素であって、魂の諸々の力に落ちてきて（関わってきて）、それらが霊（プネウマ）に向かって単一形相的に働くようにさせる。……だが

諸々の感覚は、魂の諸々の力をしるしづける似像と呼ばれた。つまり、魂の道具としての各々の感覚は、あるいは感覚されるものは、何らか神秘的なロゴス（根拠）によって類比的な仕方で（ἀναλόγως）、魂のそれぞれの力に自然・本性的に配分されているのである。[27]」

ここに読み取られるように、感覚的なもの（世界）と思惟的なもの（世界）とは、単に分離し独立しているとは看做されず、本来はむしろ、類比的に関わり交流しつつ、全体として霊的な一性のかたちへと定位されている。そして、それらが神的ロゴスの働きによって、多様にして一なるかたちに統合されるならば、そこに「神化」（神的生命への与り）という言葉が用いられることになろう。

ところで、そのように高次の霊的なものへと開かれた構造にあって、身体の諸力と魂の諸力との間には、それぞれに次のような類比的対応が存在するという。

すなわち、(i)、視覚は思惟的力ないし知性（ヌース）に属し、(ii)、聴覚はロゴスに属し、(iii)、嗅覚は気概的力に属し、(iv)、味覚は欲望的力に属し、そして(v)、触覚は生命的力に属している。[28]

従ってまた、こう言われている。(i)、視覚ないし目は、知性の似像であり、(ii)、聴覚ないし耳は、ロゴスの似像であり、(iii)、嗅覚ないし鼻は、気概の似像であり、(iv)、味覚は欲望の似像であり、そして(v)、触覚は生命の似像である。[29]

このように穿った説明が為されるが、それぞれの対応は、単に静止し閉じられたものとして存立しているものではない。かえってそれらは、魂がそれぞれの力に応じたアレテー（徳）を形成してゆくことによって、異なり、分離の次元を超えて結合してゆくという。この点、マクシモスはまず、右の(i)〜(v)に共通のこととして、次のように洞察している。

「魂は、もし固有の力によって諸々の感覚を善く用いるならば……神の法に従ってそれらの感覚的な力に自然・本性的に関与し、感覚されるものへと多様な仕方で移りゆく。そして魂は、見られるものすべてを知恵ある仕方で自らの方へ移し入れることができる。その際、神は見えるもののうちで告知されつつも、隠れている。が、神は自らの意志にもとづいて、〔神的な〕思惟（知）のうちに最も美しく霊的な世界を創ったのだ。すなわち、思惟的にかつ霊に従って諸々のアレテーに満ちた世界を成就すべく、神は構成要素としての四つの普遍的アレテーを互いに結びつける。つまり神は、諸々の感覚に対して魂の諸々の働き（エネルゲイア）を結合することによって、各々のアレテーを存立させるのである。[30]」

これは驚くべき知見を含んだ表現であるが、そこからして、以下のことが確認されよう。

全体としてそこに現前しているのは、感覚的なもののうちに秘められた神的な意図を（つまり感覚物の志向的な意味を）象徴的かつ類比的に読み取り、霊的次元へと上昇し関与してゆく道である。そこにあっては本来、単に排除されてしまうものは何もなく、諸々の感覚的なものは思惟的なものへと包摂され、いわば新たにロゴス化されるであろう。しかもさらに、それらが相俟ってアレテーというかたちに統合されてゆくのだ。われわれはすべて、そうした道に招かれているのである。こうした意味でのアレテーの形成は、すでに言及したごとく、単に個人の内面に閉ざされた出来事ではなくて、諸々の事物、自然・本性が異なりと分離の状態を脱して、一性のかたちへと結合・一体化された姿なのだ。そしてそこには、霊的次元へと高められた新たな存在秩序が現出してくると考えられよう。[31]

かくしてアレテーとは、感覚的なものと思惟的なものとが、神的な働き（エネルゲイア）と人間的な自由・意志の働きとの協働という仕方で、新たに統合された姿であろう。従ってアレテーにおいては、感覚的なものと思惟的なものとが相互に交わり、交流しているのだが、それはある意味で、諸々の他なるもの（広義の他者）が交流した姿でもある。

ちなみに、後に改めて吟味するように、アレテーとはそれ自身、他者（隣人）とのより善き交わりの姿であり、少なくともそのための根本的な礎とも場ともなり得るものであろう。もとより現実の世にあっては、人と人、民族と民族等々の間に、小さからぬ偏見、無知、偽り、妬みなどが生じ、争いと分裂を招来させていることが余りに多い。しかしアレテーにおいては、そうした心の壁が打ち砕かれ、謙遜な祈り、他者への赦しが存しよう。そしてその限りで、たとい見えざるかたちにおいてであれ（神の眼差しにあって）、他者との霊的な交わりが何らか成立していると考えられよう。

二　諸々のアレテーの統合と愛

右のような基本的文脈の一つの展開として、マクシモスはさらに、個々のアレテーの結合とそれらすべての重層的な統合とを語っている。すなわち諸々のアレテー（徳）は、通常の姿としては確かに、それぞれの意味合いをもって個々に成立しているように見える。が、それらは本来、いっそう上位の結合・一体化へと開かれており、ついには重層的な仕方で、すべてのアレテーの統合としての愛へと定位されているという。(32)

そうした道筋は、「思慮」、「勇気」、「節制」、そして「正義」という四つの普遍的なアレテーから始まって、それらが「知恵」と「柔和さ」へと結合され、さらには、それらすべてが相俟って「愛」へと統合されてゆくというものであった。そこで次に、そうした道をマクシモスの言葉に即して跡づけておこう。

(i) まず「思慮」(φρόνησις) は、「思惟的ロゴス的力が視覚や聴覚と交流し、それらによって感覚されるものについて、知的な働きを為すこととして存立する。」

(ii) 「勇気」(ἀνδρεία) は、「気概的力が嗅覚ないし触覚と交流し――そこにあって気概的力が霊を宿すのだが――、それらに対応して感覚されるものについての、働きの同等性として存立する。」

(iii) 「節制」(σωφροσύνη) は、「欲望的力が味覚と交流し、そこに感覚されるものについて適度に用いられることとして存立する。」

(iv) そして「正義」(δικαιοσύνη) は、「触覚を通して、またほとんどすべての感覚されるものをめぐる生命力を通して、それらの働きがあらゆる人々に等しく、また秩序と調和のある仕方で配分されることとして存立する。」[33]

これらの(i)~(iv)の各々の意味づけについては、そのままに受け取るとして(それぞれのアレテーが五感のすべてに関わっているとも考えられようが)、全体として次のことを確認しておこう。すなわち、魂の諸力、つまりロゴス的力、気概的力、欲望的力、そして生命力は、それぞれの仕方で諸々の感覚と結びつき交流する。そしてそのことが、それぞれの局面で人間的自然・本性(ピュシス)に適合した秩序ある仕方で為されるとき、そこにはそれぞれのアレテー(徳、善きかたち)が存立し、その名を得てくることになるのである。

ところで、マクシモスはさらに考察を進めて、こうした四つのアレテー相互の結合と、それらの全体的な統合を語っている。

(v) 四つの基本的なアレテーから、「知恵」(σοφία) と「柔和さ」(πραότης) が形成されるという。ここに知恵とは、「諸々の知られるもの(知)の限度・終極(πέρας)であり」、柔和さとは、「為されるもの(実践)の限度・終極である。」そして、「知恵は、思慮と正義との結合から生じ、柔和さは、勇気と節制との結合から生じる」とされている。

すなわちマクシモスの説明によると、知恵とは、思慮に即した知と、正義に即した知とを結合させる原因である。また他方、柔和さとは、気概と欲望とが自然・本性に反するものに対して全く動かぬこと（ἀκινησία）、つまり不受動なこと（ἀπάθεια）であって、それゆえ実践の限度・終極であり目的なのである。

(vi)　最後に、以上のようなアレテーのすべてが統合されるとき、最も普遍的なアレテーたる愛（ἀγάπη）が生じるという。そうした愛の特質は、己れ自身を超え出てすべてのものを神的ロゴスへと導き、それらに一性を与えることであった。そして愛は、端的に全体を、全体において神に捧げるのだ。それゆえ愛においては、身体も含めてすべてが相俟って、神化（神的生命の与り）へと定位されているのである。[34]

以上のように、真実の愛とは、諸々のアレテーが統合された姿であり、アレテーの極みであった。そうした愛は結合・交わりの根拠として、多様なもの、次元を異にするものをも結びつけ、全体として一性を与える。つまり愛のうちには、他の諸々のアレテーが浸透し、同時にまた、思惟的なもの、感覚的なものがすべて何らか包摂されている。従って、人間が諸々の自然・本性（存在物）を結合する紐帯として働くのは、勝義にはまさに、アレテーの極みとしての愛によってだと言うべきであろう。

さて既述のごとく、人間のうちには、無生物、生物、植物、動物などのすべての要素が含まれているが、それらが結びついて一つの動的生命的秩序が形成されている。そしてアレテーとは、そうした秩序が「善く在ること」というより高い次元のものへと形成された姿なのである。人間以外の存在物にしても、それぞれ別箇に存在しているかに見えるが、それらは相互に重なり合いつつ、何らか一つの交わりと環境的秩序を形成している。が、それらはさらに、人間のロゴス的働きを通してロゴス化され、より大なる秩秩に参与することを待っているのだ。言い換えれば、それぞれの形相によって限定されたさまざまの事物は、その閉ざされた存在様式から解放され、無限なる善（神性、善性）へと開かれるとき、新たにより大なる秩序と交わりへと甦らしめられるであろう。

そのようにして、さまざまの自然・本性的事物は、ある意味で人間の働きによって統合され、より大なる（＝より善き）存在の秩序に与ってゆく。そのことの中心に現前し働いているのが、諸々のアレテーと、その統合としての愛なのだ(35)。それはまた、神的霊（プネウマ）の現存を証ししているのである。そして人間が、自らのロゴス的力をはじめとして、気概的力、欲望的力を正しく、「自然・本性に従った仕方で」用いるとき、人と人、人とものはすべて、全体として相俟って「存在の現成」、あるいは「神の顕現」に参与してゆくことになろう。

それは今一度言えば、「自然のロゴス化」であり、「創造のわざの継続と成就」という意味合いを有した。それゆえ世界創造とは、ほかならぬわれわれのロゴス的意志的働きを通して遂行されゆくべきものであろう。しかし、もとよりその道は、われわれが己れのうちなる「自由の深淵」を凝視し己れを無みしゆくような、絶えざる自己否定の道行きなのであった。

かくして、人間を紐帯とした「万物の統合と神化」などという事態は、実は、われわれのひそやかな祈りと悔改め、そして己れの執着と傲りを無みする謙遜のわざを通して生起するほかないであろう。そして恐らくは、今、ここなるわれわれの心の内奥に、すべての人、すべてのものとのコスモロジー的な交わりの場と可能性が存するのである。

第五節　他者と絶対他者

右に述べてきたような「万物の統合への道」にあって、そのすべての局面で、陰に陽に他者との関わりが現実の場を形成している。そしてそのことには、他者と絶対他者（＝神）という二つの次元が重なっているのである。そこでこの観点から、実はこれまでの論に浸透していた他者の問題を改めて取り出し、一つの考察を加えておこう。

われわれの自由な意志的行為は、見える、かつ見えざる仕方で、つねに他者との何らかの関わりの中で為される。すなわち、先に論じた情念や罪、またその否定・浄化と変容ということにしても、われわれの内面の出来事であるとともに、具体的な他者との関わりという場と拡がりにおいて生じる。しかもまた、有限な他者とのさまざまな関わりは、超越的な善（神、神性）にどこまでも開かれた構造のうちで現に生起してくるであろう。とすれば、そうした構造に根底において支えられている限りで、有限な他者とのわれわれの関わりは、無限な他者、つまり絶対他者なる神との関わりと微妙に重なっているのである。

ところで、人間はロゴス的知性的存在者として、自らの存立根拠たる神的ロゴスに対して（あるいは神性の働きに対して）自由に応答し得る何者かである。そして既述のごとく、そうした「応答の仕方に従って」、つまり「信の測り・度合に従って」、己れの「在ること」の「より善き開花か、より悪しき頽落か」が決定されてくるのであった。しかしその際、無限なる超越的存在との関わりとは、むろん人と世界から切り離された仕方で生じ得るものではない。つまりそれは、無時間的、無世界的にではなく、この有限な世界を場とし契機として生じてくるのだ。言い換えれば、無限なる絶対他者との関わりはつねに、有限な他者（隣人）との関わりを広義の場として、身体・質料として現に生起してくると考えられよう。

ただ、他者との関わりという際、必ずしも通常の目に見える関わりだけが問題なのではない。すなわち、通常の対象的な行為・択びはもちろんであるが、ここでは、他者との関わり・交わりということを、より大きな拡がりにおいて考えてみよう。

たとえば卑近な例として、眼の前にいない人のことをひそやかに思うことも、ときに切実な実在的交わりとなり得る。そして、往昔の隠修士のように、人里離れた砂漠の地で祈りと修業のわざを為すことも、単に他者との交わりを欠いた生き方と看做されてはなるまい。確かに彼らは、世を捨てて孤独な生を営んだ。が、それはいわば、世界の成り立ちの根源に遡ることによって、神の眼差しのうちですべての人との見えざる交わりを生きることであったと思われる。[36] あるいはまた、すでに亡き人を追憶し、祈りを捧げることも、そしてキリストの祭壇の前に額くことも、すべては他者との生きた実在的交わりとなるであろう。

してみればここに、見えるものと見えざるもの、移りゆく有限なものと超越的で無限なものとの微妙な関係が窺われる。その間の機微を推し測って言うならば、およそ有限な他者とのさまざまな関わりは、恐らくは、絶対の他者とのわれわれの関わりの姿を、否応なくあらわにしてくると考えられよう。

ここにとりわけ想起さるべきは、およそ「探究の端緒」としての出会いと驚きの場面である。それはすなわち魂・人間が神的な働き（エネルゲイア）に貫かれ、根拠への愛に促されるような経験であった。その際、人がそこへと促されゆく究極の「目的」は、同時にまた、人を触発し愛智の探究へと促した当の「根拠」でもあるのだ。

そこで、次の二点を改めて確認しておこう。

(i)　そうした「根拠＝目的」なる何ものかは、たといそれが、「存在」、「真理」、「善」、「神」などの名称で呼ばれ、指し示されるとしても、それ自身の本質・実体（ウーシア）は決して知られ得ず、あくまで不可知なる超越に留まる。それゆえにまた、「無限性」が神に固有の名だとされる。

(ii)　しかし、それにもかかわらず、魂が神的な働き（エネルゲイア）に貫かれたこと自体は、確かさを有するのだ。そして、神的な働きに貫かれて、それを宿した姿こそは、「信」（πίστις）というものの原初のかたちであった。古来、信が「探究の端緒」として、また「確実性の基盤」として語られてきたゆえんである。

ところで、「信という魂のかたち」が探究の端緒だというとき、そのことは、必ずしも信から他のものへと探究対象が移ることを意味しない。むしろ、信が「神的働きを宿したかたち」たる限りで、信それ自身が探究の勝義の対象となるのだ。つまり信というかたちは、神探究の第一の場であり、橋頭堡となり得る。言い換えれば、「信の探究」において、その「自己の探究」は、同時にまた、信というかたちに何らか宿り来った「神の探究」となるのである。

こうした「信という魂のかたち」は、振り返って言えば、旧約の『雅歌』とその解釈の伝統において象徴的に「愛の痛手」という言葉で表わされてきた。すなわち、人が神的な「愛の矢」（神的働き）によって痛手を受けたとき、今度はそこからの自由な応答として、己れを貫いてきた超越的な働き（つまり、神の愛ないし霊）を、己れを無みし、己れを超え出て愛しゆく。従ってそれは、無限性に関わりゆくものであるだけに、どこかで停止するものではあり得ず、決して癒され切ることのない無限なる愛の渇望の姿であった[37]。

しかるに、そうした関わりは、単に神と人との一対一の対応として、いわば私秘的領域に切り取られてはなるまい。少なくともそれは、先にも触れたように、無時間的かつ無世界的なものではあり得ず、この有限な世と他者との関わりを場とし身体として、はじめて現に生起するであろう。ちなみに、歴代の神秘家たちは、いわゆる脱魂的状態で神との神秘的交流を経験したという。が、彼らはそのまま神的領域に没入してしまうのではなくて、必ずや世界に還帰し、神的働き（エネルゲイア）、神的霊（プネウマ）の現存を証しする者として、それぞれの仕方で他者と関わるのである。

さて、右のような「神的働きによる愛の痛手（信）」の姿は、具体的な他者との出会いや驚きの姿と何らか重層的に重なってくるであろう。とすれば、「神的働きによる愛の痛手」と「そこからの応答たる脱自的な愛」との、いわば垂直的な関わりは、「具体的な他者との出会い・驚きの経験」と「そこからの応答」との、いわば水平的関わりのうちに、おのずと現出し具体化してくると考えられよう。すなわち、簡明に言うなら、有限な他者との関わりは、無限な絶対他者（＝神）との関わりをあらわに映し出しているのである。

してみれば、そこには次のような双方向の関係性が認められるであろう。

(i) 他者との関わりが「自然・本性に従ったもの」であり、つまりは「善きもの」であるときには、そのうちにそれ自身の成立根拠として、絶対他者（神、神性）との生きた関わりが現前しているであろう。

(ii) と同時に、絶対他者との魂の内奥での関わりは、有限な他者との善き関わりのうちに、また善き関わりとして、すなわちそれをいわば身体・質料として顕現してくるであろう。

もとより、こうした(i)と(ii)という関わりは、この世の有限なもの、たとえば権力、快楽、財、名声等々へのいたずらな執着、そして畢竟、自己への執着と傲りによる頽落・罪の姿とは、著しい緊張関係を為している。従って、無限なる他者に対して、また同時に有限な他者に対して、それぞれに善き関わりが成立するためには、己れ自身を無みし、いわば「少な少なと悪しき事の去る」[38]ような、不断の否定・浄化の契機が不可欠であろう。そしてそれゆえにこそ、われわれはこの生におけるそれぞれの境遇と分（運命）に応じて、それぞれの仕方で悲しみ、苦しみをも担ってゆかざるを得ないのである。[39]

かくして、総じて言うならば、絶対の他者たる神（無限なる善）への心の披きと祈りあってこそ、およそ他者との真実の交わりも成り立ってくるであろう。[40]そしてそのようなとき、有限な他者は、いわば絶対他者を指し示す「象徴」として、また絶対他者からの「賜物」として現れてくるのだ。

そうした出会いに感謝し、それを言祝ぐことは、同時にまた、他者を在らしめ、その出会いをもたらせたすべてのことを、不思議な縁として、あるいは分・運命（モイラ）として受容してゆくことでもある。この意味で、個々の出会い（カイロス）と定めを虚心に受めとめてゆくことは、取りも直さず神の現存の働き（エネルゲイア）に聴従しそれを言祝ぐことになろう。そして恐らく、すべての他者がそうした存在であり得よう。が、そのことは、その都度の「今、ここにおいて」、具体的な出会いと驚きとの経験のうちに証しされてくるのである。

第八章　エクレシアの諸相と、その全一的かたち

証聖者マクシモスには、『神秘への参入』（Mystagogia）という独特の趣を堪えた作品がある。それは、これまでの論述において度々引用した主著『難問集（アンビグア）』、あるいは『愛についての四百の断章』、『神学と受肉の摂理とについて』などと並んで、マクシモスの主要著作の一つである。そこにおいてマクシモスは、「カッパドキアの三つの光」たる教父たちやディオニュシオス・アレオパギテース以来の伝統を継承し、ゆたかに展開させているのである。(1)

その著作は、『奉神礼の奥義入門』とも訳されることから窺われるように、広義のエクレシア（教会、全一的交わり）（ἐκκλησία）と典礼（奉神礼）との象徴的意味を説き明かし、ひいてはまた、万物の宇宙的神化という事態を洞察したものであった。（それは、『難問集』ほど壮大でしなやかな論述ではないが、くだんの問題を密度高く簡潔な筆致で吟味し、まとめ上げている。）

この意味で『神秘への参入（ミュスタゴーギア）』は、今日ふつう「教会」や「典礼」といった言葉で印象づけられるところを遥かに超えて、エクレシアというものを、人間をはじめとした自然・本性（存在物）の全体が成りゆくべき「全一的交わりの姿」として探究している。あらかじめ提示しておくなら、そこにあっては、主として次のように一見特異な、しかし含蓄ある事柄が主題化されている。

(i) エクレシアとは、それ自身が「神の似像（エイコーン）」であり、また「見える世界と見えざる世界との似像」である。

(ii) エクレシアはまた、象徴的に「人間の似像」であり「魂の似像」である。

(iii) さらには、聖書そのものが象徴的に人間であり、また人間が一つの世界（コスモス）である。

(iv) 教会の造りや典礼（奉神礼）の個々のわざは、それぞれに象徴的意味を有する。そして、見えるものと見えざるものの全体が相俟って、霊的で全一的な交わりを形成してゆく。

こうした捉え方は、いわゆる教会、世界、人間、聖書などがそれぞれに多様で一なる結合様式を有することから、類比（アナロジア）的かつ象徴的に語り出されている。その際、「エクレシア」（全一的な交わり、教会）という言葉は、広義には右のようなすべてのものに及ぶ極めて大きな意味合いを有していた。マクシモスはエクレシアのそうした意味射程を注視しつつ、「在りて在る神の顕現のかたち」を、そしてつまりは「人間を紐帯として万物が成りゆくべき動的かつ全一的かたち」を指し示しているのである。

してみれば、『神秘への参入（ミュスタゴーギア）』とは、単に狭義の教会や典礼についての特殊な著作である以上に、人間探究、存在探究の最も普遍的な位相に関わる著作だと考えられよう。そしてそれは、「およそ見えるものと見えざるもの、形と心、あるいは外なる行為と内なる行為（志向ないし意志）などの関係」と、「それら全体の多様にして一なる結合のかたち」とを問いゆく探究の、いわば最前線に属するのだ。この意味では、その著作の隠れた主題は、およそもの（存在物）の成立を根拠づけている「結合力の働き」に存する。（それは、愛や聖霊の働きに通じるものとして捉えられている。）そして、典礼や秘蹟、またそこにおける諸々の象徴的わざといった一見特殊な事柄も、本来、普遍的な「愛智の道行き」（哲学）に密接に関わっているのである。

そこで本章においては、主にこの『神秘への参入』という著作に即して、マクシモスの語るエクレシアの諸相と、その動的かつ全一的なかたちとを跡づけてゆきたい。以下の叙述は、実質的には前章までの論と重なる部分もあるが、「エクレシア」という視点から問題の基本的動向を捉え直し、浮彫にするものとなるであろう。

第一節　「神の似像」および「世界の似像」としてのエクレシア

マクシモスはまず、「神の聖なるエクレシア」とは基本的に「神の似像ないし似姿（εἰκών）であり、型（τύπος）である」と直截に語る。[2] そしてさらに、エクレシアとは、「見えるもの（可視的世界）と見えざるもの（思惟的世界）との〔全体として一なる〕似像だ[3]」とも言われている。

こうした把握は、通常「教会」という訳語から想像されるものとはかなり隔たっているであろうが、「エクレシア」という語の根本の意味に立ち帰ってのものであった。つまりマクシモスは、新約聖書のとくに『コリント書』、『エフェソ書』、『コロサイ書』などを基にしつつ、先行の教父たちの文脈を展開させているのだが、そこにおいてエクレシアというものは、すべての自然・本性（ピュシス）、存在物をおおうようなコスモロジー的な観点から捉えられているのである。

ちなみに「エクレシア」という語は、古代ギリシアにおいては元来、「ポリス（都市）において規則的に召喚された市民集会」というほどの意味を持つ言葉であった。が、とりわけ新約聖書以降の伝統においては、遥かに意味が深められて、「神性の交わり」という意味合いを担う言葉となる。つまりエクレシアは、「呼ぶ」（καλέω）という語に由来することからして、神に呼びかけられた者（人間）がその呼びかけに自由に応答してゆくことによって成立するような、「神性の霊的かつ全一的な交わり、集い」を表わす言葉となっていったのだ。そしてその際、現に生きている人々、すでに亡き人々のすべてがいわば霊において集い、時代、民族、風土等々を超えた「多様にして一なる交わり」を形成してゆく境位が望見されていたのである。

マクシモスによれば、われわれはすべて、そうした「神の似像たるエクレシア」に与りゆくべく招かれている。もとより、われわれの生きる現実の世は、自他のさまざまな異なりと分離を至るところに含み、本来の自然・本性に反した姿に陥っていたことが多いし、また今もそうであろう。とはいえマクシモスは、いたずらに理想的な姿を語ったのではなかった。かえって、異なり、分離そして争いに満ちた世の姿を凝視すればこそ、そこからわれわれが脱出して、「それに成りゆくべき究極の姿」を語ったのだ。と同時に、そうした「究極の目的たる姿」とは実は、神的ロゴスのうちなる定めとしての「原初的な本源の姿」として洞察されていた。

従って、そこにはある種の円環的自己還帰的な構造が存した。このことは、すでに見定めたところであるが、その要点のみを確認しておこう。すなわち、原初的な本源の姿とは完全性のかたちであるが、それは、われわれが「そこからの頽落・罪においてある現実の姿」を脱して、「それに成りゆくべき当の究極目的の姿」でもある。ただし、そうした本源の姿とは、かつて歴史上の過去に実現していたようなものではなくて、いわば「創造の根拠たる神的ロゴスのうちなる知・定め」なのだ。が、現実のわれわれはすべて、ほかならぬ自らの意志的背反によって、右のような本源の姿からの頽落においてあるのであった。

しかし、そのように自己を見出すことは、われわれが頽落・罪の状態を脱して、自らの自然・本性の開花と成就の道をゆくための第一歩となり得る。そして、「成りゆくべき目的」が、同時にまた「本源の姿」でもあると見出されることがなければ、「それ」への還帰と上昇の道も未だ不分明なものに終るであろう。従って、われわれの本来の道行きは、「はじめの頽落（ある種の否定）が無みされること」、つまり「否定の否定」という二重否定的な性格を有しているのである。

ただその際、現実の出発点としてあるのは、あくまでわれわれの現にある異なりと分離の姿なのだ。それゆえ、エクレシアの本来的な姿が語られるのも、現にある姿を見つめ、そこからの脱出と超克の道を問い披くためであったことが忘れられてはなるまい。『神秘への参入』という著作は、確かにエクレシアの神学・哲学的コスモロジーを謳い上げているが、その根底にあっては、すべて人間の置かれている険しい現実、すなわち、被造的存在の「苦難と嘆き、そして希望の姿」（ローマ八・一八―二五）が凝視されていたのである。以下、この点をつねに念頭に置きながら、マクシモスの指し示すところを見定めてゆくことにしよう。

一　「神の似像および型」としてのエクレシア

マクシモスによれば、「神の聖なるエクレシア」とはまず、「神の聖なる働き（エネルゲイア）を模倣と型によって宿した姿であり」、「神の似像だ」という。ただしそれは、必然的に生じてくるのではなくて、神的働きに対する「心の披きに従って」、つまり「信・信仰の測りないし類比に従って」生起してくるのだ。この点、さしあたり言うなら、諸々の自然・本性（存在物）は、自らの存立根拠たる神的ロゴスの働き（エネルゲイア）をそれぞれの姿（形相）のうちに受容し、何ほどか発現させている。が、とりわけエクレシアが語られるときには、それらの事物が人間を紐帯として（人間の働きを介して）さらなる展開・成就へと向かい、全一的な結合・交わりの姿に与ってゆくという事態が見つめられていたのである。

ところで、先の言葉に続いて次のように言われているが、それは、『神秘への参入』という著作の基本的視点を簡潔に示すものであった。

「神は無限の力（δύναμις）によって、万物を《在ること》にもたらしつつ、それらを守り、導き、限界づけている。つまり神は、思惟的なものと感覚的なものとを互いに、かつ神自身に、摂理的な仕方で結合させる。……その際、万物の原因（αἰτία）、始原・根拠（ἀρχή）そして終極・目的（τέλος）としての神は、すべてを凌駕しつつも、自然・本性としては異なっている諸々のものを、根拠たる神への関わりの力によって互いに一つに結合したものにする。……そして、破壊も混合もない仕方で万物を、動き（κίνησις）と存立（ὕπαρξις）の同一性（同一なる姿）（ταὐτότης）へともたらすのだ。[4]」

こうした神のわざ（つまり、人間の側からは神的働きの受容）とは、「破壊も混合もない仕方で」とあるように、諸々の存在物の固有の姿（自然・本性）を破壊したり非存在に陥らせたりすることなく、かえってそれらを完成にもたらす。（「恩恵は自然を破壊するのではなく、完成させる」のだ。[5]）すなわち神は、超越的な原因として働いているからこそ、最も深く内在的に、すべての有限なもの（原因づけられたもの）のうちに現前し、それらの存立を「守り、導く」とされるのである。

その際、神は本質としては知られざるものに留まるが、その働き（エネルゲイア）によっては、原因づけられたもの（被造物）が「原因へと関わる力のうちに」現前しており、その限りで何らか感知され見出され得る。そして心ないし知性（ヌース）は、かく超越的かつ内在的な仕方で現前している神を、およそ存在物の「根拠＝目的」として観想しかつ志向してゆくべく促されよう。従ってそこには、「神的エネルゲイアの経験から、その根拠へ」と遡行し、あるいは上昇してゆく道が存するのであった。

しかし現実の世にあっては、人間は多くの場合、己れ自身に対しても他者に対してもさまざまな異なりと分裂を抱えており、そこからしばしば由々しい争いと不和、そして悲惨な出来事が生じてくること、言うまでもない。そしてマクシモス自身、七世紀、東ローマ帝国の激動の時代にあって、戦乱と迫害を蒙って流浪の旅を余儀なくされ、ついには舌と右手を切り落とされて、殉教的な最後を遂げた人であった。しかしマクシモスは、この世の分裂や悲惨などがことごとく打ち砕かれ、再統合される姿を洞察して、こう言っている。

「神の聖なるエクレシアはわれわれにとって、原型たる神の似像をもたらすものとして現れてくるであろう。すなわち人間にあって男性、女性、そして子供が無数に存在し、彼らは互いに、誕生、種族、国、言語、生活習慣、年令、意図、技術、様式、習性、実践、知識、そしてまた名声、運命、特性、関係などによって区別され、大きく異なっているが、〔等しく〕エクレシアのうちに生まれ、エクレシアによって再生し、さらには霊（プネウマ）において再創造されよう。その際、エクレシアは等しく万人に、ひとつの神的なかたちと名とを恵み与える。すなわち、キリストによって在り、かつそのように名づけられることを与えるのだ。そしてそれは、信に即した、一つの、単純で、分割され得ぬ全体的な姿なのである[6]。」

このようにすべての人は、「エクレシア（全一的交わり）への普遍的な関係と結合によってこそ存立し[7]」、いわば一性（*ἕνωσις*）への参与の中でそれぞれの多なる自然・本性を担っている。そこにあってとりわけ注目さるべきは、本来、神的ロゴスのうちなる定め（範型たる姿）としては、「かかるエクレシアから引き離され、孤立して存在している人は、誰もいない[8]」ということである。「信の分割され得ぬ恵みと力とによって[9]」、すべての人は、単一で不可分な交わりのうちにあるのだ。それゆえにまた、肢体のさまざまな異なりから一つの体が構成されているように、「万人に一つの心（*καρδία*）、一つの魂（*ψυχή*）がある[10]」と言われるのである。

ここに想起されるのは、キリストが「エクレシアの頭」として語られていたことである（エフェソ五・二三、コロサイ一・一八）。それは周知のごとく、エクレシアを「キリストの体」として捉える文脈であったが、そこには一と多との微妙な関係が窺われるのである。

すなわち、一方では、「キリストにあってはユダヤ人もギリシア人もなく、男性も女性もなく、すべての人が一つである」（ガラテア三・二八）として、端的な一性が語られる。が、他方、そうした「頭たるキリスト」に対する「信の測り・度合に従って」、われわれは類比的な仕方でキリストに関わり得るであろう。その際われわれは、先の引用に列挙されていたようなさまざまな異なりを保持しつつ、しかも単に分離し孤立しているのではなく、かえって一性（頭たるキリスト）への類比的関係によって、それぞれの仕方、それぞれのかたちで、全一的交わりのかたち（エクレシア）に参与し得るのである。

このことはまた、人間が諸々の自然・本性の紐帯として働き得るということからして、あらゆる自然・本性（存在物）に拡張されて語られる。この点、「キリストは万物であり、万物においてある」（コロサイ三・一一）とは、その極みを示す言葉であろう。マクシモスはそれを敷衍して、次のように言う。

「キリストは善性（ἀγαθότης）の単一で無限の力によって、万物を己れに包摂している。……それは、一なる神に創られ、生成せしめられたもの（被造物）が、互いに全く分離して敵対しないためであり……またつまりは、それらにとって《在ることそれ自体》が神から切り離されて、在らぬこと（非存在）へと陥ってしまわないためである。」(11)

このようにして神は、「諸々の存在物の多なる実体に関して、それらの結合・一性を分離も混合もない仕方で実現させる。」しかし、そのことは内実として、「神と人との協働」という性格を有した。すなわちそれは、一方的かつ無時間的な神のわざとしてではなく、「信の測り・度合に従って」、つまり人間の意志的働きを介して、またそのうちにはじめて生起し、具体化してくるであろう。そしてその際、諸々の存在物における異なりは、万物の「根拠＝目的」たる神に対する、「関わりと結合によって関係づけられ、一体化せしめられるのだ。」(12)この意味で、古代ギリシア以来の難問としての「一と多の問題」は、マクシモスにあって、もはや単に形相（概念）間の結合様式の問題として論じられることはなくて、神的働きに対する人間的意志の働きの、「ある種の類比的関与の構造として」論じられるのである。

かくしてマクシモスは、「神（在りて在る存在）の現成」としてのエクレシアを語る。人間はそうしたエクレシアの成立にあって、神的働き（エネルゲイア）を受容しつつ、自然・本性的紐帯として諸々の事物を結合し一体化するという役割を担っているのだ。そこにあって、個々の人のさまざまな異なりが解消されることはないが、無限なる神的働きへの抜きに従って、各人の「神への関与のかたち」が何らか再帰的に定められ、現出してくるであろう。

そのとき、それぞれの「神への関与のかたち（度合）」は、むろん多様である。が、それらはいずれも、いわば超越的中心たる神への類比的関係によって成立してきており、その限りで、それらが全体として相俟って、「多様にして一なる交わり（エクレシア）」を形成していることになろう。とすればそこには、「無限なるものへの心の抜きないし志向」と「有限なる全一的かたちの顕現」との緊張した関わりが存しよう。つまりそれは、「超越と還帰」、「無限と有限」との微妙な関係として現前しているのである。

もとより、現実のわれわれは、右に語られたような完全なエクレシアにはほど遠く、むしろ、そこからの頽落においてある。しかし、成りゆくべき究極（目的）の姿が何らか知られてくるのも、そこからなのだ。すなわちそれは、現実の頽落と分裂を多少とも脱出するかのような脱自的愛に促されたとき、その愛の志向するところとして、望見され知られてくるであろう。従ってそれは、われわれが現にある頽落の姿を見つめつつ、それを脱して再形成ないし再統合の道をゆくための道しるべとなり得よう[13]。そしてその道は、後にあらためて吟味するように、アレテーという姿に一度び収斂し、それを介してこそ世界における思惟的なものと感覚的なもののすべてが結合してくるとされるのである。

二 「世界の似像」としてのエクレシア

「神の似像であり型」としてのエクレシアについて語ったのに続いて、マクシモスは今一つの意味合いとして、「見えるものと見えざるもの（感覚的なものと思惟的なもの）とから成る世界の似像であり型でもあること」を問題にしている。というのも、エクレシアは自らのうちに一性（ἕνωσις）と異なり・分割（διάκρισις）とを含み、多様にして一なるかたちを為しているからである。このことはまず、教会の聖所や身廊といった場所についての象徴的解釈を通して示されていた。この点、それは東方正教会での教会の造りや典礼（奉神礼）に即して語られており、ふつうには馴染みの薄いものであろうが、象徴的意味の次元においては、すぐれて普遍的な事態の解明となっている。

それによれば、いわゆる「聖所」（ἱερατεῖον）とは司祭と助祭のみの入るところであり、「身廊」（ναός）とは一般信者の入るところである。しかし、それらは相互の異なりによって単なる部分に分割されているのではなくて、「ヒュポスタシス（個的現実）に関しては一つなのだ」という。なぜなら両者は、「一なるもの（τὸ ἓν）への関わりによって名称の異なりから解放されており[14]、それぞれがそれぞれでありつつ、互いを含み、全体としては一つのかたちを為しているからである。

すなわちマクシモスによれば、身廊とは「神秘への参入」（μυσταγωγία）によって聖化さるべきものであるので、「可能性としては聖所である。[15]」他方、聖所は、神秘への参入の根拠を有しており、その限りで身廊の現実化したものだという。このようにして、神秘への参入そのものは、両者によってヒュポスタシス的に一つのものとして成立してくるとされている。従ってこの場合、「象徴」（σύμβολον）とは、文字通り「ともに投げ出す」という意味合いを含んでおり、単に下位のものを捨て去るのではなく、両者相俟って「全体として一なる結合・交わり」が成立することを示す。つまりそこでは、両者のヒュポスタシス的結合によって、高次の実在的かたちが現出していることが洞察されているのだ。

ところで、このことはさらに世界（κόσμος）の意味そのものにも対応しているという。すなわち、神によって生成せしめられた世界は「思惟的なもの」と「感覚的なもの」とから成る。しかし、それらをそれぞれ「上なる世界」と「下なる世界」と呼ぶとしても、マクシモスによれば全体として一つの世界があるのであって、単に二つの世界、二つの部分に分割されるのではない。それらは確かに、それぞれの異なりを自然・本性的に含むのだが、あくまで「一なるもの、分割されざるものへの関わりによって」それぞれのものとして生成せしめられるのであり、しかも両者相俟って一つの世界なのである。[16]

ここに、「一なるもの（つまり神性・善性）との関わりによって」という一句が、とくに注目されよう。それは「一なるものの働き（エネルゲイア）を受容して」との意味を含むであろうが、そのことによって、「思惟的なものと感覚的なものとのそれぞれの成立」と「両者の一つの世界としての成立」とが、いずれも可能となるのだ。してみれば、「受容された一なるもののエネルゲイア」が、それら二つの事柄の成立において、多を一にもたらす結合力ないし結合原理として働いているのである(17)。

そうした根源的な結合力の働きは——それは愛や聖霊の働きにも通じるのだが——、後にいっそうあらわに問題化してくることになる。が、あらかじめその問題点に少しく言及しておこう。

たとえば一輪の百合は、多様な構成要素を持ちつつ「一つのもの」としてあるが、そこに結合・一性をもたらす力として働いているのは何なのかということが、改めて問われよう。その際、分析された諸要素の方には、それらをまさに一つのものとして結合させる力を求め得ない。なぜならば、諸々の要素はどこまで辿っていっても物体的質料的なものであって、それら自身が動くこと、結合することの原理・力は、さらに次元の高いものとして秘められているからである。また他方、百合という個別的形相（名）は、諸々の構成要素の結合によって現出する本質・意味である。しかしそうした形相もまた、自らを現に実在化させるような、根拠たる結合力そのものではあり得ないであろう。とすれば、百合の形相は、それが現実の世に生成し実在化してくることに関しては、いわば次元を異にする根源的結合力の謎を秘めているのである。

従って、百合なら百合という一つの事物（広義の他者）ですら、自らのうちに存立の謎を孕んでいる。そして、そこに働く結合力は、およそものの存立のかたち（形相）よりも次元の高い働きとして、あらゆるものの存立（実在化）の根底に漲っているのだ。この意味で、「孤立しているものは、現実には何も存在せず」、すべては通底している。それゆえ、いかなる存在物も、単に孤立し完結したものとしては対象化され得ず、恐らくは本来、全一的な交わりのうちにあると考えられよう。

さて、そこに潜む結合力の謎についてはさて措き、マクシモスは世界の成り立ちについて、さらに次のように語る。つまり、世界はそれ自身において同一であり、かつそれぞれの部分は、混合なき仕方で相互に関わっている。またそれぞれがそれぞれによって満たされ、それら全体として単一のかたちとしてあるのだ。なぜならば、「思惟的な見えざる世界は、諸々の象徴的形相によって神秘的な仕方で感覚的に刻印されたものとして顕現し」、また他方、「感覚的世界は、そこに現存する諸々のロゴス（意味、根拠）を通して、知性によって単一化される（統べられる）」からである。[18] この点、周知のごとくパウロは、「見えざるものは世界の創造以来、創られたものを通して、思惟されたものとして現れる」（ローマ一・二〇）と語るのである。

そのように、「見えざるものは見えるものを通して見られ、他方、見えるものは霊的観想に進歩した人々にあっては、見えざるものによって思惟される。[19]」なぜなら、見えざるもの（思惟的なもの）を見えるものによって観想したそのかたちは、「見えるものの霊的な知」にほかならないからである。[20] 従ってここには、相互の表れ・反映があり、双方向の関係性が保持されていることが認められよう。それぞれが異なり・差異を有しつつ、全体としては一つのものとして存立しているのだ。すなわちマクシモスにあっては、思惟的なものと感覚的身体的なもののいずれかが排棄されたり、一方が他方に解消されたりすることはなく、次元を異にした両者が本来、ヒュポスタシス的に結合し、全一的な交わりとしてあることが、どこまでも強調されるのである。

それゆえ、感覚的なもの・世界が思惟的なものからの単なる落下、頽落だとか、非存在に近い影のようなものだとかいうのではない。すなわちそこにおいては、既述の「身体・質料の復権」という事態が注視されていたのだ。なぜならば、諸々の感覚的なもの、身体的なものは、それらの仮初に閉ざされた領域を超え出て、思惟的なもの、霊的なものに何らかの実在的に結合し、さらには「神性の顕現の全一的かたち（エクレシア）」を形成してゆくべきものとしてあるからである。

してみれば、たとい現実の世界（コスモス）が、そしてわれわれの生きる姿が、他者との小さからぬ隔たり、分裂、そして争いといった様相を呈しているとしても、そしてつまりは、自己が自己に対して、また神に対して、隔たりと分裂においてあるとしても、なおもその根底には、右に語られたような真のエクレシアに与りゆく可能性が存していると考えられよう。

第二節　「人間の似像」および「魂の似像」としてのエクレシア

一　「人間の似像」としてのエクレシア

右のような考察の中から、問題の一つの収斂点として改めて人間が浮かび上がってくる。実際、マクシモスは先の文脈に続いて言う。「神の聖なるエクレシア（教会）は象徴的に人間を表わし、また逆に、人間として、人間によって表わされている」と。つまり、人間は「魂」（ψυχή）、「知性」（νοῦς）、そして「身体」（σῶμα）を有しているが、それらはそれぞれ「聖所」（ἱερατεῖον）、「祭壇」（θυσιαστήριον）、そして「身廊」（ναός）に対応しているという。また人間は、「神の似像（エイコーン）と類似性（ホモイオーシス）に即して創られた」（創世一・二六）が、エクレシアはそうした「人間の似像と類似性としてある」とされるのである[21]。

ところで、マクシモスはさらに、次のように極めて象徴的な解釈を示している。すなわち、(i)、身廊と身体は、「倫理的哲学」（ἡ ἠθικὴ φιλοσοφία）を表わし、(ii)、聖所と魂は、「自然・本性的観想」（ἡ φυσικὴ θεωρία）を表わし、そして(iii)、祭壇と知性は、「神秘的神学」（ἡ μυστικὴ θεολογία）を表わすと解している[22]。

それらについての説明によれば、人間は、(i)、身体としての身廊を通して、掟（法）の働きにより倫理的哲学に即した魂の実践を、徳ある仕方で輝かせる。また(ii)、魂としての聖所を通して、感覚に即した諸々のロゴスを自然・本性的観想によって質料から切り離して、神のもとに持ち運ぶ。そして最後に、(iii)、知性としての祭壇を通して、神性をさまざまに歌い上げつつ、内奥で沈黙している神性に呼びかけるのだ。このようにして人間は、神秘的な神学（つまり、この時代では「神を美しく称えること」の意）によって、人間に可能な限りで神性を宿すにふさわしい者となるであろう[23]。

もとよりこうした意味づけは、いかにも問題の輪郭であり、むしろ主題の提示とも目される。その内実は次に示すように、「魂の似像」としてのエクレシアを吟味することによって、浮彫にされるであろう。

二　「魂の似像」としてのエクレシア

マクシモスにあってエクレシアとは、魂と身体とから成る全体としての「人間の似像」であるだけでなく、さらにはまた「魂そのものの似像」だとされる[24]。この論点をめぐるマクシモスの叙述はやや複雑であるが、あらかじめ言うなら、その基本線は次のことに存しよう。

すでに述べたことからして、諸々の感覚的なもの、身体的物体的なものは、必ずしもそれ自身が独立に切り離されて存立しているものではなかった。むしろそれらは、本来は（自然・本性的には）、思惟的かつロゴス的なものに支えられてはじめて「それ」と一つの名で呼ばれ、それゆえにまた、思惟的なものに結合されて全一的なかたちに与りゆくのである。

たとえば眼前一輪の百合ですら、単に多くの物的要素の集合体だというよりは、むしろそうしたものとしてとにかくも存在していること自体、知とロゴスとの契機に貫かれ、支えられていると言わねばなるまい。そしてそこには、多様な要素を結合する力が秘められているのだ。が、さらに、結合体としての百合自身の姿は、それ自身に完結し停止しているのではなくて、いわば「より大なる（＝より善き）結合・交わり」へと開かれている。すなわち、感覚的なものと思惟的なものとが相俟って、魂のアレテー（善く在ることのかたち）を形成してゆくとき、その全一的結合の姿は、ある意味で神的生命の何らかの顕現であり、神的生命への与りでもあろう。

これは一見特異なこととも思われようが、マクシモスはそこに上昇的結合の契機を認めている。つまり、諸々の感覚的なものから思惟的なもの、そしてさらに魂のそれぞれのアレテーへという上昇的結合の動きは、重層的かつ全一的なかたちを形成してゆく。その際、前者が後者へと包摂され、それらの全体がさらに高次の、より善き結合のかたちへと開かれている。言い換えればそれは、「善の顕現」の姿でもあろう。

従って、すでに触れたように、そうした「全一的結合・交わり」としてのエクレシアへの道において、質料的なもの、身体的物体的なものは、単に低位のものとしていたずらに廃棄されはしない。かえってそれらは、この有限で可変的な世界に神性・善性が宿りくるために、不可欠の素材ないし道具という役割を果たし得るのである。

もとより、われわれが感覚的なもの、身体的なものに殊更に執着し、そうした自己の姿をしも肯定してしまうならば、それらは誘惑と罪との機会を提供するものとなろう。その限りでは、それらは一度び否定さるべきものとなる。が、実はむろん、真に否定さるべきは、何であれもの・実体の方ではなくて、魂と意志の「自然・本性に反した働き」の方であった。そして、犠牲として捧げらるべきは、砕かれた心なのだ[25]。そのようにして、魂の根底に潜む執着と傲りが否定されるときには、感覚的身体的なもの、あるいはこの世のさまざまな事物は、いわば否定を介して甦らしめられ、「神性の全一的なかたち」が現に成り立つための広義の身体ないし素材として新たに用いられることになろう。既述のごとく、それは「身体・質料の復権」とも呼び得る事態であった。

かくして、諸々の事物は、感覚的なもの（見えるもの）も思惟的なもの（見えざるもの）も、右のような仕方で、ある種の否定の調べとともに魂のアレテー（善きかたち）形成のうちに結合・包摂され、すべてが相俟って「存在（＝神）の顕現」のより高い次元に関与してゆくのである。このように、「魂の似像たるエクレシア」の形成には、否定と浄化を媒介として上昇的結合の契機が漲っている。以下、このことに注意しながら、マクシモスの語るところを跡づけておこう。

それによれば、魂（ψυχή）は思惟的な力（可能性）と生命的力とから成る。前者は観想に関わる力であり、後者は実践に関わる力だとされるが、それぞれ知性（νοῦς）、言葉（λόγος）と呼ばれる[26]。

そしてさらに、知性が神的なものへと動いて、自らの力が発現したとき、それは知恵（σοφία）と呼ばれる。が、知性に生命的力が結合してくるとき、それは思慮（φρόνησις）と呼ばれるという[27]。つまり、そのように知性が知恵や思慮といったアレテー（徳）へと形成されるとき、そうした「魂の善きかたち」が、ある意味で「神的なものの発現」となるのである。この点、基本線を一言で言うなら、次のようになる。

(i)　知性（ヌース）は、観想的な習性（ἕξις）の形成を通して真理（ἀλήθεια）へと定位される。

(ii)　他方、言葉（ロゴス）は、信によって実践的な習性を身体的に形成しつつ善（ἀγαθόν）へと定位されている[28]。

そして、これら両者が相俟って、神的かつ人間的な事柄についての真の知が生じるという[29]。マクシモスのこうした説明は余りに簡潔なものであるが、そこからも次のことを読み取ることができよう。すなわち、(i)(ii)の事柄は、人間本性に与えられている可能性（力）（δύναμις）が開花し実現してくる道筋を、相互に連関する二つの位相から提示している。もし(i)だけで済むと看做すなら、それはいわば、人間を買い被り過ぎることになろう。が、他方、(ii)だけで足りると看做すなら、その実践的習性そのものすら、実は超越的根拠との関与を欠いた名ばかりのものとなってしまうであろう。

とすれば、問題は観想と実践との微妙な関わりに存する。そしてそれは、人間が身体的かつ時間的な存在者であることの意味に密接に関わっているのだ。その際、身体性と時間性とはほとんど一つに重なって、人間本性の変容可能性を担う。つまり人間は、観想的（知的）習性と実践的習性とをそれぞれの道筋において形成しつつ、実は、両者相俟ってはじめて、人間本性全体の開花・成就の道が具体化してくることになるのである。

そこでマクシモスは、右のことに続いて、魂のうちなる思惟的なものと言葉・ロゴス的なものとには、それぞれ次の五つが認められるとする。

(i) 前者については、「知性（ヌース）」、「知恵（ソフィア）」、「観想」、「知」（γνῶσις）、そして「終わりなき知」という系列があって、それらは全体として真理へと定位されている。[30]

(ii) また後者については、「言葉（ロゴス）」、「思慮」、「実践」、「徳（アレテー）」、そして「信・信仰」という系列があって、全体として善へと定位されている。[31]

このように振り分けられるとき、それぞれの基本語はやや狭い意味で用いられている。が、ともあれ、ここに、「真理」と「善」とは、いずれも神を指し示す名称として用いられている。つまり、(i)、神が「真理」と呼ばれるのは、神的なものが「単一」、「同一性」、「分割され得ぬもの」、「不受動なるもの」などとして、実体・本質（ウーシア）の観点から、いわば否定を介して意味づけられるときである。しかし他方、(ii)、神が「善」と呼ばれるのは、むしろ神的なものの働き（エネルゲイア）に即してなのだ。善としての神は、神によって存立・生成せしめられたすべてのものを働かせ、予見し、守る。言い換えれば、神は、それらの「在ること」、「為し得ること」、「動くこと」を恵み与えているという。[32] そうした神的エネルゲイアを受容した経験が、その志向する目的として、神を端的に「善なるもの」（究極の目的）として語り出すのである。

ただ、ここで注目すべきはむしろ、(i)(ii)という二つの系列のさらなる結合が語られているということである。魂のうちには本来、次のような五つの結合が形成されるべきだというが、それらは神を指し示す「真理」と「善」との結合へと定位されているのだ。つまりそれらは、(i)、知性（ヌース）と言葉、(ii)、知恵と思慮、(iii)、観想と実践、(iv)、知と徳、(v)、終わりなき知と信、という五つの結合である。[33]

こうして魂が、「真理と善との引きつける力に動かされて前進するとき」、こうした五つの結合の形成を通して、万物の根拠（＝目的）たる神に結合され、一体化されてゆく。[34] その際、「魂は自由な意志・択び（プロアイレシス）によって善（美）に与りゆく習性を獲得しつつ」、「神の実体と働き（エネルゲイア）との揺らぎなき善きわざを模倣している」[35]という。つまりそのことは、魂・人間が「神（真理にして善）の現成」に与り、自らの身に宿しゆく道を示しているのだ。

ちなみに、「神よ、わたしはあなたに向かって新しい歌を歌い、十弦の琴をもって誉め歌おう」（詩編一四四・九）とある。マクシモスによれば、右のような「五つの結合」による十という数（完全数）は、十の弦といわゆる十戒（出エジプト記第二〇章）とを神秘的に象徴し、それゆえ、「神を称えること」（＝神学）における完全な調和を意味するとされている。[36]

さて、ここにおいてマクシモスは、次のように含蓄のある不思議なことを語っている。

「神であり救い主であるイエスは、救われる者たるわたしを通してともに成就される（満たされる）。そのためにイエスは、わたしを彼自身のもとに引き寄せる。（もとより、イエス自身はつねに満たされており、決して汲み尽されることはないのだが。）そしてイエスは、神秘的な仕方で人間たる私を自らのもとに、あるいはむしろ神のもとに再統合するのだ。すなわち、わたしは神から《在ること》（τὸ εἶναι）を受け取っているが、そこからさらに《善く在ること》（τὸ εὖ εἶναι）に達することを渇望しつつ、神に向かってゆくのである。[37]」

この文中、神なる存在（イエス）が、「わたし（人間）を通してともに成就される」とある。が、そうしたイエスは、人間を「自らのもとに引き寄せる」存在でもある。言い換えれば、神の働き（エネルゲイア）は、まず人間に働きかけ、人間を促す（引き寄せる）。そして人が、それに聴従してゆくならば、当の神の働き（エネルゲイア）は、「人間の善き働きを通して」、また「それとして」顕現してくるであろう。

とすれば、神がこの有限な世界において自らの働きを十全に働かせるためには、ある意味で人間という媒介（担い手）を必要とするのだ。逆に人間は、自らが神の働き（エネルゲイア）の場となり道具となることによって、自らの自然・本性の開花・成就に与ってゆくことになろう。そして、その道の内実を為すのが、既述のごとく、単に「在ること」（所与の姿）から「善く在ること」（τὸ εὖ εἶναι）（広義のアレテー）への動きなのである。

ただし、そうした動きとは本来、われわれにとって決して限りがなく、無限なるものに向かってどこまでも己れを超えゆくものであった。なぜなら、その動きの終極（目的）としての「つねに善く在ること」（τὸ ἀεὶ εὖ εἶναι）は、神についてのみ語られ得るのであって、われわれにあっては、そうした善性そのもの（神）をどこまでも志向し愛してゆくことこそが最上のことと言わざるを得ないからである。この中心点に関しては、マクシモスにあってもニュッサのグレゴリオスと同様、「人間的自然・本性の完成」とは（つまり、端的に「人間」とは）、「無限なる善性への脱自的愛という動性そのもの」だということになろう。[38]

しかし逆に、魂・人間が有限な対象に執着し——権力、財、快楽、名声はもとより、世間ではふつう善いと思われているものですら、執着の対象になり得るのだが——、同時にまた、自己に閉ざされた傲りに陥るならば、人は自らの自然・本性に背反した姿を自らに招来させてしまうことになろう。これはすでに論じたところであるが、「罪の姿」、「在ることの欠如した姿」が、そこに認められるのである。[39]

そこで、先ほどの上昇的結合の文脈に戻って言えば、知性（ヌース）と言葉（ロゴス）とを含んだ魂の全体は、その本来の道行きにあっては、自らのうちなる「力（可能性）」、「習性」、「働き」を霊（プネウマ）の恵みと己れのわざとによって結合させ、互いのうちに織り込む。すなわち、そのとき魂は、「言葉を知性に」、「思慮を知恵に」、「実践を観想に」、そして「信を終わりなき知に」結合させるという。[40]

こうした個々の結合の意味はともかくとして、マクシモスによれば、これらのものは互いに照らし合っており、優劣はない。そして、五つの結合による十箇のものは、全体が相俟って一へと収斂するのだ。すなわち魂は、諸々のアレテー（徳）を成就してゆくことによって、またそのような姿として、真理にして善なる神に結合され、「神に似た者」となるのだ。[41]

そのとき魂は、思惟的なもの（観想的なもの）と言葉・ロゴス的なもの（実践的なもの）との結合として、「公正な知性」、「思慮ある知恵」、そして「終わりなき知のある信」といった、より高い結合・交わりのかたちを形成してゆくことになろう。あるいは別の表現では、同じく真理と善への関与のかたちとして、「神的な知識

(ἐπιστήμη)」、「揺るぎなき知（γνῶσις)」、「愛」、そして「平和」(εἰρήνη)が形成されるという。(42)

これらの説明は、個々の内容としては一つの概観でしかないが、全体を貫く動向として、改めて次のことに注意しておこう。右に列挙したような新たに誕生してくる「魂のかたち」は、魂の諸々の力が「より大に（つまり、より善く）」結合し、秩序づけられた姿であろう。その姿においては、ふつうは多かれ少なかれ分散し秩序を欠いている諸力が、新たに結びつき、結合・一性（ἕνωσις）の度合の大なる姿が現出しているのだ。そしてそこには、感覚的なもの、身体的物体的なものも包摂されており、多様なる一としての「全一的交わりのかたち」が形成されていると考えられよう。従ってまた、そのことを通して、「存在（＝神の名）と神的生命とへの与り」、つまり「神化」(θέωσις)が生じるとされるのである。(43)

大略、このようにして魂のうちなる思惟的なものと実践的なものとが結合し、魂の「善く在ること」（広義のアレテー）が形成されよう。このことは、われわれが自らの自然・本性の開花・成就の道を歩み、ひいてはまた、他者とのより善き交わりにおいて、よりゆたかに存在に関与してゆくことでもあった。そして、そうした道の究極の姿を洞察して、マクシモスは端的にこう言っている。

「知性（ヌース）と言葉とを超えた結合・一性の神秘が成就するとき、それを通して神は、エクレシアなる魂と一つの体（肉）、一つの霊となる。(44)」

そのとき魂は、「キリストを頭として」神に結びつけられ、一なるものへと秩序づけられることになろう。

ちなみに、いわゆる教会（エクレシア）の造りは、右に述べてきたような「魂の神への道行き」に対応している。すなわち、(i)、「聖所」によっては、知性（ヌース）におけるさまざまな事柄が示されており、また(ii)、「身廊」によっては、言葉・ロゴスにおけるものが示されているという。そして(iii)、それらすべては、いわば結合・

一性（ἕνωσις）の度合の高い「アレテー（善く在ること）のかたち」に結合し、「祭壇」にて成就される神秘に集約されてゆくのである。[45] これら(i)〜(iii)は、いわば諸々の事物と力とが魂において上昇的に結合してゆく道を示しているのだが、そこに際立っている特徴は、「全一性」、「重層性」、そして「無限なるもの（神性ないし善性）に開かれゆく動性」の三つであった。

かくして、「神性の全一的交わり」たるエクレシアに参与してゆく人は、「魂を神的なものに、つまり神の真のエクレシアにする。[46]」その際、人の手にて造られた教会（エクレシア）は、神的なエクレシアの似像、つまり人の手で造られぬ天上のエクレシアの似像であって、有限な移りゆく世界に生きるわれわれにとって「至高の善の導きとなる」とされるのである。[47]

第三節　聖書が人間であり、世界が人間であること
——ものの成立に関わる結合力と、善の問題——

一　結合・一性を与える結合力

右のような考察を承けて、マクシモスは、聖書もまた全体として象徴的には人間であると語る。というのも、聖書は「身体」として旧約を有し、「魂、霊、そして知性」として新約を有するからである。[48]

また同様の語り口として、歴史的な文字（書かれたもの）は「身体」であり、文字の知（知性）と目的とは「魂」であるという。すなわち、見えるものと見えざるものは不即不離に関わり合っており、見える文字に対して「隠れた霊（プネウマ）が観想のロゴス（言葉、意味）を成り立たせる」のだ。[49] こうして、「外なる人間が滅ぶ

に従って、内なる人間が日々新たに形成されることになる」（二コリント四・一六）。なぜならば、「文字が廃れるに従って霊が増大し、移りゆく祭儀という影が過ぎるに従って、信・信仰の真理が輝かしいものとして到来する」[50]からである。ただし、ここに「信仰の真理」とは、殊更に壮大な事態だというよりは、むしろまずは、虚心に謙った魂に神的働き（エネルゲイア）が受容され刻印された姿そのものと解されよう。

このように聖書を象徴的に人間として捉える際、そこには広義のエクレシアの意味が媒介となっていることが認められる。つまり、旧約と新約との結合・交わりは、身体と魂との結合・交わりということと類比的に呼応しているのだ。そして、その根底に見つめられているのは、この有限な世界でのありとあらゆる結合・一性の姿が、人間に一度び収斂しつつ、人間を紐帯としてより高次の結合・交わり（エクレシア）へと開かれているということであった[51]。

マクシモスはさらに、「見えるものと見えざるものとから成る世界（κόσμος）は人間だ」[52]とする。また、「身体と魂とから成る人間は世界だ」[53]として、いわば双方向の関係を語っている。こうした捉え方は一見するところ、やや大仰なものとも思われようが、マクシモスは、さまざまな事物、自然・本性がある意味で人間のうちに収斂しつつ、人間に世界の全体が宿り、また人間が世界を表出しているという事態を見つめていたのである。

マクシモスによれば、「感覚されたものの魂とは思惟されたものであり」、他方、「思惟されたものの身体とは感覚されたものである。」[54]言い換えれば、「魂は身体に全体として現前し、思惟されたものは感覚されたもの（世界）に現前している」[55]のであって、それらが単に独立に、切り離された仕方で並存しているのではない。次元を異にするような二つの世界を措定するような二世界説の類は、きっぱりと退けられているのだ。従ってまた、身体と魂との何らかの結合が一つの人間を構成しているのと同様、感覚的なものと思惟的なものは、前者が後者によって浸透され支えられることによって、「両者相俟って一つの世界を形成している」とされている。[56]

さて、ここにとりわけ注目すべきは、人間や世界といったそれぞれのもの（結合体）にあって、その成立の裡に結合・一性（ἕνωσις）の力が漲っていることである。そうした力は恐らく、もの・事物の成立にも、ものとものとの結合ということの成立にも、根底において働いているであろう。だが、かかる結合力は、それぞれのものを構成するいかなる要素的なものでもなく、それらの結合や配列のかたちでもなくて、そうした要素的なものを、そしてそれらの結合・配列をしも成立させているより超越的な力であろう。

そうした根源的結合力を問いゆくに際して、改めて確認しておくべきは次のことである。

(i)　諸々のもの・事物（つまり、身体と魂、感覚的なものと思惟的なもの等々）には、それぞれの自然・本性（ピュシス）の本質ないし実態としての、意味上の異なりが存する。

(ii)　しかし他方、それらのものがこの時間的世界において、要素的なものの結合として生成してくる際には、「生成のロゴス・根拠」たる力が現存し働いている。そのことなくしては、眼前一輪の百合ですら、現にこの世界に一箇のものとして存立し得ないであろう。

このようにマクシモスは、(i)の「本質・実体のロゴス（意味）」と、(ii)の現実的な「生成のロゴス（意味・根拠）」との区別を導入することによって、およそ「もの・事物の成立そのもの」、および「ものともの、人と人との結合・交わりの成立そのもの」を問題にしている。その際、何であれ要素的なものを分析し、諸々の要素に還元してものの成立を問うといった自然科学的方法は、いわば根本から突破され、あるいは転換せしめられているのだ。そこにあってはかえって、「それぞれのものにおける諸要素の結合」、そして「ものとものとの結合」などを全体として成立させている根源的結合力の働きが、そしてその謎・神秘が洞察されていたのである。
ところで、右のような「ものの現実の生成」という場面にあっては、単なる分割や分離ではなくて、「愛による親密さ（共生）」（φιλικὴ συγγένεια）による結合・一性が存するという。[57] この「愛による親密さ」という言葉によっては、「見えざるもの、知られざるもの（神性）の力」が万物の成り立ちそのものの原因（αἰτία）として働き、すべてのもの、そしてものとものとの結合の根底に普遍的に現前している、ということが指し示されているであろう。
その際、とくに注視されているのは、何らかの結合と多とを否応なく抱えた有限な事物が、まさに「それ」として存立し、一性を分有してくること（一つの名称を得てくること）の根拠なのだ。マクシモスによれば、万物の無限なる原因が、すべてのものの「それら自身との関わりのうちに」、また「相互の関わりのうちに」成立根拠として働いている。しかも、そうした結合力としての根拠の働きは、諸々の事物やその要素などと「混合せず、分割されることなく」全体として現前しているという。[58] 言い換えれば、「万物の原因たるもの（神性、善性）」は、それぞれの事物のうちに、そしてそれらを互いに結合させている関係そのもののうちに、「結合・一性」を与える超越的な力として漲っており、かつそのようなものとして発見され得るであろう。[59]
こうした関係性の構造ゆえに、有限な何ものも、単独に、また静止した仕方で孤立してあるのではない。なぜならば、およそものの次元を超えた根源的結合力が、結合・一性の力として働いて、それぞれのもの自身における結合（たとえば人間にあっては魂を身体との結合）、およびほかのものとの結合を根底から支えていなければ、人間も世界（もの）も「それ」として存立し得ないからである。[60] そしてさらに言えば、すべて有限なものは端的に一ではあり得ず、それぞれの仕方で何らかの結合体としてある。が、それらは本来、それ自身に完結して存在しているのではなくて、いっそう一性の度合の高い上位の結合・交わりのかたち（エクレシア）へとつねに開かれ・定位されているのだ。それはむろん、高次の存在様式としての「善」の問題である。

二 「善の顕現」へと開かれた構造

すでに論じたように、「在る、存在する」とは、われわれにとって単なる事実ではなく、また不変のものとして確保されていることでもない。この可変的世界にあって、すべてのものは時々刻々と、「在り、かつ在らぬ」という両義性に晒されている。つまりマクシモスによれば、有限なすべてのもの、すべての自然・本性は「動き」のうちにあるのであって、形相的限定によって完結し静止することなく、本来は無限性（＝神の名）へと定位されているのだ。そして、とりわけ人間は、本来の自然・本性としては、単に「在ること」から「善く在ること」（アレテーのかたち）へと開かれている。[61] そうしたいわば「善の顕現」への道行きは、われわれにとって「在ること」の開花・成就の道であり、「存在」へと真に与りゆく道でもあったのである。[62]

そこで改めて注意しておくべきは、そうした道行きにあっては、「一性の度合のより大なる結合・交わりのかたち」が誕生してくるということである。すなわち、そのようなときには、感覚的なもの、身体的なものにしても、いたずらに廃棄されることはなく、かえって魂のアレテーのかたちのうちに包摂されてゆく。その結果、感覚的なものと思惟的なもののすべてが相俟って、一性のより大なる、またより善き結合・交わりが形成されると考えられよう。

ただもとより、そうしたことは決して必然的な動きとしてあるのではなくて、あくまで自由・意志の働きを介して生起してくる。すなわち、われわれはつねに、「より善き択びか」、「より悪しき択びか」という両方向に開かれている。しかも、自らの自由・意志によっていずれを択ぶかということは、「自らの自然・本性の開花か」、「根拠への背反（＝罪）による頽落か」を左右するものとなろう。この意味で、人間的自由とはまさに、存在論の要諦なのであった。

ところで、自由な択び・行為とは、個別的対象のいずれを択ぶかという対象選択であるとともに、その内実としては、何であれ個々の対象（行為）に「善く関わるか」、「悪しく関わるか」（つまり「善く意志するか」、「悪しく意志するか」）という、主体・自己の意志の問題なのだ。この点、既述の論の中心的位相のみを確認しておくとすれば、無限なる神性・善性、ロゴス的根拠の呼びかけに聴従し、謙遜に己れを無みしゆくことが、最も肝要であろう。なぜならば、そうした心砕かれた謙遜においてこそ、われわれ自身が（人間的自然・本性が）、神的な働き（エネルゲイア）、神的な霊（プネウマ）をより善く受容し宿す器となり場となり得るからである。言い換えれば、それは、神がわれわれの善き働きのうちに、またそれを通して勝義に働く、ということにほかなるまい[63]。

そして恐らくは、そのようなときはじめて、われわれはいわば己れ自身に対する隔たりを脱して、能う限り自己自身であることを得るであろうし、ひいてはまた、広義の他者とのより善き結合・交わりを形成することができよう。が、そうした事態のうちには、執着や傲りによって閉ざされた自己を絶えず無みするという否定の契機が、その都度介在しているのであった。そこでマクシモスは、たとえば次のように言っている。

「世界は人間と同じく、その現れ（見えるもの）に関して死に、現に待望されている復活（ἀνάστασις）によって、古き姿から新たにされて立ち上る（復活する）であろう[64]。」

このように言われるとき、「復活」とは、必ずしも単に死後のことではなく、むしろ「今、ここにおいて」死性（＝罪）から立ち上がらせる根源的力を意味しよう。そうした復活の力に与るとき、人間は小宇宙（コスモス）

として、部分が全体とともに立ち上がるように世界とともに立ち上がり、腐敗に従属することのない力を得るという[65]。そしてその際、「身体はその尊厳として魂のようになり」、また「感覚的なものは思惟的なもののようになる」[66]。マクシモスはそこに「身体の聖化」とも呼ぶべき事態を見ていたのだが、その根底に働く力を洞察してこう語っている。

「一なる神的な力が万物に生き生きと現存し、各々のものにおいて類比的に働いて、限りなき世々に結合・一性の確固たる紐を保持させるであろう[67]。」

さて、以上のことからして、マクシモスによれば三つの意味での「人間」が存する[68]。すなわち「世界（コスモス）」、「聖書」、そして「われわれ自身」という三者である。こうしたいずれの種類の人間も、神に適った生命と状態とを持とうとするならば、「魂（ψυχή）が諸々のアレテーによって神化さるべく、能う限り魂を気遣い、また他方、滅びと死とに服した肉（σάρξ）を蔑してゆかなければならない[69]。」この場合、肉とは、意志的な悪しき情念や執着を含意する言葉として用いられている。この意味で、「肉は霊に抗して戦い、霊は肉に抗して戦うのだ」（ガラテア五・一七）。そして、「肉のうちに播く人は、肉から滅びを刈り取り、霊のうちに播く人は、霊から永遠の生命を刈り取るのである」（同、六・八）。

従って、右のようないかなる種類の人間にあっても、霊的な戦いがつねに避けられないのだ[70]。そしてそのことは、聖書の言葉・ロゴスを全身で受けとめ、その霊的な生命へと参与してゆく道における一つの指標でもあった。そこで、このように言われる。

「聖書を思慮深く探究することを通して、その文字（字義的意味）を超えて聖霊の方へと上昇させるがよい。

「……そこには諸々の善きものの充満、知と知恵と諸々の宝が隠されている。もし人がそれにふさわしい者となるならば、霊（プネウマ）の恵みを通して心という板に刻印された神自身を見出すであろう。[71]」

してみれば、「神」（θεός）という存在は、ただそのような仕方で、「魂のより善き変容」のうちに、あるいは「神的霊によって心に刻印されたかたち」のうちに見出され得るのであって、他のいかなるところに探し求めても徒労に終るのだ。マクシモスにあって、アレテー（魂の「善く在ること」のかたち）が、「受肉した（身体化した）神」と語られるゆえんである。

第四節　典礼のわざの象徴的意味

マクシモスは以上のような論述に続いて、教会での典礼（奉神礼）のわざをめぐってそれぞれの象徴的意味を解き明かしている。ただ、それらは確かに上位の霊的なもののしるし・象徴（σύμβολον）であるとはいえ、見える世界と見えざる世界との分離や並存を前提とするものではなかった。かえってそこでの一連の象徴的な事柄は、人間と人間を紐帯とした万物との神化（神的生命への与り）そのものに、何らか実在的な仕方で関与するものとして捉えられていたのである。すなわちその根底においては、既述のごとく、エクレシアの諸相が重層的に結びつき、すべてのものが相俟って全一的な結合・交わりを形成してゆくと考えられよう。

そこで、次にまずは、典礼の諸々のわざについてのマクシモスの解釈を、順を追って簡単に見定めてゆこう。なおそれは、往時の東方教会（後のギリシア正教会等々）の典礼・奉神礼の様式に即して語られており、一見特殊なものとも思われようが、内実としては、およそ見えるものと見えざるものとの、そして象徴と実在との密接な関わりを如実に語り出したものであった[72]。従ってそれは、今日のわれわれにとっても、単なる特殊性を超えた普遍的な意義を有しているであろう。

(i) さて第一に、「教会（エクレシア）への司教（主教）の最初の入場」とは、神の子、イエス・キリストが肉（σάρξ）を通してこの世界に現れ、現存していること（παρουσία）の、似像であり型であるという。キリストはそうした受肉を通して、人間的自然・本性を罪による死の負目から解放した。すなわちキリストは、自らは罪なくして人間の負目を担い、朽ちるべき諸々の情念（パトス）に代えて、救いの力ある癒しとして、生命を造り出すような自らの受難（パトス）を与えたのである。

(ii) 次に、「司教が至聖所に入り、聖なる座に着座すること」は、キリストが上昇して天をも超えた玉座へと還帰し、万物を再統合すること（ἀποκατάστασις）を象徴的に象っている。

(iii) それに続いて、「人々が教会に入ること」は、不信心な人々が無知と過誤から神の真実の知（ἐπίγνωσις）へと回心することを示し、また信じる人々が悪と無知からアレテー（徳）と知へと変容してゆくことを示している。そのとき人は、悪に代えてアレテーを択び、より善きものへと生を変容させてゆく。ここに、アレテーとはエクレシアを象徴的に意味しており、人間は大祭司たるキリストとともに、そうしたアレテーの姿へと進み入るのだ。

(iv) 次の「聖書の朗読」は、聖なる神の意志と配慮とをあらわにする。それによってわれわれは、実践する者が自らのうちなる力に従って為すべき行為の規範を受け取る。そしてさらに、キリストの王国の冠を受けるにふさわしくなるための、神的戦いの法（νόμος）を学ぶという。つまり人は、神の法（掟）を受け取った後、神的な幸福（完全性）への促しを受けるのだ。

(v) それに続く「聖歌の霊的な甘美さ」は、神的な善きものの快楽による生き生きした喜びを象徴している。そしてそうした喜びは、魂を神の汚れなき愛（ἔρως）へと動かし、罪への憎しみへと駆り立てる。

(vi)「平和の呼びかけ（挨拶）」は、各々の朗読の際、至聖所のうちからの司教の合図によって、人々の間で交わされる。それは、天使たちを通してもたらされる神的言祝ぎを象徴しているという。それによって神は、対立する諸力に真理のために抗する人々の戦いを終結させるのだ。つまり神は、罪の体を破壊して平和を与え、聖なる人々にアレテーのための労苦の報いとして、不受動心（情念からの解放）（ἀπάθεια）という恵みを与える。そのとき彼らは、魂の力を霊的な実りたるアレテー（徳）のわざへと向け変え、ロゴスたる神の掟による導きのもとに、悪霊の軍勢を追い散らす。

(vii) 続いて為される「福音書の朗読」と「典礼（奉神礼）のわざ」は、人々に神のロゴス（キリスト）の受難（受苦）（κακοπάθεια）を告げ知らせる。さらに大祭司として知的観想のロゴスが天から降り、感覚的世界に関わる肉的思いを蔑する。すなわち、未だ地上的なものに傾き執着している想念を追放し、戸を閉めて、彼らを諸々の聖なる神秘へと導くのだ。かくして彼らは、いわば諸々の感覚を閉じて肉と世との外に出て、平和の接吻によって互いに和解する。そしてさらに、彼らは「聖なるかな」と三度唱えることによって天使の列に置かれ、聖化する力のある神学（つまり、神を称えること）の知識（ἐπιστήμη）を与えられるという。そのとき彼らは、神を父と呼ぶにふさわしい者として、祈りを通して霊において神の子とされるのだ。すなわちそれは、恵みによって神に結びつけられ、分有（μέτεξις）という仕方で神に似た者とされるということである。

(viii) その後、司教はその座から降りて退去し、諸々の神秘的なものの観想にふさわしくない入門者やその他の人々を立ち去らせる。こうした「司教の降下」と「入門者の退去」は、神の国の福音がすべての異邦人に対して証しとして告げ知らされ、救い主キリストの再臨において終末が来ることを象徴しているという。そしてそこにおいて、信じる人々と不信なる人々、正しい人々と不正なる人々とが分離され、各々の人にそのわざに応じた報いが与えられるのである。

(ix)　福音書の朗読と入門者の退出との後、「教会の戸を閉じること」は、諸々の質料的なものからの脱出を示している。それは、恐ろしい分離と裁きの後に、そしてまた、思惟的世界つまりキリストの婚礼の部屋に入るにふさわしい人々の入場の後に為されるのだ。

(x)　さらに、「神秘（秘蹟）（μυστήριον）の参入」とは、神の摂理（οἰκονομία）についての新たな教えの始まりであり、われわれの救いの神秘の啓示であるという。ちなみに、「わたしの父［なる神］の国で新しいものをあなたとともに飲む日までは、わたしは今より後、このぶどうの実から作ったものを決して飲むまい」（マタイ二六・二九）とある。

(xi)　また「神的な接吻」とは、来るべき語り得ざる善が啓示されるときに、われわれが信仰と愛に従って有するような、ロゴス的な心の交わりや同一性を象徴しているという。そこにおいて、それにふさわしい人々は神との親密さを受容するのだ。というのも、口とはロゴス（言葉）の象徴であって、それゆえ神的な接吻とは、ロゴスを持つ人々が神なる第一のロゴスそのもの（ヨハネ一・一）に結合されてゆく姿を表わしているからである。

(xii)　続いて為される「信仰告白」（ὁμολογία）とは、われわれに対する神の摂理に向かって永遠に発せられるべき神的感謝を意味する。聖なる人々はそれによって、神的な善きわざに自らを思慮深く適合させるのだ。

(xiii)　そして、「聖なるかな」と三度唱えること（τρισάγιον）は、「非物体的かつ思惟的な諸力との来るべき結合・一性（ἕνωσις）と同等性とを表わしている」という。すなわち人間的自然・本性は、〔己れを超え出て〕神へとつねに動いてゆくことによって高次の諸力と調和し、「聖なるかな」と三度唱えるのだ。それは、「父、子、聖霊という三つのヒュポスタシス（位格、個的現実）における一なる神性（θεότης）を表わしている」という。

(xiv)「主の祈り」とは、父なる神への呼びかけ（ἐπίκλησις）であって、ヒュポスタシスのうちなる（エンヒュポスタトン）（ἐνυπόστατον）「神の子（養子）とされること」の象徴であるという。ここに「神の子とされるということは、聖霊の賜物であり恵みである。」すべての聖なる人々は、そうした恵みの到来によって神の子と呼ばれ、善性（ἀγαθότης）の美によって自らを輝かせるのである。

(xv)典礼（奉神礼）の最後に、「一なる聖、一なる主」と歌われるのは、神的単純性の一に対する「言葉と知性とを超えた集いと集合・一性」とを表わしている。そしてその後に、典礼のわざの終極（目的）として、「神秘の授与（聖体拝領）（ἡ τοῦ μυστηρίου μετάδοσις）」が為されるのだ。そしてそれに与る人々は、恵みと分有によって主の姿へと変容せしめられ、原因たる善に似た者とされるという。彼は神の現存（παρουσία）に何ら欠けるところがなく、恵みによって神と呼ばれることになるのである。

このようにマクシモスは、典礼（奉神礼）の一連のわざについて象徴的かつ霊的な解釈を提示している。それらは一見、われわれの現実の姿から掛け離れた余りに高い理念を語るものと看做されるかもしれない。しかし、忘れてはならないのは、そうした象徴的解釈の根底には、人が意志的背反たる罪を否応なく抱えつつも、そこから引き出されて神的働きに関与せしめられるような、確かな実在的経験が存している、ということである。そしてそうした切実な経験は、単に過去のある時点での個人に局限されるものには留まらず、むしろ、とりわけ使徒たち以来、人々の間に共有された経験として伝えられてきたのだ。従ってそれは、時代、民族、場所などの異なりを超えて、いわば同時性として、すべての時と処とにおいてその都度現存し得る経験として、典礼〔奉神礼〕のわざに具体化され共有されてきたのである。

そうした典礼のわざの象徴的解釈にあって、象徴ということは、感覚的なものと思惟的なものとの単なる分離を意味するものではなかった。かえって、右に見たような典礼の全体的過程は、「魂のアレテー〔善く在ること〕の成立」、およびそのことを媒介とした「万物の神化」という道行に呼応するものとして捉えられていたのである。そこで、次節においては、マクシモスのそうした洞察に改めて言及しておくことにしたい。

第五節　アレテーの成立と全一的交わりへの道

一　典礼の階梯とアレテー成立の道

「エクレシアの諸相」および「典礼〔奉神礼〕のわざ」について象徴的に説き明かした後、マクシモスは『神秘への参入〔ミュスタゴーギア〕』という作品の締めくくりとして、全体の動向を今一度吟味し語り直している。その中心となる視点は、「典礼への参与」が「魂のアレテー〔善きかたち〕の成立を象徴している」ということに存した。

その基本的道筋の端緒として、「典礼の場への最初の参入」とは、マクシモスによれば、「感覚的質料的事物による過誤と混乱とを脱出して、平和の安全な守護者たるエクレシアに入ること」(73)であった。というのも、感覚の表面的な現れの根底には、相互の異なり、分裂、争いなどがあるが、それらは滅びゆく性を免れることがないからである。

ただし問題は、人であれ、ものであれ、単に感覚的事物（対象）の方にあるのではなくて、むしろ判断し意志する主体・自己自身にある。そして、既述のごとく、われわれが人とのさまざまな関わりの中、世のいかなるものであれ移りゆくものにいたずらに執着し、またとくに己れ自身に執着するならば、そうした意志的なわざは自らのうちに分裂と争いのかたちを刻印してしまうであろう。

だが、そのような姿を超え出てゆくとき、魂・人間は「神的朗読」といういうわざを通して、「霊における自然・本性的な観想に入ることになる[74]」という。そして、そこにおいて魂は、「神的な歌を歌うことによって思惟的な快楽（喜び）を受け取る[75]。」が、それは確かに、通常の快楽を無みするかのような神的な快楽であるとはいえ、決してそれ自身に完結し停止してしまうようなものではない。むしろ、そうした快楽を通して魂は、無限なる善としての神への渇望にいっそう促されるのである。言い換えればそれは、神的な働き（エネルゲイア）ないし霊（プネウマ）に何らか心貫かれて、今度は自らを貫いてきた超越的な神性をどこまでも愛しゆく姿であろう。それはまた、マクシモスによれば、諸々の存在物のロゴス（根拠）と神的な摂理の神秘（語り得ざるもの）に触れて、無限性（＝神）の場に開かれゆくことであった。

ところで、魂はさらに、「福音書の朗読」として象徴される姿に高められてゆくという[76]。ここに福音書は、「すべてのものを包摂する力によって[77]」、諸々の存在物のロゴスを集約させ先存させているものとして、すぐれて霊的に捉えられている。この意味で魂は、いわば創造の原初的な場に導かれるのだ。そしてさらに驚くべきことに、神を愛する人々は自らに附与された「神的感覚」によって、典礼の中で「司教がその座から降りてくる姿のうちに、ロゴス・キリストの到来（受肉）を感知する」とされるのである[78]。

そこにおいて、魂はうちなる静寂を保ち、感覚的なもの、分割されるものに捉われた想念を遠ざける。典礼において「入門者を退出させる」というわざは、そうした魂の営みを表わすものであった[79]。同様に、続いて為される「戸を閉じる」というわざは、魂が感覚的なものへの執着を解き放ち、それをしも霊的な知の姿へと変容させてゆくことを象徴しているのである[80]。

また次に、「思惟的接吻」というわざによっては、神のロゴスと「顔と顔とを合わせてまみえる」（一コリント一三・一二）という究極の姿が象られているという[81]。もとより、そのことはこの有限な世界にあっては、単に部分的に、かつおぼろげなかたちにおいてしか実現しないとしても、右のような境位に至った魂は、「救い（本性の成就）の語り得ざるロゴス（根拠）とその実現の方式[82]」に、何らかの仕方で結合されるのだ。そしてさらに、魂は「信仰告白」というわざを通して、自らに注ぎ込まれた神的な霊（つまりは神的なエネルゲイア）の恵みに感謝し、身をもって神のわざを証しすることになる[83]。従って、信・信仰とは本来、神的なエネルゲイアに触れ、それを現に宿した「魂のかたち」であり、その切実な、しかし確かな経験そのものなのであって、決して単に、不確かなものを抱え込んだ恣意的なものではないのである。

そこで、今一度注意しておくべきは以下のことである。

右のような事柄は、「典礼の具体的なわざの階梯」として、また「魂の変容・完成の道とが相互に結合・一体化したもの」として語られていた。すなわち、確かに前者は後者を象徴しているが、その際、「見える世界と見えざる世界」、あるいは「外なる行為と内なる魂」などがそれぞれ独立の存在様式を保持して分離し並存しているといった二世界説の類は、明確に退けられている。かえって、前者はある意味で、後者の成立・顕現のための身体・質料として用いられ、また後者は、前者に生命を与える根拠として働いているのであって、両者が相俟って全一的な結合・交わり（エクレシア）の形成へと定位されているのだ。（このことは、第五章で述べたような「魂の先在説の否定」・「魂と身体との同時的生成」といった人間把握と密接に呼応している。）

言い換えれば、魂のアレテー（善く在ること）の成立にあっては、感覚的なものと思惟的なものはすべて、人が己れを無みするという根本的な否定の契機を介して新たに甦らしめられ、より善き（つまりより高次の）存在様式のもとに結合し一体化しているであろう。この意味では、アレテーの成立とは、単に個人の私秘的領域に閉ざされたことではなくて、「全一的交わり」としてのエクレシアの成立の中心的位相に関わることなのであった。そしてアレテーという「魂の善きかたち」においては、感覚的なものと思惟的なものといった二つの自然・本性（ピュシス）は、「混合も分割も分離もない仕方で」、何らかヒュポスタシス的に結合し一体化しているとされるのである。(84)

ちなみに、「ヒュポスタシス的結合」とは、むろん「カルケドン信条」以降の伝統に見られるように、ロゴス・キリストにおける「神性と人性との不可思議な結合」を指し示す表現であった。その点は次章で詳しく吟味することとし、今はただ、次のことのみ言っておこう。「キリストを見つめること」は、まさに「自己を見つめること」であり、とりわけ、「頽落・罪という非存在の淵に没していた自己が新たに善きかたち（アレテー）へと変容されゆくという経験の根底を見つめること」である。すなわち、そうした人間的経験の根底に、人性と結合しつつもそれを無限に超えた「神性の働き・現存（エネルゲイア）」が洞察されていったのだ。してみれば、キリスト論とはおそらく、魂・人間の成立（その自然・本性の成就）の根拠を問いゆく探究の、いわば最前線に位置すると考えられよう。

それはさて措き、先の「思惟的接吻」と「信仰告白」についての文脈に続いて、マクシモスはこう言っている。「魂は、感覚的なものと思惟的なものとの諸々のロゴス（根拠）を能う限り捉えつつ」、同時に自らは、「ロゴスそのものたるキリストによって万物を透過し超出して、神学（つまり不可知なる神の現存を称えること）の知へと導かれる」と。(85)

すなわち、父と子と聖霊という三一性は、一言で言うならば、実体・本質（ウーシア）としては一であって決して混合せず、しかもヒュポスタシス（個的現実）としては三である。しかし魂は、「そうした三一性の光（神のエネルゲイア）によって天使たちと等しくされ」、一なる神性（θεότης）の現存を感知するという。(86)そのとき魂は、神性との類似性（ὁμοιότης）を担うことを通して、恵みによって神の子とされることへと導かれるのだ。あるいは別の表現では、「魂自身が不可視なる光の似像（エイコーン）と現れとなって」、善性を自らのうちで輝かせながら、「神的原型の華やぎとなる」と語られている。(87)

このように魂が神的な美を何ほどか体現し、アレテーを形成してゆくことは、人間的自然・本性の可能性が開花し成就してゆくことであった。それは、自らの意志的背反によって生じた頽落・罪の姿が癒され、再び健やかになることでもあるが、そこには救い・救済の基本の意味が認められよう。

しかるに、そうした「人間本性の開花・成就」、「頽落・罪の癒し、そして救い」といった事態は、すでに論じたごとく、決して身体性を排除したものではなく、また単に個人のみに閉ざされたものでもなくて、多様にして重層的な全一的交わり（エクレシア）というかたちで顕現してくるであろう。そしてそこには、今一度強調しておくとすれば、次の二つの契機が漲っている。

(i)　感覚的なものと思惟的なもの、見えるものと見えざるものとはすべて、魂のアレテー（善く在ること）の形成に浸透し、いわば「結合・一性（ἕνωσις）の度合」の、つまり「在ることの度合」のより大なるかたちへと結合され、秩序づけられる。

(ii) と同時に、己れ自身への執着や傲りが打ち砕かれる度合に応じて、自己自身との、そして他者との隔たりや分離が無みされてくる。そのようなとき、自己と他者とは相俟って、見えるかたちおよび見えざるかたちにおいて、「全一的な結合・交わり（エクレシア）」を形成してゆくことになろう。

かくして、前述のような典礼（奉神礼）の一連のわざは、人と人、人とものとが右のように一つに結合し秩序づけられてゆく姿を、象徴的に宿しかつ表現しているのである。

二　根源的結合力と全一的結合・交わり

さて最後に、以上のような事柄の、恐らくはどの局面にも働いている根源的結合力について、なおも少しく考察を加えておきたい。

人と人、人とものとの何らか「全一的結合・交わり」が現に生じてくるとすれば、そこには、それぞれの自然・本性の異なりは「それ」として（意味ないし名称として）保持されつつ、それらの隔たりや分裂を超えて一つに結びつけている結合・一性の力が働いているであろう。だが、そこに注意すべきは、そうした力は、何であれ諸々の感覚的要素やそれらの複合・配列などによる力ではなく、また魂に固有の力でもない、ということである。[88] かえって、根源的な結合・一性の力とは、魂の内奥に現前しつつも、魂それ自身の自然・本性（ピュシス）を超えた、何らか神的な力でなければなるまい。なぜならば、そのような力であってはじめて、魂が自らの意志的背反によって抱え込んでいる分裂と罪（死の性）とを打ち砕くことができるからである。

してみればここに、何であれより善き結合・交わり（広義のエクレシア）の生じてくる根底には、結合・一性の原理としての神的力が働いていることが見出されよう。しかもそれは、神の霊（プネウマ）という言葉の指示すものにほかなるまい。(89)だが、そうした力の現存が勝義に見出され語り出されるのは、「魂のより善きかたち（アレテー）への変容・開花」という、自己否定を介した脱自的経験の中からであることが、つねに忘れられてはならないであろう。

そこで、身近な場面に立ち帰って言うなら、次のことが改めて注目されよう。すなわち、たとえば眼前一輪の百合のうちにも、それが現実に一つのものとして存立するためには、根源的な結合・一性の力が働いている。その力なくしては、いかなる有限なものも、多様な要素的なものからとにかくも「一つのもの」として現に存立してくることはあり得ないであろう。従って、一箇の実体的なものの存立それ自身が、超越的な働き（エネルゲイア）の現存に支えられているのであって、当たり前の平板な事実ではないのだ。つまり、この有限な世界にあってすべてのものは、その具体的な存立のうちに、諸々の要素的なものの次元を超えた「結合・一性の謎・神秘」を秘めているのである。

そしてとくに、一輪の百合、一人の他者との出会い（カイロス）が心の琴線に触れる驚きをもって受けとめられるとき、そこにはその都度つねに、そうした他者の存立それ自身に、また自他の交わりのうちに根拠として働いているような、超越的な力の謎・神秘が現出していると考えられよう。

既述のごとく、何らかの結合としてあるすべての有限なもの、自然・本性は、決して端的に「一なるもの」ではなく、また不変なる仕方で「在る」のでもない。それらは確かに何ほどかの一性を有してはいるが、つねに「動き」においてあり、また本来は、より大なる（＝より善き）結合・交わりへと開かれているのだ。すなわち、いかなるものも自らに完結して孤立してはおらず、より善き全一的な交わり（エクレシア）の成立へと定位されているのだ。

この意味では、神による創造のわざというものは、単に過去において完結した出来事などではなくて、むしろ、今、現に生起しつつあるものと言わねばなるまい。そして、その一つの収斂点として人間が立っている。この点、人間は「すべての自然・本性の紐帯だ」とされるが、自らの善きわざを通して協働者として（一コリント三・九）、それぞれの分に応じて神の創造の働きを担うべく招かれているのだ。

すなわち、人間が己れを無みしつつ、神的働き（エネルゲイア）ないし霊（プネウマ）をより善く受容してゆくならば、一方では、自らにおいて魂と身体との結合がより大なる一性に高められよう。アレテー（徳）とは、諸々の要素的なものがそのように高次の結合へと高められた姿でもある。同時にまた、他方、人間は神の働きを受容する器とも場ともなって、広義の他者とのより善き結合・交わり（エクレシア）を形成してゆくことができよう(90)。だが、そうした「神性の全一的交わり」としてのエクレシアに与りゆく道は、何であれ世の有限な事物への、そして畢竟、自己自身への執着や傲りが無みされることを介して、はじめてこの地に何ほどか生起してくるのである。

ところでマクシモスは、本章で取り上げてきた『神秘への参入（ミュスタゴーギア）』という著作の終りの方で、いみじくも次のように語っている。その言葉に言及して、ここでの結びとしたいと思う。

「《この小さき者の一人に為したことは、わたし（キリスト）に為したことだ》（マタイ二五・四一）とあるが、善きわざを受けることを必要としている人（隣人）とは、神なのである。……そしてまた、善く為し得る人は、恵みと分有によって自らが神であることを証示している。なぜなら彼は、神の善きわざの働き（エネルゲイア）を受容しているからである。……もし憐れみを必要としている貧しい人が神であるのならば、それはわれわれのために貧しくなった神の降下（受肉）のゆえである。すなわち神は、それぞれの人の受苦（πάθος）を自らのうちに同苦という仕方で（συμπάθως）受容し、それぞれの人の受苦の類比に従って、つねに善性（神性）によって神秘的に受苦を蒙っているのである。[91]」

意味深長な文章であるが、そこに顕著なのは、具体的な他者（隣人）と絶対他者としての神が、ほとんど不即不離に重なるものとして語られていることである。それゆえ、他者とのわれわれの関わりはその都度、絶対他者なる神との関わりを映し出してくるであろう。

言い換えれば、絶対他者なる神（キリスト）との関わりは、無限性への開きであるとともに、有限な他者のために苦しむ同苦のわざのうちに、何らか宿り顕現してくる。[92] そして、そうした同苦のわざを可能にするのは、神の受肉の働き（エネルゲイア）であり、それを受容してゆくことなのだ。

ただその際、マクシモスは不思議な一文を附け加えている。「神は、それぞれの人の受苦を同苦という仕方で受容し、それぞれの人の受苦に従って、受苦を蒙っている[93]」と。これがキリストの受苦（受難）を含意することは明らかであるが、端的に神を主語として語られているところに、キリストの受苦と神の受苦との微妙な重なりが窺われよう。

ともあれ、次章においては、ここに垣間見られたことが指し示す中心の位相、すなわち「ロゴス・キリストの受肉、神人性」、および「受肉と神化との関わり」といった問題を、能う限り普遍的な愛智の探究の中で問い披いてゆきたいと思う。

第九章　受肉と神化の問題

——神人的エネルゲイアと人間——

「神化」（θέωσις）とは、東方キリスト教の伝統にあって、とりわけ大切にされてきた言葉である。そして証聖者マクシモスは、神化という中心的な事態を観想し思索した伝統の、一つの中心に位置する人であった。

すなわち、人間が心砕かれた謙遜のうちに神的な働き（エネルゲイア）を受容し、自らの全体が無限なる神性の宿る器となること、またそのことを介して、すべてのもの、すべての自然・本性（ピュシス）が全一的交わりというかたちで神的な生命を表現し輝かせるものになること——、マクシモスの眼差しはつねに、万物のそうした「宇宙的神化」という事態に注がれていたのである。しかしそれは、必ずしも遙か将来の、そして殊更に大仰な出来事としてあるというよりは、むしろ、われわれがさまざまな情念と罪とを抱えた己れの姿を凝視し、神的な霊（プネウマ）に聴従してゆくひそやかなわざを通して、その都度の今、何らか生起してくることだと考えられよう。

そこで以下においては、こうした「神化」と、古くからその成立根拠として語られてきた「ロゴス・キリストの受肉」との根源的な意味連関を、主に主著『難問集（アンビグア）』の文脈に即して、改めて主題化してゆくことにしよう。

第一節　神化の意味と射程

マクシモスは、われわれにとって神化こそ「他の何ものにも増して愛し求められるべきもの」[1]であり、神化においてこそ、「自然・本性（ピュシス）に即した諸々の働き・活動（エネルゲイア）の目的」として真の快楽ないし成就が見出されるとする。[2] そこではじめに、神化の基本の意味を語るそうしたテキストを取り上げ、問題の基本線を提示しておこう。

「全体としての神は、全体において受容され、身体への魂の関わり方によって魂に、また魂を媒介として身体に現成する。……それは、魂には不変性が受容され、身体には不死性が受容されて、全体として人間が、《人間のうちに受肉した神》（ἐνανθρωπήσας θεός）の恵み（χάρις）によって神化せしめられるためである。すなわち人間が、自然・本性によっては魂と身体に即して全体として人間に留まり、しかも他方、恵みによっては魂と身体に即して全体として、神が現成するためである。……確かに、それにふさわしい人々にとって神化よりも愛すべきものがあろうか。神化にもとづいてこそ神は、神々となる人々と結合・一体化し、自らのすべてを善性（ἀγαθότης）によって為すのだ。それゆえわたしは、神的な知とそれに伴う喜びの享受とによって生じる状態を、快楽（ἡδονή）、聴従（従順）、そして喜びと呼んだのである。ここに快楽とは、自然・本性に即した諸々の働きの目的・終極（τέλος）のことであり……聴従とは、脱自的な力のことであり……喜びとは、現在も将来も何ら対立するもののない姿のことである。[3]」

ここに読み取られるように、神化とはまずは、人間的自然・本性が神の善性（神性）の働き（エネルゲイア）

を受容し、神的生命に与った姿である。そして、人間のそうした善きかたち（アレテー）への変容は、この有限な世界に神が勝義に顕現してくる姿でもあろう。もとよりそれは、われわれにとってあるとき完全に成就するような類のものではないが、すべて人間は、右の意味での神化の可能性を有し、本来そこへと定位されていると考えられよう。「神化」という訳語は確かに誤解を招きやすい言葉であるが、「神的働きの受容による魂・人間の変容」、「神的生命への与り」といった意味を、ここにとにかくも確認しておきたい。

ただしその際、身体は決して排除されず、魂と身体とがそれぞれの仕方で根本的な変容を蒙りつつ、両者が相俟って神化へと与るという。言い換えれば、いわば身体から分離した魂のみが一挙に神性の領域に達してしまうようなことが、究極の目的として目指されているのではない。そして、人間の神化とは、人間が人間たることを止めて、神に変化してしまうなどということではなかった。かえって神化とは、人間が自然・本性としてはあくまで魂と身体との結合体でありつつ、神性ないし善性の恵み（神的エネルゲイアの受容）によっては、神の現成を何らか担う者となることを意味しよう。

それゆえ、譬えて言えば、大海に一滴のぶどう酒が注がれて全く融解し消失してしまうかのように、人間本性が無限なる神性のうちに没入して無くなってしまうことが、神化や救い、あるいは悟りだとは看做されていない。というのも、そのように人間本性の消失をもって救いないし悟りだとすることは、もしそれだけがいたずらに主張されるならば、われわれが否応なく抱える身体性を無視する傲りとなり、ひいては現実の自己を欺くことになりかねないからである。先の引用文中、「魂と身体に即して全体として人間に留まり、しかも他方、恵みによっては魂と身体に即して全体として神が現成する」とあった。つまり、人間本性はどこまでも残存するが、それは神的働き・恵みによって、神性を宿すものへと変容するのだ。

すでに吟味したように、身体性とは、魂・人間の時間性と可能性とを担う何ものかであった。が、ここにおいて身体性の意味は、さらに大きな射程を有するものとなろう。すなわち、魂と身体とのある種の結合体たる人間本性そのものが、神性の宿り・顕現を成り立たせるための場ないし質料であり、広義の身体性となるのである。

さて、先の「恵みによる神化」という表現には注意が必要である。それはマクシモスにあって、必ずしも何か一方的な「神の賜物」としてではなく、むしろ受容する人の自由な働きとの「協働のわざ・実り」として捉えられていた。この点、「実体（ウーシア）」、「自然・本性」、「人間」などと言う場合と、本性の変容として「善き人」、「聖なる人」などと言う場合とでは、語り（述語づけ）の様式が異なるとされる。そこでマクシモスは、恵み（恩恵）というものの発現の機微を洞察して、次のように言っている。

「恵み（χάρις）によるというのは、人間がある語りにおいて《神》（θεός）と呼ばれる場合であって、《わたしは言う、あなたたちは神々である》（ヨハネ一〇・三四）のように、神に聴従する者（ὑπήκοος）となった人間のことである。……なぜならば、ある状態（かたち）をもたらす恵みとは、人間のうちにそれを受容する力（ἡ δεκτικὴ δύναμις）があってのことであり、自然・本性的な力に即した働き（エネルゲイア）の発現（φανέρωσις）のことなのである。[4]」

マクシモスはこのように述べて、「恵みによる神化」ということが、決して人間的自然・本性の外側からの強制によるものではなく、また自然・本性の廃棄でもなくて、かえって自然・本性的な力に即した働き（エネルゲイア）の発現であり成就であることを示している。この意味で、神化とは、あくまで自然・本性の受容力に基づく「自然・本性のわざ・実り（ἔργον）」なのであって、単に一方的かつ外的な「神の賜物」ではなかった。

しかしもとより、われわれにとって神化の道とは、己れに閉じられた単純な自力によるものではない。かえって神化とは、自然・本性の根底に現存し働いている神的エネルゲイアに対して、改めて自由に、より善く応答してゆくことによって成立してくるものであろう。自らの存立根拠の働きに対して意志的に聴従し還帰してゆくという契機が、そこに不可欠のものとして介在しているのである。

すなわち、自らのロゴス的根拠へのそうした再帰的自己還帰的な関わりを通してこそ、人間にいわば創造のはじめから刻印されていた自然・本性的力（可能性）が現に開花し発現してくるのだ。そしてその道は、われわれが能う限り己れを無みし、神的エネルゲイアに聴従してゆくという自己否定の道行きとして、はじめて現実に生起してくるであろう。先に、「聴従とは脱自的な力だ」とあったが、「神的エネルゲイアに意志的に聴従してゆくこと」と「己れを無みし超えゆくこと（つまり脱自的な愛）」とは、ほとんど同一のことなのだ。そして、かく神的エネルゲイアに聴従し、自らの全体が神的エネルゲイアを受容する器、場となるならば、いわばそうした受動性の極みにおいて、人は最も善く意志し、かつ真に能動的に行為し得るであろう。

だが、既述のごとく、生身の人間にとっては、一挙に神性と合一したり神の直視（絶対知）に達したりすることはあり得ない。それゆえ神化ということは、さまざまなものへの、そして自己自身への執着が徐々に無みされるような、絶えざる否定の道行きとして成立してくるほかはない。そしてこのように、すべて人間が神化への変容可能性を有し、しかも最後までその道の途上にあること、そこにくだんの身体性の意味もあるのである。

ところで、その道は確かに、右のような自己否定の契機を介して成立してくるとはいえ、「神的な喜びの享受」としての快楽を伴うとされていた。そこにおいては、快楽という言葉の意味合いが極めて射程の大きなものになっているのだ。そうした神的快楽とは、身体的なものを単に排除したものであるというよりは、むしろ諸々の身体的な快楽をも包摂しつつ、霊的な次元へと昇華させたものであろう。

マクシモスにあってこのことは、人間本性の全体としての神化にとって重要な契機を為していた。すなわちその際、「魂における神化を類比的に分有することにより、身体も神化する」[5]とされる。こうした「身体の神化（聖化）」という事態は、諸々の情念（πάθος）がより善きかたりに変容し、神的な生命に与るようになった姿であった。そしてそこにおいては、人間の諸々の身体的エネルギーと精神的エネルギーとは、単に一方的に制御されたり排除されたりするのではなくて、己れ自身を無みする否定の調べとともに新たなものとして甦り、より高次のエネルギーに変容して、全体として一性へとより大に与ってゆくと考えられよう。

もとより、身体の聖化などということは、われわれにとって容易に届かない境地であるとしても、歴代の多くの修道者、聖人においては、それぞれの仕方で体現されていたと思われる。が、彼らの姿は必ずしも特殊な生であったのではなくて、むしろその内実としては、人間本性それ自身のゆたかな変容と成就の道を指し示しているのである[6]。

第二節　神化の道の階梯

一　前進、上昇、摂取という道行き

右にみたように、神化の道とは何人にとっても、あるとき完成して停止してしまうような類のものではなくて、「少な少なと悪しき事を去りゆく」といったその都度の否定と浄めとの道行きであった。従って、そうした魂・人間の「神への道」は、いわば「絶えざる伸展・超出（エペクタシス）」、「不断の創造」という根本性格を有する

ものとして語られてきたのである。この点、マクシモスはとくにニュッサのグレゴリオスの洞察を継承しているのだが、神化の道の階梯を、次の三段階に分節化して説き明かしている。

「〔神化の〕前進（πρόοδος）とは、聖なる使徒の場合のように、必然的な自然・本性の外に形成された、習性（ἕξις）としてのアレテーの不受動な（つまり情念から解放された）姿だと言ってよい。そうした不受動な姿によっては、人は感覚に即した自然・本性的働きの外にあるので、もはや自然・本性に対する自由な意志の状態を持とうとはせず、むしろそれを霊的な習性へと変容させている。第二に、上昇（ἀνάβασις）とは、あらゆる感覚的なものを後にして、もはや感覚に即して働くことも働きを蒙ることもなく……感覚物をめぐって知的な観想が霊のうちに超出した姿である。そして第三に、摂取（統合）（ἀνάληψις）とは、それら二つの段階の後、神のうちに生起する宿り（住居）であり形成である。……それはまた、摂取されるものの受動（πάθος）であり、摂取するものの働き（ἐνέργεια）なのである。(7)」

この最後のくだりは、とりわけ人間的自然・本性（この一文では摂取されるもの）が、いわば自らの能動的働きを停止させ、己れの全体を明け渡すことによって、神性（摂取するもの）に摂取されてゆく姿を示している。そしてそのことには、後に吟味するように、「神性とのヒュポスタシス的結合」（神性による不可思議な摂取）によってこそ人性（人間本性）が真に成就してゆく、という事態が秘められているのである。

それはさて措き、右に語られた三つの階梯には、次のような意味づけが与えられていた。

(i)　まず神化の道の「前進」（発動）とは、「アレテー（魂の善きかたち、徳）に従って自然・本性〔の閉じられた様式〕を全く否定してゆくこと（ἄρνησις）だ」という。言い換えればそれは、「師たる使徒がその弟子たちを実践的哲学（愛智）（ἡ πρακτικὴ φιλοσοφία）を通して、アレテーへと導くこと」である。その際、師は教えたこ

とを実現させるために、すべてにおいて弟子たちの先を歩まなければならないのだ。(8)

(ii) 第二に「上昇」とは、「自然・本性（存在物）がそこにおいてある当の場所と時とを超えてゆくこと（ὑπέρβασις）だ」という。すなわちそれは、自然・本性的観想（ἡ φυσικὴ θεωρία）を通して、「諸々の実体における諸ロゴス（根拠）を知的に把握すること」である。(9)

(iii) そして最後に、神的な「摂取」とは、「万物がそれから、それを通して、それへと関わってゆく当のものへと（つまり、原因、媒介、目的へと）、すべてのものが恵みによって再統合されてゆくこと（ἀποκατάστασις）だ」という。それはまた、「語り得ざる神的な知恵（ソフィア）への参入だ」とされている。(10)

すなわち、神化の道行きの階梯としての「前進」、「上昇」、そして「摂取」という三者は、それぞれ「実践的な哲学」、「自然・本性的な観想」、そして「神学的な神秘への参入」（ἡ θεολογικὴ μυσταγωγία）に対応せしめられているのである。

ところで、こうした魂・人間の道行きについてマクシモスは、無限性へと開かれた全体的な動向に即して、以下のような意味深い考察を加えている。

諸々の超越的なものの在ることを肯定するとは、その内実としては、下位のものが完結しているなどということを、知によって否定し突破してゆくことである。そのようにして人は、「万物の自然・本性と秩序とを卓越した仕方で超出している存在（神、無限性）に向かって、否定を介して前進してゆく。(11)」が、あらゆる秩序と力とによって神を限定しようとしても、神については端的に否定的にしか語り得ないのである。

なぜならば、自然・本性として感覚的なものの否定は、思惟的なものへと高められるが、それと同様に、思惟的に限定されたものもまた、さらに否定されることによって、より卓越したものへと高められるからである。そして、思惟的力によるそうした否定と上昇との道行きは、その力の限りを尽くすことによって高められ、ついにはあらゆる限定（秩序）と力とを超えて上昇し、全く語り得ず思惟され得ぬ不可知なるもの（＝神）へと導かれてゆくのだ。[12]

こうした把握はむろん、ニュッサのグレゴリオスやディオニュシオス・アレオパギテースなどの否定神学的伝統に支えられたものであるが、マクシモスはそれをさらに、より積極的な神化の道として語っている。すなわち、対象的なものに関する論理的な否定と上昇の道は、次のように、「魂・主体における諸々のアレテーの形成とそれらの統合」という姿として結実してくるのである。

(i)　はじめに、神化の道の「前進」（発動）にあっては、「正しい信」と「神への浄い畏れ」とが、アレテー（徳）の全き実践を形成する。これは、「実践的哲学」のわざ・実りであって、情念に満ちた像と思考とから知性（ヌース）を浄める。[13]

(ii)　次に、「確かな希望」と「汚れなき良心（知）」とが、神化の「上昇」に即して、朽ちることなき「自然・本性的観想」を形成する。それによって知性は、真の知の原因を学ぶことになろう。[14]が、それは対象的な限定としての知ではなく、いわば無限なるものへの志向的な知として逆説的に知られると言うべきであろう。

(iii)　そして最後に、「全き愛（ἀγάπη）」と「諸々の実体（存在物）から離脱した知性（ヌース）」とが、神性の「摂取」による観想を形成する。これは、「神学的な神秘への参入（ミュスタゴーギア）」のわざ・実りであるが、それによって人間は能う限り、習性（ἕξις）に即して（習性の形成として）、恵みによって「神に似たもの」となるとされる。[15]

二 「アレテーの統合」と「善の顕現」

かくして、右のような神化の階梯とは、人間本性がその所与の可能性を十全に開花させ成就させてゆく道でもある。そして、その具体的内実は、さまざまなアレテー（徳）が形成され、さらにはそれらが「愛」へと統合されて、より大なる（＝より善き）「統合・一性のかたち」が生起してくるということであった。

この点は、「アレテーの統合と愛」の文脈としてすでに見定めたところであるが、今一度その基本線のみ確認しておこう。

(i) 「思慮」（φρόνησις）と「正義」（δικαιοσύνη）が結合して、「知恵」（σοφία）が生じる。それは知の系列の限度・終極として意味づけられる[16]。

(ii) 他方、「勇気」（ἀνδρεία）と「節制」（σωφροσύνη）が結合して、「柔和さ」（πραότης）が生じる。それは実践の系列の限度・終極である[17]。

(iii) だがさらに、そうした「知恵」と「柔和さ」が結合して、最も普遍的なアレテーたる「愛」（ἀγάπη）が生じるとされる。すなわちすべてのアレテーは、本来的には愛に統合されるべく定位されているのだ[18]。それゆえ愛において、知と実践とが渾然と一体化し、魂・人間の「善きかたち」が真に現出していることになろう。

言うまでもなく、愛という言葉は余りに意味が広く、また往々にして、たとえば情念に捉われた欲望や欲求と混同して用いられることも多い。しかし右のごとく、愛とは勝義には、「すべてのアレテー（徳）の統合の姿」として、それゆえにまた「善ないし善性の顕現のかたち」として捉えられているのである。が、そのことには、全体の構造という観点からして、注意すべきことが存する。

すなわち、右のような愛は、魂・人間の道行きの一つの目的（終極）の姿として語られている。が、当初の文脈に立ち帰って言うならば、人が何らか超越的な働き（神的エネルゲイア）に貫かれて、今度は己れを超えゆくような脱自的愛に促されるということこそが、探究のそもそもの端緒であり原因でもあった。つまり、いかなる状況においてであれ、心の琴線に触れてくる驚きと出会い（カイロス）との経験から、その経験の根拠への探究が生起してくるのである。しかし、ここに「根拠（原因）」が、同時にまた「目的」として語られることになるのは、むろん単に閉じられた円環ではなかった。すなわち、そこには確かに円環的自己還帰的な構造が認められるが、それはむしろ、根拠の働きとの出会いが、アレテーの「より善く、より一性の大なるかたち」へと徐々に結実してゆく階梯なのだ。それゆえ、ここにおいてアレテー（魂の善きかたち）の形成とは、「結合・一性の度合と階梯」を有するものとして見出されてくる。

言い換えれば、そうしたアレテー形成の階梯は、「根拠＝目的」なる存在（神、善性）がいわば身体化し受肉してくる階梯でもある。(19) つまり、無限性、同一性そのものたる存在は、それ自体としては決してこの有限な世界に現れ得ないが、アレテー形成のうちに、否、むしろ、「諸々のアレテーが形成され、それらが《愛》へと統合されてゆく道行き（階梯）そのものとして」、はじめて現出してくるであろう。

既述のごとく、愛とは勝義には、すべてのアレテーがそこに包摂され、一なるものへと統合されている姿であった。が、そうした愛は、自らに完結しているものではなく、かえって己れを無みし己れを超え出て他者に向かう。そして同時に、脱自的な仕方で神（絶対他者）に自らを差し出してゆく。ただその際、身体的なもの、感覚的なものが闇雲に排除されるのではない。むしろそれらは、魂における自己否定の契機を介して変容せしめられ、アレテー形成のための広義の素材、道具として用いられてゆくのだ。それは、「身体・質料の復権」とも呼び得る事態であった。かくして、要の道筋としては、身体的なものと思惟的なもの（見えるものと見えざるもの）、そして魂の三部分的な力（ロゴス的力、気概的力、欲望的力）など、すべては「最も普遍的なアレテー（善きかたち）たる愛」へと統合され、神化へと定位されてゆくのである。

ちなみに、少しく附言すれば、マクシモスは独特の類比的な語り口でもって、質料的物体的なものも神化の階梯に与らしめられていると説いている。たとえばこの世の物体的要素として、地は正義に、水は節制に、空気は勇気に、そしてエーテル（純粋な気）は思慮に対応しているという[20]。

そして、何とそれぞれは、四人の福音記者に対応しているとされるのだ。すなわち、地はマタイに、水はマルコに、空気はルカに、そしてエーテルはヨハネに対応せしめられる[21]。その意味づけとして、マクシモスの象徴的説明によれば、地は、神秘的な仕方で法と正義との言葉を保持している。水は、洗礼者ヨハネの宣教のように、悔改めと浄めによって節制を生み出す。空気は、あまねくゆき渡る確かさを有している。そしてエーテルは、すべてよりも高みにあって、神の信（ピスティス）を神秘的に導くのである[22]。

このように感覚的なもの、身体的物体的なものと思惟的精神的なものが類比的に対応し、またそれらを包含するそれぞれのアレテーが、さらに結合し、ついには愛へと統合されてゆくことについては、すでに多少とも見定めたところであり（第七、八章）、ここでは繰り返さないが、次のことのみを改めて確認しておこう。

そうした類比的かつ象徴的な釈義は、ときにやや恣意的なものと思われるかもしれない。しかし、見落とし得ないのは、それらが全体として、いわば「包摂と統合のダイナミズム」に貫かれているということである。すなわち、諸々の身体的物体的なものと思惟的精神的なものとがそれぞれの仕方で対応しているとされるのは、単に二つの存在領域を前提し分離した上で、それらの類比的意味の対応を示す、などということではなかった。マクシモスによればかえって、前者は本来、その一見閉じられた領域が根元から無みされることを介して、後者に包摂さるべきものとしてある。そこには、否定と浄化、変容と甦りといった契機が働いているのだ。そして、それら両者は、かかる否定・浄化を介してそれぞれのアレテー（善きかたち）の形成に与ってゆく。だがさらに、諸々のアレテーは、最も普遍的なアレテーたる愛に統合されてゆかなければならないが、そこにおいて、「より大なる結合・一性のかたち」が現出することになろう。

　ここに、すべてのものの「より大なる結合・一性のかたち」（愛）とは、「より善き結合・一性のかたち」でもある。従ってそれは、善きものへと開かれた比較級的かつ動的なかたちなのだ。この意味で、アレテーの統合としての愛は、無限なる善（善性ないし神性）がこの有限な世界に顕現してきた姿であろう。言い換えれば、そうした勝義の愛は、自らのうちに成立根拠として現前する神的エネルゲイアおよび神的霊（プネウマ）を、そしてつまりは、それ自体としては不可知な神の存在を、確かに証示しているのである。(23)

第三節　神化の道の内的契機

一　三つの論点の確認

神化の階梯は右のような意味と拡がりを有するが、そこに存する内的契機がさらに問い披かれなければならないまい。そこで改めて、神化の道行きにあって次の三つの論点が相互に密接に連関していることを確認し、問題の所在を問うてゆくことにしたい。

(i) 神化（神的生命への与り）とは、われわれにとって最後まで途上のものであり、それゆえにまた、無限性（＝神の名）へと絶えず開かれた動的性格（ダイナミズム）を有する。

(ii) だが、その道行きの成立には、己れを無みして神的エネルゲイアに聴従してゆくといった自己否定の契機が、必ずやその都度介在している。

(iii) 神化とは、魂・自己の成りゆくべき究極の完全性であるが、それは同時に、他者との真実の交わりとしてあり、ひいてはまた、人間を紐帯とした「万物の全一的な結合・交わり（エクレシア）」という姿として顕現してくるであろう。

まず最初の論点について確認すれば、神化、つまり「神的な存在と生命とへの与り」は、現実の人間にとっては、あるとき完結し停止してしまうようなものではあり得ず、「より善きものへの絶えざる伸展」という性格を有した。この点、すでに言及したごとくマクシモスは、ニュッサのグレゴリオスの根本洞察を継承し展開させているのだ。すなわち、基本的にはまず、次のように言われている。

「神は自然・本性として（本質として）、無限で尊厳ある存在であって、分有・関与（μέτεξις）によって神を享受しようとする人々の欲求を、無限なるもの（ἀόριστον）へとおのずと伸展させる。[24]」

それゆえわれわれは、善――それは神の一つの名でもあるが――をいたずらに制限したり、何らかの満足で限定して、さらなる欲求・渇望を停止させたりしてはならない。神的ロゴスは、われわれがそれに心抜き聴従してゆく限り、本来はそのようにわれわれに呼びかけ、われわれを魂の内奥から促しているのだ。そうした神的ロゴスの働きとして、とくに注目されるのは次の表現である。

「諸々の天を貫きわたるイエス、すなわち神のロゴスは、すべての天を超えた存在となり、実践と観想とを通して彼に聴従する人々（ἐπὶ τὰ κρείττονα）を、より悪しきものからより善きものへと移して変容させ、さらには、それらよりも高次のものへと導いてゆく。また端的に言えば、わたしが聖人たちの神的な上昇と、栄光から栄光への変容（ἀλλοίωσις）という啓示を語ろうとすれば、そのわたしにとって〔平板に過ぎ去る〕時間（χρόνος）は消失するであろう。そしてついには、各々の人は固有の秩序によって、それぞれにふさわしい神化（θέωσις）を受容するに至るであろう。(25)」

この文中、「より善きものへと変容させる」という比較級表現が用いられているが、それは、われわれにとって神化という道が「絶えざる伸展・超出（エペクタシス）」という動的性格を有していることを示している。また、「固有の秩序によって、それぞれにふさわしい神化を受容する」とあるのは、既述のごとく、神的働きを受容する側の「心の披きないし信という測りに従って」神的ロゴスの働きが受容され、己れの身に顕現してくることを意味しよう。(26)

これはいわば、神的働き（エネルゲイア）ないし神的霊との出会いのとき（カイロス）である。それゆえそれが、通常の等質的に過ぎ去る時間（クロノス）を超え、有限なるものに閉じられた因果系列を突破している限りで、あえて「時間が消失するであろう」と言われているのだ。

神的エネルゲイアとのそうした出会い（カイロス）にあっては、「無限な神的働き」と「有限な人間的自由の働き」との一種の協働が存している。(27) この点、われわれに即して言うならば、自由な意志の働きは、そして人間本性それ自身は、神的エネルゲイアがこの世界に如実に顕現してくるための可能性の場となり、あるいは広義の身体とも道具ともなるのである。

しかるに、第二の論点として、人間は本性的に自由な存在者である以上、神化の道に背反するような悪しき欲求や意志の傾きが、可能性として最後まで残ってくるであろう。既述のごとく、人は決して神自身を直視し得ず（出エジプト三三・二〇、ヨハネ一・一八）、それゆえにまた、神との合一や絶対知などをいたずらに標榜することはできないのだ。そして誰しも、自由なるがゆえの迷いや試練、さらには逸脱や罪などの可能性から端的に免れることはないのである。

してみれば、神化の生じる具体的な道は、何の葛藤も挫折もないような直線的かつ必然的な道ではあり得ない。かえって神化とは、くだんの身体性と有限性を否応なく抱えたわれわれにとって、先の引用にも見られるように、否定と比較級とを介した動的な構造（ダイナミズム）を有するものとなろう。

すなわち、より悪しきもの（意志の転倒した働き）をその都度無みしてゆくことを通して、つまり諸々の有限な対象への執着を否定し、そこから離脱してゆくことを通して、はじめて自らの存在様式が「より善きもの」へと形成されてくる。この意味で神化とは、少なくとも現実のわれわれにとっては、すでに成就した客体として外にあるものではなくて、絶えず己れを超え出てそれに成りゆくという自己否定的な動きそのものとして、この可変的な世界に顕現してくるものであろう。

言い換えれば、神化とはわれわれにとって、「神化への絶えざる志向と愛、あるいは脱自的超出という動き」としてある。その際、主体・自己の存在はもはや固定した実体としては確保されず、かえって、神化をどこまでも志向し、己れの悪しき執着と傲りを無みしてゆく動性こそが、「自己というものの真の名」ともなろう。

そして、そのことなくしては、他者との真実の交わりも、その名に値する愛も成立し得ないであろう。とすれば、右のような第一の論点（無限性へと開かれたダイナミズム）と、第二の論点（神的エネルゲイアへの聴従と自己否定の契機）とは、第三の論点としての「他者との全一的な結合・交わり（エクレシア）」という事態と、まさに同根源的に深く関わっているのである。

二　新たな探究位相に向かって

右に見定めたことは実質的には、前章までに述べたことの基本的動向を、「神化への道」という観点から少しく語り直したものである。ただそこには、なおも立ち止って問うてゆくべき問題が潜んでいるであろう。そこで以下においては、いわば神化の道行きの誕生・成立の場面に立ち帰って、問題の機微を問い披いてゆきたいと思う。

さて、神化とはわれわれにとって、「最も愛さるべきもの、志向さるべきもの」とされていた。だが、そのように語られる際、そこには論理的にも注意すべきことが隠されている。それはすなわち、神化への志向と愛が現に発動したとするとき、「神化というものが自らにおいて何らか知られていなければならない」ということである。なぜならば、「全く知らないものは、何人もこれを志向し愛することができない」からである。(28)（この点については、真理や神を探究するとか愛するという場合にも、同様の構造が存しよう。）

神化への愛が発動したとき、むろんわれわれは神化に達してはいないのだが、「神化の端的なかたち」が、ほかならぬわれわれ自身のうちに何らか知られていなければなるまい。でなければ、「《それ》（神化）を愛する、志向する」などということ自体もあり得ず、またそのように語ることもできないであろう。では、神化（つまり、人間本性の成りゆくべき完全性のかたち）は、いかなる仕方で「それ」と知られるのか。それは恐らく、「われわれのうちに、しかもわれわれを超えて現存するものとして知られる」という微妙な仕方においてであろう。

このように言えるとすれば、神化への愛が発動してくるということには、次のような三つの契機が認められよう。

(i) 神化の端的な原型、あるいはわれわれの成りゆくべき究極の姿が、内在的超越とも言うべき姿で現存していると知られる。つまりそれは、外なる対象知としてではなく、己れ自身を超えゆくような志向的知として、かろうじて知られてくるであろう。

(ii) だが、われわれの現に在る姿は、その原型(=終極・目的)の姿から頽落して、罪のかたち(「在ること」の欠如)を孕んでいる。それゆえ、両者の間には、容易には超え難い断絶、落差が存する。

(iii) しかし、そうした頽落・罪が「少な少なと無みされゆく」否定の道を介するならば、そこに神化への絶えざる変容が生起し得るであろう。

とすれば、これはむろん構造としては、既述のような「創造、罪、そして再形成」の道と同じであるが、原型の意味合いがより明確な表現を得てくると考えられよう。ともあれ、構造的には、(i)から(ii)、および(ii)から(iii)への移行は、いずれも否定の契機を含んでいるので、それら全体としては二重否定的な構造としてある。しかもそれは、原型(ないし根拠)への還帰という一種の自己還帰的な本質性格を有しているのである。

ところで、神化の「原型」=「成りゆくべき完全性のかたち」とは、後に見るように、「人性が神性へと結合・一体化した姿」、つまり「神性と人性とのヒュポスタシス的結合」として捉えられることになる。ただそれにしても、そうした神化の姿は、通常の歴史的事実としてあるのではなく、また客体知の対象としてあるのでもない。だがこれに対して、「イエス・キリストの姿、その受肉、神人性において、神化なら神化の姿も歴史的実在として知られる」等々と主張されもしよう。しかるにそうしたことは、実のところ、端的な「知の対象」ではなく、どこまでも「信の対象」だと言わねばなるまい。つまり、この場合はとくに、「知ること」と「信じること」とをあいまいなままに混同してはならないのである。

　ただもとより、神化の姿が「知の対象」ではなく、むしろ「信の対象」だということは、決して「知られ得ぬもの、不合理なものを闇雲に信じる」などということではない。「それを信じるのも信じないのも、所詮は恣意的な自由による、いずれを択んでも、主体・自己の在ることは、その択びの局外に確保されている」などとうそぶくのは、通俗的な信仰観としてはよく見られる態度だとしても、それは、ここで問題にしようとしている事態とは大きく隔たっている。

　この点、ここではさしあたり、次のことを確認しておこう。信（πίστις）とは本来、人が神的エネルゲイア（つまり「神化の原型」の働き）に何らか貫かれ、それを受容し宿したかたちである。この意味での信には、神的働き（神的な「愛の矢」）に貫かれたという出会い（カイロス）の確かさが漲っているのだ。

　とすれば、「神化の原型」＝「成りゆくべき終極のかたち」とは、われわれにとって外なる客体としての「知の対象」ではなく、いわば「志向的知の、そして信の対象」なのである。というのも、神的エネルゲイアとの出会いによって生起した脱自的な志向・愛は、それ自身のうちに志向的知というかたちにおいてであれ、神化というものを何ほどか知っているからである。

　かくして、そうした志向的知にもとづいてはじめて、神化への愛が現に発動してくる。「全く知らないもの」は、人はこれを愛するなどということもできない。が、神的エネルゲイアを受容し宿した「魂のかたち」（つまり信）は、ある種の志向的知であって、当の神的エネルゲイアとの全き結合を、そしてつまりは神化を愛することとして働き出すのだ。この意味で、神化とはわれわれにとって、単にはかない願望に留まるものではなくて、むしろ、神的エネルゲイアとの出会いという根源的な経験の中から語り出されたものと考えられよう。

ともあれ、ここにおいてわれわれは、「神化への愛の発動の端緒」としての信、そしてとりわけ、「ロゴスの受肉」の信という問題の前に、改めて引き出されることになろう。というのも、マクシモスは実際、魂・人間の道行きの中心的場面に関わることとして、「受肉と神化との密接な結びつき」を語っているからである。だが、そこにあって信・信仰（πίστις）とは、主体・自己の「在ること」をいたずらに前提して、その自己の所有する特殊な宗教的信条といった意味合いに留まるものではなかった。むしろ、信とは勝義には、人間あるいは人間的自然・本性の真の開花・成就に関わる何ものかであろう。

とすれば、キリストの受肉、受難、復活といった、ふつう信仰に属すると看做される事柄も、はじめから特殊な教理（ドグマ）の枠内でのみ論じられるべきことである以上に、より普遍的に「主体・自己の成立そのもの」、そして「存在（＝神）への真の参与」に深く関わることとして、根底から問い披かれなければなるまい。もとより、受肉や神化などということは、キリスト教の教理（ドグマ）に関わる問題である。だが教理とは、その元来の誕生・成立の場面、すなわち、「自らの存在基底を揺るがすような驚きに貫かれたような経験」に遡れば遡るほど、まさに同根源的に、人間・自己の成立そのものの謎・神秘にふれてくるものとなろう。

そこで振り返って言えば、神化への動きとは、魂・人間の「善く在ること」（広義のアレテー）という志向的かたちの発動によるものであった。それはマクシモスによれば、「超越的な神性の働き」と「それを受容する人間本性の自由な働き」との一種の協働として生じてくる。しかし、そうした事態のさらなる成立根拠が問われるとき、「受肉と神化との内的連関」が、ほかならぬわれわれ自身のうちに問われてくるであろう。とすれば、その問題は、まさに愛智（＝哲学）の探究の中心的位相に関わるものであって、もはやそれをいたずらに回避することはできないのである。

第四節　受肉をめぐる論の歴史的概観

マクシモスの論が登場する背景としては、むろん「ニカイア信条」（三二五年）以来の、「ロゴス・キリストの受肉」をめぐる多様な探究と逸脱との歴史が存した。そして、「カルケドン信条」（四五一年）以降に限ってみても、かなり複雑な論争の経緯があり、それは錯綜した森の道にも似て、その全貌を見極めるのは必ずしも容易ではない。

しかし、一見複雑な問題もその中心的場面に関する限りは、ある意味で極く単純な一点に発し、かつそこに収斂してゆくと思われる。それは、何度か強調したように、魂の根底における「神的エネルゲイアとの出会い（カイロス）の経験」である。すなわちそれは、『雅歌』の霊的かつ象徴的解釈の伝統に即して言えば、魂・人間が神的な「愛の矢」（神の霊）に貫かれて、「愛の痛手」を蒙った姿である。そしてそこにおいて、そうした根源的経験のうちに働きつつ、しかも人間的自然・本性を超えたものとして現前している神的エネルゲイアが、改めて見出され問い直されることになろう。そのようなときはじめて、「経験から、その根拠へ」という探究が、自己の全体に関わる切実なものとなってくるのである。

このことに留意しながら、次にまずは、われわれの探究に必要な範囲で、マクシモスのキリスト論が登場するに至った歴史的背景とそこでの問題点とについて、中心と思われることのみ見定めておきたい。

一　アタナシオスと「ニカイア信条」

周知のごとく「ニカイア信条」は、アレイオス派がキリストの人性（人間本性）のみを主張したのに対して、「キリストは神と同一実体（ὁμοούσιος）であり、また、真の神にして真の人間である」[29]とした。その際とくに注意しておくべきは、そうした言明が、単に客体としてのキリストについての把握である以上に、つねにわれわれ人間の救いや神化といった事態との連関の中で、それらの成立根拠として語られていたということである。すなわち、その代表的定式を挙げるなら、「ニカイア信条」成立の立役者アタナシオス（二九五頃―三七三）は、直截にこう言う。

「神のロゴスが人間となった（人間のうちに宿った）（ἐνανθρώπησεν）のは、われわれが神になる（神に与らしめられる）（θεοποιηθῶμεν）ためである。[30]」

このように、受肉（ἐνανθρώπησις）と神化（θέωσις）とは密接に連関することとして捉えられているが、それは、人間が神的生命に勝義に与りゆくことが成立したとき、まさにそうした経験の根底に働いている超越的神的働きを凝視してのことであったであろう。

とすれば、神の子の受肉を語る表現は、本来はそれだけが切り離されて解さるべきものではなかった。つまり、受肉が神化（人間本性の開花・成就）の根拠として語られるということは、われわれの側から言えば、人間本性の「在ること」の閉ざされた基底が突破されて、己れ自身を超出してゆくような経験のうちに、その経験の成立根拠として、神的エネルゲイアがいわば受肉的に現前していることを指し示しているであろう。

この点、一つの範型となるのは、むろん使徒たちにおける「キリストとの出会い」の姿である。すなわち彼らは、真にキリストに出会うことによって新しい生へと引き出され、キリストの存在への無限なる愛に促された。そうした無限なる愛の渇望は、人間本性（人性）が己れを無みし己れを超え出て、キリストに結合・一体化することを愛し求めるものであろう。

だがそれにしても、かかる愛の発動、あるいは己れ自身の無化と超出ということは、人性に固有の力によっては成立し得ず、恐らくその成立のためには、神的エネルゲイアが人性と何らか適合しつつ、いわば受肉的に働いていなければなるまい。詳しくは後の探究に委ねるが、このことは、アレイオス派の主張がなぜ退けられねばならなかったのかの理由ともなる。つまり、さしあたり一言で言っておくなら、もしキリストが人性のみを有しているとするときには、キリストとの出会いを通して人が受容した働きは、人性を神性へと結合させる道を成立させることはできず、いかに願望し努力しても、人は神性との断絶の境に取り残されるであろう。

ちなみに、有限なる境域に閉ざされたそうした姿は、そこに頑なに開き直って謙遜を欠くときには、いつの時代にも次のような逸脱した思想態度となって現れてくる。

(i)　その一方は、超越的な神性・善性の次元から自らを切り離して、世の移りゆく事柄に執着し、あえてそのような自己を肯定してしまう姿である。（いたずらな懐疑論、極端な相対主義や功利主義、そして自然科学を普遍妥当的と思い誤るような唯物的要素還元主義、あるいは、物的な離合集散にすべてが解消されるといった、ある種の諦念を標榜するニヒリズムなど。）

(ii)　しかし他方、担いゆくべき問題を回避して、「魂なら魂がはじめから端的に神性および善性を保持しており、身体は悪だ」とするような思想傾向もまた、小さからぬ逸脱となろう。この点、たとえばアレクサンドリアのクレメンス（一五〇―二一五頃）がつとに洞察しているごとく、そのようなときには、神的な魂（＝真我）はある意味で、はじめから救われてしまっており、従って、自由な択び、アレテー形成のための祈りや修業など、原理的には全く必要がなくなる。そこにあって、身体性、時間性、そして歴史性などは無視され、キリスト教の受肉、復活などということも問題の局外に追いやられることになるのだ[31]。(往時のグノーシス主義やマニ教、そしてそれらに類似したさまざまな密儀宗教的形態など。)

これらの思想態度は一見対極的であるが、実は同根源的であり、そこには同様の自己把握の虚偽が潜んでいると思われる。ただもとより、そうした両方向への逸脱は、われわれにとってもつねに誘惑としてあるのであり、決して人ごとではないのである。

それはともあれ、今少しアタナシオスの言葉に即して、極く基本的なことを確認しておく。それによれば、神の似像に従って創られた(創世一・二六)にもかかわらず、人間は自由の働きを介して「悪魔の策略に同意し」、頽落・罪に陥った。(ここに悪魔とは、神への意志的な背反、傲りの極みを指すとしてよい。)アタナシオスはこのことを、人間が「悪の発見者(造り手)となった」ことと解している。つまり、人間の意志と行為によってはじめて、存在(=善性)の欠如たる悪が顕在化するのだ[32]。

これは罪(=死性)の結果であり、人間の滅びですらあるが、そのようなことは、神の善性(*ἀγαθότης*)にはふさわしくない。というのも、神の似像が具現する可能性が失われることは、人間の創造の目的に反することであって、そのことが放置されるならば、結局は神の善性が無力だということになるからである。従って、ロゴスの受肉ということは、人間本性のこうした頽落を真に更新し、再創造にもたらす根拠として必要とされたという。すなわち、「ロゴスは父なる神のロゴスとして万物の上に存在するので、ロゴスのみが万物を更新し得るのである。[33]」

ただし、受肉とは、決して神が人間に変化したなどということではなくて、「肉体（人間）をロゴスの宿る神殿とし、あるいは人間をロゴスの働く道具とした[34]」ということとされる。そして、人間を罪に定めた律法が廃棄さるべく、受肉したロゴスがすべての人の身代りとなって自らの肉体を死に渡し、人に対して犠牲の子羊となるのだ。

アナスタシオスはこのように、聖書的文脈をそのまま用いて語る。が、注目すべきは、「人間は宇宙（コスモス）という身体（肉体）の部分だ[35]」というコスモロジー的把握が、受肉そのものの説明に使用されていることである。すなわち、

「神のロゴスが宇宙という身体のうちにあり、その全体と諸々の肢体のすべてに浸透しているとすれば、そうしたロゴスが（時満ちて）人間のうちにも浸透した（宿った）としても、何か不条理なことがあろうか[36]。」

はじめに引いた「受肉と神化との連関」を語るアタナシオスの言葉は、この文脈の導くところとして語られていたのである。この意味では、ロゴスの受肉とは、単に不合理な逆説なのではなくて、むしろ創造のわざの貫徹ないし成就として捉えられていることになろう。

言い換えればアタナシオスは、存在者とその働きとの総体として宇宙（世界）の成り立ちを注視しつつ、「神的ロゴスの全き顕現・受肉」という可能性に開かれた何ものかとして、人間の自然・本性を再発見したのだ[37]。もとより、ロゴスの神性は世界の諸事物を通して何らか知られるというが（ローマ一・二〇）、それは未だ外側からの知り方であろう。むしろロゴスは、神的働きに聴従する人間をしも「自らの顕現の器として」宿り得るのである。

ところで、こうしたアタナシオスの文脈は確かに、神のロゴスを主語とした第三人称的語り口によるものであり、そこにあっては、創造、堕罪、受肉そして復活といったことが、旧・新約聖書に即してそのまま事実的に前提されているきらいもあろう。ただしかし、神的ロゴスを主語とした受肉という出来事は、先述のごとく、人間の存在様式の変容と密接に対応している。とすれば、ロゴスの受肉はより内的に、いわばわれわれの内側から、その都度つねに発見されるべきものであった。それゆえアタナシオスにあっても、受肉は単に客体的事実としてではなく、人間の罪とそこからの解放（救い）という事態の根拠として、つねにそうした関係性の中で語られていたのである。

二　「カルケドン信条」に至る探究と、そこでの問題の所在

受肉と神化とが密接に連関していることは、歴史的にはむろん、エイレナイオス（二世紀後半）、アレクサンドリアのクレメンス、アタナシオス、そして「カッパドキアの三つの光」たる教父たちなど、先行の教父的伝統において、つとに洞察されていた。既述のごとく、その基本線は、「神が人間となった（人間のうちに宿った）のは、人間が神となるためである」というアタナシオスの簡潔な言葉の示すところである。

同様にまた、ナジアンゾスのグレゴリオス（三二九／三〇―三八九／九〇）は『神学講話』などにおいて、受肉が神化の根拠たることの理由として、「人性は、それが神性によって摂取されなければ、救われることもない」と喝破している。(38)（ここに「救い」とは「健やかさ」に通じ、自然・本性の開花・成就を意味しよう。）

とすれば、人間的自然・本性（人間であること）は本来、それ自身で完結して在るのではなくて、自らが無みされ、神性に摂取されることによって、はじめて成就せしめられることになろう。それは甚だ逆説的な事態であ

るが、そこには人間という存在者の（そしてつまり、神性の顕現の）謎・神秘が隠されているのである。（ちなみにこのことは、西欧近代以降の「人格〈ペルソナ〉の自律性」という把握に対して、一つの根本的な反省を迫るものともなろう。人間的ペルソナ〈ヒュポスタシス〉は、もしそれが完結した存在として自らに閉ざされるならば、かえって底の浅いもの、ある種の傲りを抱えたものとなるからである。）

さてそれでは、受肉と神化という二つの事柄は、内的にいかなる仕方で連関しているのか。そのことの内実を明らかにするためには、受肉なら受肉という教理の語り出された、いわばその誕生の場そのものが注視されなければなるまい。それはすでに触れたように、使徒たちや彼らに連なる人々の身に生じた根源的出会いの経験にほかならない。その際、とりわけ注目されるのは、そうした経験のうちに働く神的エネルゲイアである。この点、たとえばニュッサのグレゴリオスは、『教理大講話』の中で次のように語っている。

「神が肉（＝人間）においてわれわれに顕現したことの証明を求めるのであれば、神の働き（エネルゲイア）を見つめるべきである。……われわれが全宇宙（世界）を鳥瞰し、この世界に働く摂理およびわれわれの生に与えられる神からの恩恵を吟味するならば、われわれは、生成してくるものを創り出し、存在するものを保持する何らかの力が存在していることを把握できよう。それと同時に、肉を通してわれわれに自らを現した神についても、神の働きを受けた驚くべき事柄（奇蹟）が神性の現れの十分な証拠になると考えてきた。語り伝えられているわざのうちに、神的本性（神性）を性格づけるすべての特性を確認できるからである。[39]」

ここに明らかなように、受肉（ロゴスの宿り）ということの真実を証しするのは、神的エネルゲイアの経験である。従って、やや先取りして言うなら、受肉の存在が客体的事実であるかのように、はじめから前提されているのではなく、むしろ神的エネルゲイアの現存のかたち、そしてその経験が、その働き・エネルゲイアの源たる主体（受肉存在）を証しし、かつ指し示しているのである。

ここにいわゆる奇蹟（θαῦμα）とは、原語では「驚くべきもの」という意味合いの言葉であって、殊更に不合理なことを意味するのではなかった。つまり奇蹟（驚くべきもの）とは、有限な自然・本性的事物が神的な働きをすぐれて発現させた姿なのだ。とすれば一般に、この世界に見られるあらゆるもの、あらゆる事柄は、もしそれらが真に驚きをもって受けとめられるならば、それらの超越的根拠とも言うべき神性を遥かに証示するものとなり得よう。[40] すべてのものは神のエネルゲイアをそれぞれの仕方で宿しており、それゆえ神性の現存を指し示す象徴と化すのである。

実際、前章で述べたように、この世界のあらゆるものは何らかの物的かつ思惟的要素の結合であるが、現に「このもの」が成り立っている限りで、そこには結合・一性の力が働いている。しかもそうした根源的結合力は、諸々の要素的なものに固有のものでなく、それらを無限に超えていると言わざるを得ない。この意味では、眼前一輪の百合、一人の他者ですら、その成立に関わる「結合・一性の謎・神秘」を宿しているのであり、ひいては、神的なエネルゲイア、プネウマ（霊）といった言葉で表わされる何らかの超越的な力の現存を指し示しているのだ。

ただしかし、神的エネルゲイアは、すべてのものの存立やさまざまないわゆる奇蹟（不治の病の癒し、悪霊の追放など）のうちに働いているとともに、最も勝義には、使徒なら使徒（つまり一般に人間）の「魂の善き変容・再生」の根底に現存するものとして証示されよう。すなわち、現に人間の身に生起した経験の中から、それをしも探究の場とし対象として、より先なる超越的事態が発見されてくるのであって、逆ではない。後に吟味・探究するように、使徒なら使徒の魂ないし自然・本性の新たな誕生と甦りこそは、恐らく、ロゴス・キリストの受肉、神人性といった事柄が語り出されるための「神的エネルゲイアの経験のかたち」であろう。しかもまた、そうした魂の変容・再生の道は、決して特定の人にのみ与えられるものではなくて、可能性としてすべての人に開かれていると考えられよう。

さて、五世紀中葉の「カルケドン信条」に至る教理の歴史は、「ニカイア信条」とそれに続く時代には未だ明確には表現されていなかった事柄をいっそう明るみにもたらす過程であった。すなわち、「イエス・キリストは父なる神と同一実体（ホモウーシオス）であり」、しかも「真の神であり、真の人間である」と信じられる（知られるのではなく）というのが、「ニカイア信条」の眼目であった。が、その際、「神であることと人間であること」あるいは「神性と人性」とが、一なる存在たるキリストにおいていかに結合しているのかが、なおも探求されねばならなかったのである。

ただ、忘れてはならないのは、それが単に特殊な教理の詮索であったのではなくて、まさに「人間とは何か、何であり得るのか」という問いの中心的位相に関わるものであったということである。でなければ、どうして右のような探究が、祈りと知性とに恵まれた幾多の人々を突き動かし、その結果として学と修道との源泉たる大きな思想潮流となり得たであろうか。

ともあれ、そうした探究の道は「カルケドン信条」に一つの結実を見ることになる。それは、多様な険しい論争の末に正しい教え・教理（ドグマ）として択び取られた表現であった。その要点のみ記せば、次の通りである。

(i)　イエス・キリストは真の神であり、かつ真の人間である。

(ii)　神性（神的自然・本性）と人性（人間的自然・本性）とは、ヒュポスタシス（個的現実）に即して結合し、一なるヒュポスタシスとしてのキリストが存在している。

(iii) だがその際、神性と人性とはそれぞれが自らを十全に保持しつつ、「融合せず、変化せず、分割せず、分離せず」、一つのヒュポスタシス・キリストへと共合している。(41)

ここに注意しておくべきは、これらの事柄が全体として、客体的な知の対象ではなく、「師父たちの伝承に従ってそれを信じ告白する」といった「信の文脈」のうちに置かれているということである。しかし、それは決して、(i)から(iii)が個人の恣意的な判断と択びに委ねられるなどということではなかった。ここでの問題は、少なくともその中心的場面に関する限りは、信仰や宗教などについての通俗的な、また一種学的な了解を大きく超えているのだ。従って、教父の文脈をその内側から解釈しようとするとき、われわれは、後期スコラおよび西欧近代以降の「神学と哲学」、「信仰と知性（理性）」等々の領域分化（つまり、「超越的神的事柄の祭り上げ・分離」と「理性能力の及ぶ領域の制限」）という捉え方を後にしてゆかなければならないのだ。

というのも、基本的な方向を言えば、右の(i)から(iii)という事柄は、「知と不知との間」にある「信という魂のかたち」、つまり「神的エネルゲイアに貫かれた経験」の中から、そこに現前している超越的根拠が志向的に語り出されたものと考えられるからである。それはあるいは、神に開かれた主体・自己の脱自的愛の中から語り出されたと言ってもよい。とすれば、一見特殊な教理を語る「カルケドン信条」などの表現は、その実、無限性へと開かれた人間的自然・本性の構造を問いゆく上で、愛智（＝哲学）の探究としても、重要な意味合いを有しているのである。そしてこのことは、右の(iii)に見られる四つの否定辞からも、次のように窺い知られよう。

キリストにおいて神性と人性とは、「融合せず、変化せず、分割せず、分離せず」、それぞれに自らを保ちつつ、一つのヒュポスタシス（個的現実）たるキリストへと共合しているとされた。が、そうした把握が語り出される源をたずねてゆくと、いわば同時性としてであるが、キリストに出会った使徒たちの経験にまで遡ることになろう。そこで聖書の多くの証言からして、さしあたり言うなら、キリストの言葉（ロゴス）とわざとにまみえたとき、彼らは、神的な働き（エネルゲイア）と人間的な働きとがキリストにおいて現に共存し交流していることを如実に経験し、そうした存在としてのキリストへの愛に促されたのだ。

しかし、それが心貫かれるかのような確かな経験であるとしても、二つの働きのそれぞれの主体たる神性と人性とがキリストにおいていかに結合しているかは、決して知られ得ない。先の四つの否定辞は、そうした徹底した不知の表明であろう。つまり、「融合せず、変化せず、分割せず、分離せず」ということによって、およそ二つのものの結合のあらゆる場合が尽くされていると考えてよい(42)。形相と形相、形相と質料などをめぐっての、ありとあらゆる結合の様式ないし型を当てはめようとしても、キリストにおける神性と人性との結合はついに知られ得ず、また限定・言表され得ない。

従って、それら四つの否定は、「キリストにおける神性と人生との結合」がいわば無限性に定位され、神秘（耳目を閉じるほかないもの、語り得ざるものの意）（μυστήριον）へと徹底して開かれていることをしも、「閉じられた限定の否定」という仕方で間接的に浮彫にしているのだ。そしてそのことは、われわれの側から語り直すならば、人性が限りなく神性に結合してゆくことのできるその場と可能性を、否定表現を介して守っていると考えられよう。

逆にもし、「キリストにおける神性と人性との結合」が一見合理的な知・限定によって捉えられるときには、それはわれわれの知性ないし精神の力の限界内にあることになる。だがそれは、いわば神性を有限性の領域に引きずり落とすに等しく、ひいてはまた、人性が脱自的な仕方で神性へと結合してゆく可能性を閉ざすことになる(43)。一見合理的な限定の方向を択んださまざまな把握方式が、いずれもいわゆる異端（逸脱した択びの意）として退けられたゆえんである。

言い換えれば、「キリストにおいて神性と人性との結合が四つの否定辞によって逆説的に示され、かつそれが一なるヒュポスタシス（個的現実）として具現していること」と、「主体・人間が己れを超えゆく脱自的愛を通して、無限なる神性に結合してゆく道が可能であること」とは、恐らく表裏一体していると考えられよう。(44)

このように見るとき、われわれは一見無味乾燥な教理表現の背後に、無限なる神への愛に促された人々の姿を感知することができる。彼らは、人間本性が神性へと現実に関与し得るその可能性と場とを、生命を賭して守り抜こうとしたのだ。そしてそれは、後に改めて吟味するように、神的働きと人間的働きとの交流（ペリコーレーシス）についての、確かな実在的経験に支えられていたのである。

三 「カルケドン信条」以後の情勢

ところで、険しい論争過程を経て「カルケドン信条」が公布された後にも、なおもそれに反対する勢力が存した。セルギオスをはじめとする反カルケドン派がそれであるが、彼らの主張はいわゆる「キリスト単意説」ないし「単一エネルゲイア説（単勢説）」として知られるものであった。

それによれば、イエス・キリストには神的意志のみあって人間的意志はなく、またキリストのすべての働き（エネルゲイア）は一なるロゴス・キリストから分離することがないという。つまり、神にして人間なるキリストは神性と人性を保持しつつも、唯一の神的エネルゲイアによって神的なことと人間的なことをともに為すというわけである。そしてこうした単一エネルゲイア説は、キュロスらの手によって東方の文化圏に広められることになる。(45) それに与みした人々の中には、東方の熱心な修道精神を汲む人々も多かった。彼らはやや穿って言うならば、弱き人性がキリストの神性へと全く没入し融解してしまうことに、およそ修道の生の理想を見たのであろう。

しかし、カルタゴのソフロニオスやその精神を継承したマクシモスは、キリスト単意説ないし単一エネルゲイア説に対して徹底した論陣を張った。なぜなら、右のような修道の理想を掲げることには真摯なものが認められるとしても、それがキリスト単意説という形で主張される際には、人間の身体性、時間性の担う重要な意味合いをないがしろにしてしまう嫌いがあるからである。そうした単意説との論争はマクシモスにとって晩年のことであったが、その具体的経緯は『ピュロス駁論』という著作に詳しい。その眼目は、『難問集』のより大きな文脈に即してさしあたり言っておくとするなら、次の二点に存しよう。

(i)　およそエネルゲイア（働き、活動）は、ピュシス（自然・本性）に帰属する。そしてイエス・キリストには、たとえば「奇蹟（神的な驚くべきわざ）を為すこと」と「受難を蒙ること」との両方が存するので、神性によるエネルゲイアと人性によるエネルゲイア説とがいずれも認められる。

(ii)　それゆえキリストのうちには、神性と人性とがヒュポスタシス（個的現実）に即して結合している。すなわち、ヒュポスタシス・キリストなる個的な現実存在にあっては、神性と人性という二つのピュシスがそれぞれ十全に働きつつも結合・交流し、いわばヒュポスタシス化しているとされる。丁度そのように、神的意志と人間的意志とは、それぞれ十全に働きつつ、両者相俟って人間の神化が、そして人性の成就や救いが根拠づけられることになろう(46)。

ただし、「キリストにおける神性と人性とのヒュポスタシス的結合」ということは、端的に対象として知られるのではない。むしろそれは、われわれ自身の全体がそこへと定位されているような志向的知であり、その意味での「信の文脈」に置かれているのであった。さらに言えば、発見の順序としては、神的エネルゲイアと人間的エネルゲイアとの結合・交流（キリストの現実）を経験したことが、ピュシスの次元を超えて二つのピュシスを包摂するものとしてヒュポスタシスという言葉を必要としたのだ。が、それは、新たな概念の単なる要請ではなく、新たな現実の経験にもとづくものであった。

こうした事柄はマクシモスのキリスト論の輪郭を為すものであるが、その文脈が全体として意味するところは、次節以下の探究に譲る。ここではそれに立って、次のことに注意しておこう。

カルケドン公会議以降の時代的要請でもあろうが、マクシモスにあっては、受肉と神化との連関についての論がエネルゲイアと意志という言葉を軸に展開され、問題場面がいっそう内なる位相に関わるものとなっている。すなわち、従来「神性と人性との結合様式」をめぐってさまざまに吟味されてきた事柄は、マクシモスにあって自然・本性（ピュシス）の成り立ちそのものに関わる動的な構造のもとに捉え直されているのだ。そしてそのことは、われわれに即して言うなら、人間の真の成立のかたちとその機微とが、よりあらわに問題化してくることにほかなるまい。

すでに言及したように、「キリストを語ること」は、実はわれわれ自身を語ることである。およそ教父の伝統にあって、イエス・キリストの姿とわざを見つめ、その何たるかを語り出すことは、人間という存在者の意味と、その真に目指しゆくべき究極の姿（人間本性の完全性のかたち）とを問い抜くことであった。このことが見落とされて問題の局外に置かれるならば、およそキリスト教教理をめぐる論は、ややもすればわれわれの生と自然・本性との切実な探究から切り離された何か特殊なもの、生命の乏しいものとなる恐れがあるのである。

第五節　受肉と神化との関わり――キリストにおける二つのエネルゲイア――

一　受肉と神化との基本的関わり

証聖者マクシモスはこの問題について、右に概観したような伝統的把握を継承しつつ、それをさらに吟味・展開していった。その際、マクシモスにあっても多くの場合、神やロゴス・キリストを主語とした表現が為されている。だがそれは、単にわれわれとは掛け離れた上なる世界のことを語るものではなくて、「人間という存在者が何であり得るのか」という根本的可能性に関わるものであった。とすれば、神、ロゴス・キリストを主語とした文脈も改めてわれわれ自身に突き返され、いわば人間的経験の根底から読み解かれ、つねに新たに発見されてゆかなければならないであろう。

そこで以下、『難問集』の文脈に即して、くだんの問題を吟味・探究してゆくことにしたい。代表的表現としてまず注目されるのは、次の文章である。

「ロゴスたる神はそれ自身としては変化することなく、われわれのような自然・本性的に受動的なものへと無化した。そして、かかる受肉（σαρκώσις）を通して、自然・本性的な感覚によって見える神、下位の神と真に呼ばれることになる。つまり神は、本性的に受動的な肉体（σάρξ）を通して無限なる力を顕現させたのだ。なぜならば、そのとき肉体は明らかに神と結合せしめられて一つのものとなり、より善きものが勝利したからである。このようにロゴスは肉体を摂取し、ヒュポスタシス的な同一性が成り立つような仕方で、肉体を神化させた。……それは、《神が人間となったほどに、人間が神となるためである。》……すなわち自然・本性的に神なる存在が、自らの受肉によってわれわれ人間の対立する弱さを担い取るのだ。そして神は、自らの無化を通して恵みにより救われる者たちの神化（θέωσις）を知っていた。そのとき、万物は神的なかたちとなり、全体として神を受容して、神のみのうちにいて安らうことになる。そしてこれこそは、真に福音を信じる人々が、それに成らんと熱心に目指しゆくべき当の完全性なのである。[47]」

この文中、肉・肉体とはヘブライ的語法を反映して、人間ないし人間本性の全体を指す。そして、神が自らの無化を通して肉体を摂取したことが、人間（肉体）の神化を根拠づけているという。その際、われわれの成りゆくべき完全性とは、「肉体（人間本性）が神と結合せしめられた姿」であり、さらには「人性が神性とヒュポスタシス的に結合した神人性の姿」だと考えられよう。先に、「神性によって摂取されないものは救われない」とあったが、その意味で、神が受肉によって人性の弱さを担い取る限りで、人間の神化の道が可能になるとされるのである。

ただしかし、マクシモスのキリスト論は、西欧近・現代の大方の学的枠組みを超えて、人間本性成立の究極の位相に関わるものであった。それゆえ以下においては、次のような相互に重なる論点のもとに、「受肉と神化をめぐる論」をしも普遍的な愛智の文脈として解釈してゆきたいと思う。（それはつまり、後世の、多分に前提を抱えた思考方式をいたずらに持ち込まず、テキストを虚心に読み説いてゆくこと以外ではないのだが。）

(i)　マクシモスは一方では確かに、キリストを主語とした語り口でキリストの受肉（神人性）の姿を語っているが、まずはそうした「受肉の文脈」の主たる表現を跡づけてゆく。ただしそれらは、われわれ（人間本性）を神化させるという「神化の文脈」との密接な連関のもとに語られていた。が、さらに、「受肉と神化との連関の原初的かたち」に注目するとき、イエス・キリストという存在にあっては、「神的ロゴスの受肉」と「人性の神化」とがほとんど一つの現実として浮かび上がってくるであろう。

(ii)　しかるに、そうしたイエス・キリストの現実（ある意味で、神化の原型）とは、無限性に関わるものであるだけに、われわれにとって客体的出来事たる「知の対象」とはならず、どこまでも「信の文脈」の中で語られ得るものであった。この点たとえば、「聖霊によらなければ、誰もイエスは主であると言うことができない」（一コリント一二・三）とある。そのように、ロゴス・キリストの受肉を語る把握は、それが発語された原初的誕生の場に遡るならば、神的エネルゲイアないし霊（プネウマ）を人が受容した「信という魂のかたち」に一度び収斂してくるであろう。

むろん問題は、「不確かなものを闇雲に信じるしかない」などということではない。かえって、「受肉を語ること」は、神的霊によって主体・自己が脱自的な愛へと促される経験に根差しており、そのこととの連関のもとに捉えらるべき事態であろう。してみれば恐らく、主体・自己の存立がいわば無化されるかのような経験から、その根拠を問い披くといった探究において、いわばわれわれ自身の内奥からキリストの名が真に見出されてくると予想されよう。そこで、以上のことをつねに念頭に置きながら、マクシモスの主要なテキストをさらに考察してゆくことにしよう。

先の表現に続いてマクシモスは、神なるロゴス・キリストが摂取したものについて、こう述べている。

「本性的に罪を犯し得ぬ方（キリスト）が、罪を犯す者の報いを、つまり過誤によって罰せられた姿としての自然・本性全体の受動性を摂取した。……ロゴスは、ヒュポスタシスに即した結合・一性（ἕνωσις τῇ καθ' ὑπόστασιν）によって人間的自然・本性の全体を、それと分離し得ぬ諸々の情念もろともに担ったのである。[48]」

ここで、とりわけ「カルケドン信条」以来の「ヒュポスタシス」の意味合いについて、改めて確認しておこう。ヒュポスタシス（ペルソナ）とは一般に、「それ自体として区別された自存するもの（συνέστος）」のことであった。つまり、ウーシア（実体）、ピュシス（自然・本性）がそれぞれに本質的意味次元に属するのに対して、ヒュポスタシスはこの有限な世界に現実化すること（実在的次元）に関わるものとして、「個的な現実存在」を表わす。[49]ではこのことは、右の引用文にあっては何を意味するのか。

この点、マクシモスに即して基本的に言えば、人性（人間的ピュシス）は一なるヒュポスタシス・キリストのうちで、いわばヒュポスタシス化されている。人性は、ヒュポスタシスなるロゴス・キリストのうちに摂取され得るのであって、端的に神性のうちにではないのだ。[50]（後の場合には人性は、永遠なる神性のうちに融解し消失してしまい、現に人間で在ることも成り立たなくなるであろう。）

言い換えれば、この世界において人性が人性として在りつつ、しかも神性に何らか摂取されるとすれば、その結合・交流（ペリコーレーシス）は、ヒュポスタシス・キリストにおいてはじめて生起し得るとされたのだ。[51]すでに触れたように、両本性の交流している現実に出会った経験から、本性（ピュシス）の意味次元を超えて両本性を包含し得るものとしてヒュポスタシスということ（言葉）が新たに発見され発語されたのである。

ちなみに、そうしたヒュポスタシスに呼応して、「エンヒュポスタトン」（ヒュポスタシスのうちなるものの意）（ἐνυπόστατον）という語も用いられる。エンヒュポスタトンとは、他のもののうちに存すると見出されるもののことである。この意味では、人性はヒュポスタシス・キリストのうちに摂取されて、いわばエンヒュポスタトン化されたときに、はじめて十全に存立してくる（開花してくる）ことになろう。[52]

かくしてヒュポスタシスは、単に個別的ピュシスでも個別性そのものでもなくて、「自然・本性（ピュシス）的生命の現実的源泉」なのだ。すなわちヒュポスタシス・キリストのうちにキリストの二つの本性（神性と人性）が、「混合せず、変化せず、分割せず、分離せず」結合しているとされるが、それはまた、人間本性が真に開花・成就してくる場と構造とを指し示しているのである。

　ところで、先の引用文の文脈に立ち帰って言えば、われわれはほかならぬ自らの意志的背反によって、罪（ἁμαρτία）という「非存在のかたち」を己れ自身に何らか刻み込んでいる。それは、「迷いをも含んだ意志（グノーメー）」が悪しき仕方で（つまり、自然・本性に反して）働くことによる姿であった。が、罪とは、「自然・本性（ピュシス）に背反するわざ」であるので、自然・本性そのものには属さないという。すなわちマクシモスによれば、「罪の力とは、われわれのグノーメー（迷いを含んだ意志）の、自然・本性に反した状態なのである。[53]」

　しかるにロゴス・キリストは、一方では全き神性を保持しつつ、他方、「罪は除いて」人性の全体を摂取したという。[54]（それゆえ、後に言及するごとく、「キリストにはグノーメーがない[55]」とされる。）そうした受肉のわざを通してキリストは、人が自らの全体を委ねてキリストに聴従し、神化へと上昇してゆくための、根拠とも道ともなり得るであろう。

　こうした事柄についてより詳しくは、次のような透徹した表現によって説き明かされている。

　「ロゴスは自然・本性に主に留まり、かつ自然・本性的にしもべたるわたしのためにしもべとなった。それ（受肉）は、誤ちを犯し暴君として支配している者の主人を造り、また、しもべたる者が主人として働くためであった。すなわち、肉的なもの（人間的なもの）が神的に（θεικῶς）働き、そのようにして、自然・本性としては不受動で主人たる力を肉的なもののうちで顕現させるためである。そしてまた、朽ちるものを受難（受動）によって滅ぼし、もはや破壊されぬ生命を〔十字架の〕死によって造り出すためである。〔受肉が為されたのは〕また、神的なものが肉的に（σαρκικῶς）働いて、そこに語り得ざる無化（κενώσις）が示されるためであり、さらには、朽ちる者として生まれたすべての種族（人間）を、受動的な肉体を通して神化させるためである。[56]」

マクシモスはこのように言うことによって、「受肉は神化のため」という基本定式の含意するところを浮彫にしている。そこに読み取れるのは、キリストにおいては、神的働き（エネルゲイア）と肉的働きとが、それぞれの自然・本性（ピュシス）を保持しつつ共存しているということである。すなわち、ロゴス・キリストは一つのヒュポスタシス（個的な現実存在）として、「自らの神性の力を切り離すことなく、固有の肉体の働きを共合的に発現させた[57]」とされている。

こうした洞察は、キリストにおける二つのエネルゲイアを注視することにもとづくものであった。恐らくはそれこそが、神性と人性との何らかの結合と交流とを証示しているのだ（とくにヨハネ一〇・三八参照）。そして、「肉的なものが神的に働くこと」が可能となるのは、神人性の現存する働きに聴従し、それを能う限り受容してゆくことによるのであり、そこに神性への与りとしての神化が生起してくることになろう。

ところで、具体的なエネルゲイア（働き、わざ）が、その働きの主体（源泉）たる本性的存在を証示しているということは、「経験から、その根拠へ」という探究方向と呼応している。そしてこのことは、「ロゴス・キリストの受肉、神人性などという事態が、そもそもどこから、つまりいかなる使徒的な経験から見出され、語り出されたのか」という中心の問題と、密接に関わっているのである。

二　受難と奇蹟――二つのエネルゲイアをめぐって――

聖書の記述、つまり使徒たちの証言によれば、イエス・キリストは受難を蒙り、かつ多くの奇蹟を行った。マクシモスは、一見対立するそれらのことのうちにキリストの神人的な姿を洞察して、端的に次のように喝破している。

「キリストは、受難（πάθος）を蒙りつつも（πάσχων）真に神であったし、その同じキリストが、奇蹟を行いつつも（θαυματουργών）、真に人間であった。なぜならば、キリストは、神性と人性という二つの真の自然・本性（ピュシス）の、語り得ざる一性（ἕνωσις）に即した神のヒュポスタシスであったからである。すなわちキリストは、それら二つの自然・本性を互いに適合的に働かせ、それらを真に混合なきものとして保持して自ら存続していることをあらわに示した。その際、同一のものが自然・本性的に、不受動なものでありかつ受動的なものであり、不死なるものでありかつ死すべきものであり、そして見えるものでありかつ見えざるものであった。同様にまた、同一のものが、自然・本性的に神であり、かつ自然・本性的に人間であったのである。(58)」

ここに、「受難を蒙ること」は人間的エネルゲイアを表わし、「奇蹟（驚くべきわざ）を為すこと」は神的エネルゲイアを表わす。使徒たちのまみえたキリストにあって、そうした二つのエネルゲイアは、「混合することも分離することもなく」一なる仕方で働いている。すなわち、肉体（人間）に固有な働き（エネルゲイア）が、「神性の力と切り離されることなくあらわになっているのだ(59)。」

そのことの理由として、先の引用文においては、「キリストが神性と人性との語り得ざるヒュポスタシスであったからだ」とされている。しかし発見の順序としては、むしろ逆に、二つのエネルギイアの具体的経験が、「キリストにおける神性と人性との何らかの結合」（受肉存在）を遙かに証示し、そこへと限りなく開かれているのである。

従ってここに、「受肉存在から、そのエネルギイアの顕現（わざ、結果）へ」という実在的関係の方向と、「エネルギイアの経験から、その主体たる受肉存在へ」という志向的な探究・発見の方向との二つが、ある種の円環を為していることが認められよう。そしてこのことは、「ロゴス・キリストの受肉」の信というものが（知ではなく）、そもそも自己探求と神探究にとって何なのかという根本の問題に関わってくるのである。

その点に関しては、後に改めて考察しなければならないが、ここでは受肉の姿を語るテキストに、今少し言及しておこう。マクシモスはいわゆる「聖霊によるキリストの誕生」（ルカ一・三〇―三五）について、その内実を次のように語っている。

「超実体的なもの（ὑπερούσιος）が、一方では、男性を介さず神的な仕方によるがゆえに、人間を超えて実体化され、また他方、受胎の法によるがゆえに、人間に即して人間的な仕方で、人間の実体（ウーシア）から実体化されている。……それは、マニ教の愚かなおしゃべりのように、肉体の形相のうちで見せ掛けの幻想として形を取ってきたのではない。そしてまた、アポリナリオスの神話のように、実体化された肉体を天から降下させた［つまり、魂に取って代らせた］のでもない。(60)」

ここには、マニ教やアポリナリオス派の一見合理的な所説の真相が暴かれている。その詳細はともかく、マクシモスによれば、「イエスの神秘は隠されており、それ自体としては、いかなる言葉や知性によってもあらわにされることはない。」[61]
この意味で、「超実体的なものが人間を超えて実体化される」などとあるのは、決して対象的な知（限定）ではあり得ず、実は否定の調べに貫かれており、「イエスの語り得ざる神秘」を指し示しているのだ。が、そうした表現はむろん、対象についての単なる不知の表明に終わるものではなくて、人間本性（つまり主体・自己）が神性との結合へと無限に開かれ、神の顕現へと関与してゆくという、その場と可能性とを守っているのであった。

実際マクシモスは、聖書の言葉に依りつつ、イエスその人の姿を虚心に見つめてこう言う。

「イエスは息をし、語り、歩き、食べ、飢え、渇き、眠り、労苦し、涙するといった現実の人であった。……しかし、ロゴスは自存的な力であって、〔人性と結合した〕ロゴスの自然・本性は、われわれに対する神の摂理（*οἰκονομία*）を幻想的にではない仕方で成就した。つまりロゴスは、摂取した実体の働きを無みすることはない。……ロゴスは実体を超えて実体化され、人間的なものを人間を超えて働かせているのである。」[62]

このように言われる際、受肉（キリストの自己無化）の文脈は、人間の神化や救い（人間本性の成就）との関係性の中にあるのだが、そこにはある種の循環が潜んでいる。すなわち、神的エネルゲイアが人間的なものを神的に働かせることによって、ロゴスが宿り顕現したという。が、同時に、ロゴスのそうした受肉の働きこそは、人間の神化への道を成り立たせる根拠であった。

してみれば、マクシモスの表現は、受肉ということを単に外なる客体的出来事として示すに留まらず、むしろイエス・キリスト自身の身に生じた「神化の現実」として問題にしている。すなわち、すでに触れたごとく、キリストにおいてはある意味で、「神的ロゴスの受肉」と「人間の神化」とが、まさに一つのこととして現出しているのだ。従ってここに、問題点として二つのことが分節化されることになろう。

(i) キリストにおいては、受肉と神化とがいわば同時的に現出している。

(ii) そうした「受肉＝神化」なる存在のエネルゲイアに与りゆくことによって、われわれの神化への道が生起し得るであろう。

その際、キリストは「受肉＝神化」のいわば原型であるので、われわれは本来、「原型とその似像」、あるいは「受肉と《受肉の受肉》」との関わりへと定位されていることになろう。

だがそれにしても、そのことには微妙な問題が隠されている。「受肉＝神化」なるキリストの姿を語ることは、イエス・キリスト自身に生じた経験そのものを語ることであるが、それはいかにして可能なのか。もとよりキリスト自身は、何も書き残していない。それゆえ、原初的な場面に遡って言うなら、キリストのそうした姿を語ることは、キリストに出会い、神的エネルゲイア、神の霊に促された使徒的経験の内側から、はじめて可能であったと思われる。とすれば、「キリスト自身の経験（「受肉＝神化」の姿）を語ること」は、「使徒たち（そして、つまりはすべての人々）の根源的出会いの経験を語ること」に、ある種の落差を伴いつつも重なってくるであろう。

そしてそこには、探究のはじめから問題となったような、根源の出会い（カイロス）に心貫かれた人々の脱自的な愛が漲っている。この意味で、「受肉と神化との関わり」などという一見特殊な問題は、その中心的な場面に関しては、愛智の普遍的探究（＝哲学）のいわば最前線に位置しているのである。

ともあれ次に、右に言及した文脈がさらに展開しかつ収斂してゆく問題場面として、マクシモスにおける「意志の構造」を見定めてゆくことにしたい。

三　キリスト両意説

受肉と神化との関わりは、われわれにとって必然的に定まっているものではなくて、それがより善く具体化してくるか否かは、あくまで自由な意志の働きに依存している。そこでまず、次の言葉が注目されよう。

「われわれの救い（σωτηρία）の神秘の何と偉大なことか。イエス・キリストが自然・本性的にわれわれに即してある限りで、われわれは現に求め、また、われわれに即したもの（人間的なもの）をわれわれを超えて、キリスト自身が〔神性と〕結合させる限りで、われわれにとって〔救いへの〕道が開かれる。もとよりそれは、罪を愛するような意志（γνώμη）の習性が自然・本性の弱さを悪の材料にしてしまわない限りにおいてであるが。[63]」

この一文は、われわれが「万物を超えた存在と実体的に交わり」、自らの自然・本性の開花・成就に与りゆく道を示している。[64] その際、キリストの存在は、「われわれに即して」と「われわれを超えて」という二つの次元（人性と神性の次元）の結合として語られる。そうした神人性の姿は、さまざまな迷いをも含んだ意志（グノーメー）を有するわれわれにとって、それに成りゆくべき究極の目的であり、完全性のかたちでもあった。そして神化（救い）の道が生起するためには、ヒュポスタシス・キリストの神的かつ人間的なエネルゲイアを、われわれ自身が意志的に聴従し、かつ受容してゆかなければならない。[65]

ここにグノーメーとは、すでに触れたごとく、古代ギリシアでは、思考、判断、意図などの意味の語であったが、マクシモスでは「魂・人間の全体としての傾き、意志」、そしてとりわけ「迷いをも含む人間的意志」を表わす語として用いられる。

ただしマクシモスによれば、自然・本性的な意志（θέλημα φυσικόν）とグノーメー的な意志（θέλημα γνωμικόν）とは異なる。前者は、自然・本性的に存在するものの実体的欲求である。だがグノーメーとは、各々の人の「在ることの方式」（τρόπος τοῦ εἶναι）、つまり自然・本性の開花・成就か否かに関わるのであった。[66] 言い換えれば、グノーメーは人間本性に託された可能性が成就するか、頽落するかという両方向に開かれており、いわばそうした存在論的な受容性を担っているのだ。

そこにおいて注目すべきは、われわれがそうしたグノーメー（迷いある意志）を抱えているのに対して、「キリストにはグノーメーがない」とされ、両者が著しい対照を為していることである。これは、往時（七世紀）のいわゆる「キリスト単意説」に抗して、マクシモスが決然と「キリスト両意説」を主張したことの中心に関わる。そして、その点を考察することは、これまで論じてきた問題をとくに意志論という観点から吟味し直すことになるであろう。そこで、それが「受肉と神化の問題」の根幹に触れてくる限りで、その要となることを押さえておこう。

マクシモスの両意説とは、一言で言うならば、一なるヒュポスタシス・キリストのうちに神的意志と人間的意志とが、それぞれの固有性を保ちながら結合して働いているとするものであった。しかし、「キリストにはグノーメー（迷いある意志）はない」[67]という。そのように、キリストにあってグノーメーが完全に凌駕されているということは、現実の人間の成りゆくべき究極の姿を示していると解されよう。

他方、七世紀前半においては、キリスト単意説ないし単性説に与する人々が、時の皇帝の指示を受けて小さからぬ勢力を有していた。ここに単意説とは、キリストのうちに純粋な神的意志のみを認め、頽落と罪に傾くような弱き人間的意志をことごとく排除するものであった。すなわち、受難に向かう際、ゲッセマネにおいてイエスは、「父よ、この杯を取り去りたまえ」（マルコ一四・三六）と祈ったという。が、単意説論者たちにとって、そのように弱さを抱えた人間的意志は、「十字架の死」に関する神の意志（摂理）を拒むもの、罪を孕むものと看做された。そこで彼らは、この意味での人間的意志をキリストから排除したのだ。[68] そうした主張は、一つの動機としては恐らく、キリストの神性をあくまで純一なる仕方で守ろうとする思いに促されていたであろう。しかしそれは、結果としては、神の子の受肉、死、復活といった事態に秘められた謎・神秘から多分に目を逸らすものとなったと言わねばなるまい。

ちなみに、かかるキリスト単意説というものは、四世紀のアレイオス派がイエス・キリストの人性のみを認めて神性を拒否した態度の、一見対極に位置するとも思われよう。だがその内実としては、両者はいずれも、キリストの神人性（神性と人性との不可思議な結合と交流）ということが根拠となるような、「神化の場と可能性」に心を閉ざしたと考えられよう。すなわち彼らにあっては、現実の人間がこの可変的世界に生きつつも、己れのうちに神的なものを真に宿し、神性と結合してゆく可能性の場がおおわれてしまう。その結果、彼らは多分に恣意的な、あるいは一見合理的なキリスト把握に陥り、無限なる神性のエネルゲイアに背を向けることになるのだ。

ところでマクシモスは、キリスト単意説を論駁するに際して、「キリストを分割してはならない」[69] と繰り返し言う。すなわちマクシモスは、「神性と人性とのヒュポスタシス的結合」を語る「カルケドン信条」の精神を継承しつつ、さらには、神的意志と人間的意志とが「混合も分離もない仕方で」結合し、一なるヒュポスタシス（個的な現実）に即して働いているとする。すでに言及したように、エネルゲイア（働き、わざ）はピュシス（自然・本性）に帰属するので、受肉した神は、真の神としては神性によって意志し、真の人間としては人性によって意志するのである。

従って、奇蹟（神的なわざ）を行うことと受難を蒙ることとは、一つのエネルゲイアによるのではない。確かにそれらにおいては、神性と人性との両者が働いている。ただし、神的エネルゲイアが身体なしに働くのと、身体とともに働くのとでは違いがあるという[70]。言い換えれば、神的エネルゲイアは、非身体的に意志し、かつまた身体に触れて身体的な仕方で顕現してくるのだ。たとえば奇蹟にあっては、それら二つのことが微妙に結合している。すなわちさまざまな奇蹟のうちで、神的エネルゲイアは、身体のエネルゲイアを損なうことなく、それを保持しつつ神的なわざとして発現させている[71]。そしてそのとき、身体的エネルゲイアは、「キリストのエネルゲイアを受容し、それを発現させている」とされている[72]。

では、キリストが神的意志と人間的意志とを備えているのに、「グノーメーは持たない」、とされるのはなぜなのか。マクシモスはこの点とくに、ゲッセマネでの「杯の拒否」と見える言葉、つまり先述の「父よ、この杯を取り去りたまえ」に続く言葉に注目する。それは、「わたしの願うことではなくて、あなたの御心に適うことが行われますように」（マルコ一四・三六）という「杯の受容」を示す言葉である。「イエス・キリスト自身の信」という姿がそこに窺われよう。

その一連のくだりにあって、確かに人間的な恐れやひるみが表わされているが、それは決して二心ある分裂ではなく、神的意志からの逸脱でもなかった。かえってそれは、神的意志と調和し、神の摂理（*οἰκονομία*）への全き聴従の姿へと象られ形成されているのである[73]。

しかしわれわれのグノーメー（意志）は、さまざまな迷いと異なりをも含み、神的意志に背反して働く可能性にもつねに晒されている。そのことは大きな拡がりを有する事柄であるが、その根本の意味は次のように洞察されている。

「グノーメー的な諸々の意志の異なりこそ——それはわれわれの通常の姿であろうが——、罪のもとであり、また神との隔たり、他者との分裂、されには己れ自身との分裂を引き起こすもととなるのである。[74]」

とすれば、無限なる存在の前にいかに立つかということは、われわれにとって他者との関わりの姿を決めてくることになる。その際、神的な意志（神の霊）に聴従してゆくことこそが、他者との真の交わり、愛のもとであり、同時にまた、真に自己となりゆく道ともなろう。

言い換えれば、迷いある意志たるグノーメーを抱えたわれわれにとって、神化（神的生命への与り）の道が可能になるのは、そのグノーメーの境位を完全に超えた神人性そのもののエネルゲイアを真に受容してゆくことによるであろう。この意味では、両意説というかたちでキリストを語ることは、実はわれわれ自身の道を語ることであるのだ。すなわち、キリスト論とは本来、決してふつうの人間と掛け離れた特殊な対象についての論ではなくて、われわれ自身が真に存在（神性ないし善性そのもの）に関与し、ひいては人間として開花してゆくための可能根拠を凝視したものであった。

四　グノーメー的聴従——善の顕現と意志——

さて、神的意志への聴従（ἐκχώρησις）ということについては、『難問集』の中の次の表現がとりわけ注目さるべきであろう。そこにあっては、「父なる神へのキリストの聴従」が、「われわれの聴従」の範型として語られており、問題の中心がいっそう浮彫にされている。そして、そうした範型は、われわれにとって「神化への道行き」が成り立つための、その可能根拠を指し示していると考えられよう。

「空気が全体として光に照らされたり、鉄が全体として火に燃やされたりするように……われわれは善性（ἀγαθότης）の過ぎ去りゆく分有（μετουσία）なのではなくて、まさに来るべき分有を影像として捉える。なぜならば、希望されているものはすべて、視覚や聴覚の、そして思惟の彼方にあるからである。そして、そうした善の分有は、神的使徒の言うごとく、御子が御父に従うような聴従（従順）（ὑποταγή）によるのである。……すなわち救い主自身、自ら御父への聴従をわれわれの範型として示している。《もはやわたしの意志するようにではなくて、あなたの意志するように為したまえ》（マタイ二六・三九）と。また神的なパウロは、イエスに倣って己れ自身を否定し、もはや固有の生命を持っているとは思わないかのように、《もはやわたしが生きているのではなくて、わたしのうちでキリストが生きている》（ガラテア一〇・二〇）と言うのだ。しかし、こう言われたからとて、心騒がせてはならない。なぜならば、パウロはその際、自由（αὐτεξουσίου）の排棄が起こると語っているのではなくて、自然・本性に即した確かで揺るぎない姿、あるいはグノーメー的な聴従（ἐκχώρησις）を語っているからである。それは、われわれの在ることが実現し、似像が原型へと回復する動きを現実のものとするためであった。(75)」

ここに見られるように、「父へのキリストの聴従」が「われわれの聴従」の範型となるという。それは、次のような理由による。つまり、神的エネルゲイアが十全に受容され、そこに神化が生起するとすれば、キリストにあっては、「受肉」（人性における神性の宿り）と「神化」（神性との人性の結合）とが一つのこととして実現しているのであろう。が、そうした「受肉＝神化」なる存在に関与してゆくことこそが、われわれにとって神化への道の範型となり、根拠となるのである。

ただその際、われわれ人間に、神的エネルゲイアそのものを端的に知りかつ捉える力があるとは言われない。

むしろわれわれは、現存する神的エネルゲイアへと開かれゆくばかりなのだ。そして、神化へと向かう力もまた、「霊（プネウマ）の卓越した恵み、つまり働く神を証示する恵みを通して」[76]、はじめて生起するという。すなわち、万物に浸透する神的エネルゲイアのみが端的に在るのだが、神は、「それにふさわしいすべての人々に対して、善き仕方で自らのエネルゲイアを浸透させ、交流させせている」[77]のである。

ところで、先の引用文中、今一つ存在論的にも重要な点に改めて注意しておこう。それは、己れを無みするかのようなグノーメー的聴従によって、われわれの「在ること」（τὸ εἶναι）が勝義に実現してくるとされていることである。これはむろん当初からの問題であるが、そのようなとき、通常の「在ること」の不分明な閉ざされた姿が突破され、自らの存立根拠へと徹底して開かれよう。つまり、己れの「在ること」がすでに確保されていると看做すような自己把握は否定されて、「在ること」が新たに獲得されてくるのだ。この点さらに、こう語られている。

「摂取された自然・本性は、自ら動くものではなく、それ自身にヒュポスタシス的に結合された神性によって、真に動かされる。それゆえ、人間本性（人性）は自存する働きを有してはおらず、また実体（ウーシア）そのものとも言えない。かえって人性は、それに結合して真に実体化された神なるロゴスによってこそ、在ること（τὸ εἶναι）を得るのである。[78]」

明らかにこれは、「在る、存在する」ということについての通常の了解を突き抜けた把握であろう。つまり人間本性は、決してそれ自身で完結した自存するものではなくて、神性に摂取され結合されてはじめて、真に「在ること」を得るのだ。この点、右の引用ではまた、「人性は、それに結合された神性によって動かされる」とも言われている。

右に「在ることを得る」とあるのは、時間的存在者として時々刻々と非存在に晒されているわれわれが、「在り、かつ在らぬ」という両義性を帯びた姿から、真に「在ること」へと変容せしめられることであろう。従って、こうした勝義の「在ること」の顕現とは、すでに論じたごとく、「在ることの度合」が高まった姿であり、内実としては「善く在ること」（τὸ εὖ εἶναι）の発動・顕現の姿でもある。そしてそれは、存在様式そのものの新しさであり、人間の新しい誕生にも連なるのである。

ここで改めて確認しておくと、マクシモスによれば、単に「在ること」ではなく、「いかに在るかの方式」はオイコノミア（摂理）に関わる。すなわち、「在ることの意味（ロゴス）」はピュシスに関わり、他方、「いかに在るかの方式」はオイコノミアに関わるのだ[79]。オイコノミアという言葉をこのように用いることによって、マクシモスは、「静止した意味の次元」と「その実現・発言の次元」とを区別している。後者にあっては、われわれの「在ること」のピュシスが真に開花し成就してゆく道が問題となるのである。

さて、くだんの「善く在ること」（勝義のアレテー）というかたちの現出とは、何か一つの形相（限定）の成立ではなくて、「つねに（永遠に）在ること」（τὸ ἀεὶ εἶναι）ないし「つねに善く在ること」へと開かれた自己超出的な動きそのものであった。それゆえ、人間的自然・本性（人性）は本来、神的エネルゲイアに聴従しつつ、己れ自身を超え出てゆくという否定性と動性をしも、自らの本質としているのだ。そして、そこにわれわれは、「在る」と「善い」との（存在と善との）根源的な意味連関を認めることができよう[80]。

してみれば、こうした根源の場面にあって、「善い」とはもはや固定した実体（ウーシア）ないし自然・本性（ピュシス）に帰属する性質の述語などではあり得ない。「善い」とはかえって、「つねに在る」超越的なものへと徹底して開かれた動性をしも担う言葉となるのだ。そしてその際、「善い」という語に代って、むしろ「善く」が第一に用いられることになる。つまり、「善く」とは（「善く在ること」という表現にあって）、もはや静止し完結した実体を基体として持たず、むしろ個別的実体の「在ること」の境域を絶えず突破し無みする働きをしも指し示していると考えられよう。[81]

そこに漲っているのは、超越的な神性の働き（エネルゲイア）であるとともに、それに心披いて応答し、それを受容する魂・人間の自由の働きである。次元を異にするそれら二つの働き（エネルゲイア）が相俟って、いわば魂を場とし器として「在ること」が勝義に宿り、受肉してくるのだ。二つの働きの協働が語られるゆえんである。そしてそこに、「善く在ること」という動的かたちが現出してくるのである。「在ること」のそうした勝義の成立、つまり「善く在ること」の現出は、われわれが神的エネルゲイアへと絶えず開かれゆくことによって結実してくるのであって、神的エネルゲイアとのそうした関与から切り離されるならば、われわれは自ら非存在の淵に（つまり、罪なる死性に）さ迷うほかないであろう（ヨハネ一五・六）。

この点、簡明に言うなら、心砕かれた祈りと観想のわざこそ、まずは人の為し得る最上のものであり、今、ここにあって存在（＝神の名）に真に与りゆくほとんど唯一の道であろう。（ただそれは、殊更に意識して為されなくとも、日常のわざを謙遜に、正しく、つまり「善く」為す人々において、内実として実現していると思われる。）実際、それなくしては、この世での諸々の営みは、たといそれがいかに人の目に価値あるものと映ろうとも、神の眼差しの前では真の生命から切り離されたものとなり、また、空しい執着の対象ともなりかねないのである。

五　神人的エネルゲイア

右のような文脈にあって、神的エネルゲイアへのグノーメー的聴従ということが、極めて重要な契機を為していた。が、その神的エネルゲイアは、それが人性（人間本性）に適合しつつ働き得るとき、むしろ「神人的エネルゲイア」という言葉によって表わされよう。実際、この点に関してマクシモスは、「人間的自然・本性の発現」、あるいは「神化」への道の可能根拠として、次のように神人的エネルゲイアの現存を語っている。

「ロゴス・キリストは、超実体的であるからといって、肉体（＝人間）から切り離されて単に神的に（θεϊκῶς）働いたのではなく、また人間であるからといって、神性から切り離された人間的なものを単に肉的に（σαρκικῶς）働かせたのでもなくて、人間となった神の何らか新たな神人的エネルゲイア（ἡ θεανδρικὴ ἐνέργεια）を、われわれのために働かせたのだ。というのも、人間愛を担う方（神）は、思惟的に魂を吹き込まれた肉体を摂取することによって人間となり、また、語り得ざる結合・一性（ἕνωσις）に即して、神的エネルゲイアを肉的なものと適合させて人間化させたからである。かくしてロゴス・キリストは、神的なものと人間的なものとを神的かつ人間的に捉え、あるいは、同一のもののうちで神的エネルゲイアと人間的エネルゲイアとを働かせることによって、われわれに対するオイコノミア（摂理）を神人的に（θεανδρικῶς）成就させたのである。(82)」

ここには、「神人的エネルゲイア（働き、わざ）」という言葉が明確に用いられている。（それは元来、五世紀末頃のディオニュシオス・アレオパギテースに由来する言葉であるが、マクシモスはそれを彫琢して論を展開しているのだ。(83)）そして右の一文は、「カルケドン信条」以来、「神性と人性とのヒュポスタシス的結合」として語られたロゴス・キリストの姿を、その働き（エネルゲイア）の場から捉え直し、いっそう浮彫にしたものとなっている。すなわちそれは、「神的なもの（神性）の受肉」を示すとともに、「人間的なもの（人性）の、神的なもの（神性）との結合」、つまり「人性の神化」を示している。従って、すでに触れたように、キリストにおいては、「神性の受肉」が同時に「人性の神化」でもあることになろう。この意味でキリストは、「受肉＝神化」なる事態そのものを担っているのだ。

しかし、むろんわれわれにとっては、「神性との人性の全き結合」とは、それに成りゆくべき目的であり完全性のかたちであって、すべての人はどこまでもその道の途上にある。それゆえここにおいて、「範型（目的たるキリスト）」と「そのエネルゲイアに聴従してゆく人間」との関わりが、改めて問題となるのである。

だが、われわれの側から言うなら、そうしたキリストに聴従してゆくためには、当のキリストが知られていなければならない。なぜなら人は、全く知らないものについては、「それに聴従する」とか、「それを愛する」とか言い得ないからである。では、右に語られたようなキリストの姿は、そもそもどこから、何に基づいて知られたのか。

聖書の記述、つまり使徒たちの証言は、キリストの姿を指し示している。そしてその根底には、キリストのエネルゲイア（働き・わざ）に出会い、そのエネルゲイアを受容し、キリストへの愛に促された経験が存しているであろう。が、ここにキリストへの愛とは、誤解を恐れずに言えば、もはや単に歴史上の特定の個人への愛というに留まらず、むしろ「人性の成りゆくべき完全性への愛」であり、つまりは「人性の神性との不可思議な結合へと無限に促されること」、無限なる愛の渇望そのものであろう。

このように言えるとすれば、われわれは受肉や神人性の知ということについて、一つの基本的な反省を迫られることになる。すなわち、「ロゴス・キリストの受肉」や「その神人性（神性と人性との結合）」などという未曽有のことは、二千年前の客体的事実として（つまり、知の対象として）はじめから前提さるべきことではなくて、少なくともそれが何らか知られてくる原初の場面からすれば、根源的愛の志向するところ（目的）として見出されたものであろう。

言い換えれば、ロゴス・キリストの受肉とは、神人的エネルゲイアを受容し宿した経験の直中から、志向的知として（対象的な限定・知としてではなく）、感知され語り出されたものと思われる。その際、人はそうした神人的エネルゲイアをいわば上方から、対象的に捉えてしまうことはできず、あくまで神人的エネルゲイアの無限なる現存の場へと開かれゆくことができるばかりなのだ。（ただしかし、われわれにとって神人的エネルゲイアへのそうした聴従と愛は、背反の可能性にもつねに晒された中から、それを無みし超出することとして現に生起してくると言わねばなるまい。）

してみれば、ここに信・信仰（πίστις）というものの意味と構造が改めて確認されることになろう。その際、受肉なら受肉に関する教理表現が元来、「われわれは師父たちの伝承に従って、かく信じる」（知るではなく）という「信の文脈」に置かれていたことが、忘れられてはなるまい。そしてそのことには、信仰、宗教、神学などについての通俗的な、また後期スコラや西欧近代以降の一種学的な了解を超えて、人間・自己の真の成立そのものに関わる問題が秘められているのだ。

信とは言うなれば、神人的エネルゲイアに貫かれた「魂のかたち」であるが、そうした信はさらに、脱自的な愛として働き出してくる。こうした勝義の信の発動にあっては、「受肉と神化との関わり」などということは、単に主体・自己の外に切り離された特殊な教理的問題としてある以上に、主体・自己の心貫かれた根源的経験の中からこそ、発見され語り出されるべき普遍的な問題であろう。だが、このことについては、次に節を改めて、その中心的位相を能う限り問い披いてゆくことにしたい。

第六節　脱自的な愛の経験から、その根拠へ——内なるキリストの発見——

一　神人的エネルゲイアとその受容——キリストの姿と人間的信——

信ないし信仰（πίστις）とは、マクシモスによれば、キリストの神秘が何らか知的に保持された姿である。神秘（μυστήριον）とはその原義からして、「《耳目を閉じる》（μύω）ほかないほど驚くべきもの、知られざるもの」であるが、そうした超越的なものにまみえ神人的エネルゲイアを宿した姿こそが、勝義の信であった。

この意味では既述のごとく、「ロゴス・キリストの受肉（神人性）」や、「神性と人性とのヒュポスタシス的結合」などといったことをわれわれは端的に知ることはできず、ただ魂に刻印された「信というかたち」として保持し得るに過ぎない。すなわちわれわれは、超越的かつ内在的に働く神人的エネルゲイアを受容した経験から、「神人的エネルゲイアの主体（源）」たる無限性の境位へと心披いてゆくことができるばかりであろう[84]。とすれば、われわれにとって「ロゴスの受肉たる存在」は、その「何であるか（本質）」が直接的に知られるのではなくて、神人的エネルゲイアの現存に促されつつ、己れを無みし超えゆくような志向・愛のいわば超越的対象として、ただ志向的に知られるのである。

それゆえこのことは、「対象化されたものを恣意的に信じる」といった多分に通俗的な図式で了解されてはならない[85]。つまり、キリストの神人性やヒュポスタシス的結合などということがはじめから対象的に措定されて、

「それを信じるのも信じないのも自由だ」というのでは必ずしもない。なぜならばそこでは、その対象はある意味で知られてしまっており、そのときわれわれは、超越的なものに対しては否応なく「知と不知との間」にあるという根本条件をないがしろにしていることになるからである。この意味で、「われわれは信によって歩んでいるのであって、〔神の〕直視・知によってではない」（二コリント五・一七）というパウロの周知の言葉は、われわれがどこまでも踏み留まるべき基本の構造を指し示しているのである。

さてマクシモスは、くだんの神人的エネルゲイアがいかに顕現したかということについて、こう言っている。

「主は、神人的エネルゲイアを自らのためにではなくわれわれのために働かせ、〔人間的〕自然・本性（ピュシス）を自然・本性を超えて新たにした。……つまり主は、自然・本性において二様であり、相互に交流する生（βίος）を適切に顕現させた。その生は神的な法と人間的な法とによって、同一のものとして混合なき仕方で結合している。すなわちその生は、単に地上のものと無縁で逆説的なものではなく、また諸々の存在物の自然・本性とは異なるものでもなくて、新しく生きる人間の新たなエネルゲイアをしるしづけているのである。[86]」

これはキリストの生の姿を語る言葉である。そのように、受肉の神秘たるキリストにあっては、「燃える剣において火が剣と一体化しているごとく、神性と人性とはヒュポスタシスに即して結合している[87]」という。が、そうした姿は元来、信（ピスティス）において、また信として受容された姿であり、それゆえ、信という経験から語り出されたものであろう。

言い換えれば、キリストのわざにおいて働く神人的エネルゲイアを受容したかたちが、信なのだ。そして、そうした信という「魂・人間のかたち」において、神性と人性とが勝義に触れ合い交流するのである[88]。ここにとりわけ想起さるべきは、次のような言葉である。

「朽ちる糧のためではなく、永遠の生命に至る糧のために働け。これは、人の子があなたたちに与えようとするものである。父なる神が、印して彼を証したからである。……神のわざ（τὰ ἔργα）とは、その遣わした者をあなたたちが信じることである。」（ヨハネ六・二七、二九）

「もしわたしがわたしの父のわざを為すならば、たといわたしを信じなくとも、そのわざを信じよ。そうすればあなたたちは、父がわたしのうちにおり、わたしが父のうちにおることを知りまた悟るであろう。」（同、一〇・三八）

「父がわたしの名において送る聖霊は、あなたたちにすべてのことを教え、またわたしがあなたたちに言ったことをすべて思い出させるであろう。」（同、一四・二六）

これらの言葉から読み取られるように、キリストの受肉ないし神人性を語り出すことは、その原初的誕生の場面に即して言えば、キリストのわざに出会ったことに、つまり神的エネルゲイア、神的霊（プネウマ）を受容したことにもとづくであろう。その際、神的エネルゲイアは、それが人間本性（人性）に適合して働く限りで、神人的エネルゲイアと呼んでもよい。そしてここに、人性による「神人的エネルゲイアの受容」とは、「信という魂のかたちの成立」であるが、そうした経験の内奥から、当の神人的エネルゲイアの「発出の主体（つまりキリストの神人性、受肉存在）」が志向的な仕方で語り出されてくるのだ。

ただもとより、われわれの「信のかたち」と「キリストの受肉そのもの」との間には、越えがたい落差が存する。それゆえ、キリストの受肉とは、われわれにとって端的な「知（限定）の対象」ではなくて、無限性へと開かれた「信の文脈」のうちで語られるのである。先の引用に、キリストの生は「新しく生きる人間の新たなエネルゲイアをしるしづけている」とあった。それは、「神性との人性の全き結合の生」であり、われわれの成りゆくべき「完全性のかたち」であるが、神人的エネルゲイアの経験によって遙かに指し示されるのだ。

かくして、ロゴス・キリストの探究は勝義には、主体・自己の現実の姿とは掛け離れた一種の客体的領域においてではなく、まさに神的エネルゲイアを受容し宿した経験に根差している。より正確に言うなら、神人的エネルゲイアとの根源的出会い（カイロス）の経験として現出した「信という魂のかたち」は、それ自身が神人的エネルゲイアの具体的発現たる限りで、神人的エネルゲイアの主体たる「ロゴス・キリスト」の探究が、そこにおいて為さるべき第一の場であり対象なのである。そして、「探究の端緒としての信・信仰」が語られる際、その基本はこのことに存しよう。そこで、次のことを確認しておきたい。

(i) 人が神人的エネルゲイアに何らか貫かれ、いわば「愛の痛手」（信）を刻印されること、つまり神人的エネルゲイアを驚きをもって受容することは、それ自身、一つの確かさを有する。その名に値する信というかたちには、「神的な愛の矢」に貫かれ、かつ脱自的な愛に促されるという確かさ（確実性）が漲っているのだ。

(ii) しかし、神人的エネルゲイアが発出する源としての「ロゴス・キリストの神人性（神性と人性とのヒュポスタシス的結合）」は、あくまで無限性に開かれており、「それがいかにして成立したのか」、「それ自体として何なのか」などについては、われわれはどこまでも不知に留まる。それゆえ、ロゴス・キリストの受肉存在は、最も基本的には、「神人的エネルゲイアを受容したかたちたる信」によって、また信として、ただ志向的に知られ、指し示されるのである。

とすれば、(i)、現実の生における「神人的エネルゲイアの経験」が確かさを有していることと、(ii)、キリストの受肉、神人性そのものが無限性（＝神）に徹底して開かれており、限定され得ず知られ得ぬもの（神秘）に留まることとは、人間的生のゆたかさと尊厳とを支えていると考えられよう。

実際、神の子の受肉、神人性の姿は、最後まで謎・神秘としてあり、ある種の合理的な知に解消し得ぬものとして語られてきた。たとえば、「神性と人性とのヒュポスタシス的結合」という教理表現にしても、既述のごとく、「融合せず、変化せず、分割せず、分離せず」という否定辞を介して、ただ間接的に浮彫にされている（カルケドン信条）。だがそうしたことは、単なる不知の表明ではなく、むしろ人間本性の開花・成就あるいは神化への道にとって、その可能性の場を開きかつ保持するという、より積極的な意味合いを担っていたのである。

二　受肉と神化との関わりの双方向性

右に窺ったように、「経験から、その根拠へ」という探究の道筋からすれば、神的エネルゲイアとの出会いの経験の局外に、ロゴス・キリストの受肉というが一方的に前提されるわけではない。むしろそれは、根源的な経験の基底において、その都度新たに発見され、参与してゆくべきものであろう。この意味では、「神が人間となったのは、人間が神になるためである」というアタナシオス以来の基本定式には、受肉と神化との関係性という点で、なおも吟味すべき微妙な問題が隠されていることになろう。

というのも、そこにはある種の循環ないし双方向性が認められるからである。すなわち、確かに「ロゴスの受肉」こそが「人間の神化」の根拠だとされるが、他方、当の「受肉のエネルゲイア」は、人間的自然・本性の何らかの変容と神化とのうちに、つまり「新たな生のエネルゲイア」の根底に現前しているものとして、はじめて見出されてくるのだ。この点、簡単に言うなら、受肉とは神化の根拠であり、神化とは、そこから受肉の語り出さるべき場・かたちであろう。

そこで、両者のそうした関係性の意味するところを今一歩踏み込んで問いたずねようとするとき、とくに注目されるのは次の表現である。

「神と人間とは、互いに範型（*παράδειγμα*）としてあるという。すなわち、人間が愛によって自己自身を神に向かって神化させ得た限りで、それだけ神は、人間愛（*φιλανθρωπία*）によって人間のために人間となる。そしてまた、人間が、本性的に見えざる神を諸々のアレテーによって顕現させ得た限りで、それだけ人間は、知られざるものへと神によって、知性（ヌース）を通して引き上げられるのである。[89]」

ここには明らかに、われわれにとっての「受肉と神化との内的連関」が語られている。だがその語り口は、従来の定式そのままではなくて、ある種の転調が見られよう。つまりそこにあっては、受肉という外なる出来事を人間の神化の根拠として語るというよりは、むしろ人間の神化（神的生命への与り）という経験の内側から、受肉という事態を見出してゆくという方向が示されている。

引用の前半では、人間が愛によって自らを神化させ得た限りで、いわばその度合に応じて、神が人間愛によって受肉するとされている。その際、受肉とは、単に過去に生起した客体的事実である以上に、われわれの神化という経験のうちに、いわば同時性としてその都度現前してくるものとして語られている。

言い換えれば、無限なる神へと心披く脱自的な愛によって、魂・人間は神人的エネルゲイアを受容する器ともなり、そこに神化（神的生命への与り）が何ほどか生じてくるであろう。が、そうした神化という事態の成り立つ根拠として、神人的エネルゲイア（受肉の働き）が現前しているのだ。既述のごとく、そこには自由な意志的聴従が介在しており、神的働きと人間的自由の働きとの一種の協働が存する。ただしかし、真に現存するのは、「神に適った人々を促す神人的エネルゲイアのみ[90]」なのである。

また、引用の後半では、人間的自然・本性のアレテー（徳、善く在ること）、つまり「神の何らか身体化した（受肉した）かたち」とは、神人的エネルゲイアの受容によって人間が神へと引き上げられることでもあるとされている[91]。こうした語り口は、確かに何らか循環の意味合いを含む。しかし、それによってマクシモスは、「在り、かつ在らぬ」という両義性を抱えたわれわれが真に存在に与りゆく道、そしてつまりは自らの自然・本性が開花・成就してゆく道を問いつつ、そのうちに成立根拠として働いている神的エネルゲイアを凝視しているのである。

してみればここに、二千年前のイエス・キリストにおける受肉の客観性ということ自体が、改めて捉え直されなければなるまい。その際、注意しなければならないのは、次のような二つの極への逸脱が、誰にとってもつねにあり得るということである。

(i)　それは第一に、神の子の受肉ということを単に二千年前の歴史的事実として固定し、しかも、すべてに勝るその真理を自分がすでに保持しているとすることである。しかしこれは、多分に特殊な前提を抱え込んだ思想態度であって、今日往々にして見られる通俗的な宗教批判にも耐え得ぬものとなろう。なぜならそれは、堅い信仰を標榜しているかに見えて、勝義の「信の文脈」、つまり脱自的な志向・愛による無限性への披きをないがしろにして、キリストの謎・神秘を人間的知（限定）の領域へと引きずり降ろすきらいがあるからである。

(ii)　だが、他の極として、時間的歴史的なことを普遍的な探究の外に置いて、神性と人性とをめぐる問題を一種の無時間的な形相間の関係として捉えるといった方向は、教父たちの取るところではなかった。なぜなら、そうした探究方式においては、われわれが否応なく抱えている身体性や時間性などが、副次的なものとしてややもすれば排除されてしまうからである。

これに対してマクシモスは、現実の自然・本性（ピュシス）が本来はすべて、無限性への「動き」にあると洞察していた。そして、とりわけ人間的自然・本性は、自らの無化とグノーメー的聴従とを介して無限なる神性（善性）に開かれ、かつ神性に参与してゆくべき定め（分、運命）を担っているのである。

ただしかし、神の子の受肉などという、世界創造にも比すべき未曾有の事柄を問う際、「在る」、「善い」、「時間」、「自己」そして「神」といった根源語についての通俗的な了解を突破して、何よりもまず、問題のそもそもの誕生の場と志向する究極のかたちとが見つめられなければならない。問題が真に発動してくるところに、その終極・目的もまた何らか現出してくるからである。

もとより、かかる探究は主体・自己の全体が晒されてゆかざるを得ないものであって、誰にとっても至難の道である。が、改めて言うなら、少なくとも、くだんの問題の原初的な誕生の場を、人が神的超越的なエネルゲイアに貫かれた純粋な経験そのものに求めることができる。なぜならば、そこにあって人間は、当の根拠への愛に促された確かさを担いつつ、他方、先に挙げた根源語のいずれに対しても、いわば「知と不知との間」にあり、また本来は、無限性へと開かれ定位されているからである。

このことは言うまでもなく、当初からの探究の旨とするところであったが、以下の考察に備えて、それらの根源語についての基本的視点を極く簡単に確認しておこう。

（i）「主体・自己」の「在ること」は、完結したものとしてあらかじめ確保されているわけではなくて、神的エネルゲイアとの根源的出会いの経験にあっては、己れ自身を超えゆくかのような動性、つまり存在論的ダイナミズムが漲っている。

(ii)　その際、客体的に対象化され、またある意味で空間化されたような通俗的時間把握は突破され、勝義の「時間」が、主体・自己の脱自的な志向ないし愛として現出してくる。（この点はむろん、『告白』第十一巻アウグスティヌスの時間論においてあらわに主題化されているが、ニュッサのグレゴリオスやマクシモスにおいても、根底では同じ洞察が存するとしてよい。）

(iii)　そして同時に、「善い」とはもはや、対象として措定された「在るもの（実体）」の単なる性質記述の言葉ではなくなる。かえって、「在ること」のより大なるかたちとしての「善く在ること」（アレテー）こそが、「在ることの実現・開花」を担うものとなり、しかもそれは、端的な存在そのもの（マクシモスの言う「つねに善く在ること」）、あるいは無限性としての神に対して、徹底的に開かれているのだ。

(iv)　魂・人間の「神への道行き」にあって、「神」の名は、《わたしは在るところの者で在る》（出エジプト三・一四）として示される。この意味でその名は、諸々の存在物を在らしめる根拠を指し示しているであろう。が、神とは、対象的に知られるものすべてを無みするかのような否定の極みであり、知られ得ず限定され得ぬ無限性そのものなのだ。

であればこそ、無限なる神が受肉したという把握は、限定された対象知としてはあり得ず、神的エネルゲイアの経験による志向的知という性格を有し、それゆえ「信の文脈」のうちにある。すなわち、神の受肉（顕現）の問題は、その原初的誕生に関しては、主体・自己における「神的エネルゲイア（そしてつまり、神の霊）の経験」という場面に、その都度つねに突き返されてくるのである。

三　神的エネルゲイア、神的霊の現存――ロゴス・キリストの受肉を証示するもの――

「何人も聖霊によらなければ、イエスを主であると言い得ない」（一コリント一二・三）。パウロは端的にこう語っている。それは恐らく、そもそもキリストの受肉というものが語り出されるための根拠を示している。すなわち、神の霊（プネウマ）を、そしてひいては神人的エネルゲイアを受容してはじめて、人はキリストの受肉、神人性の姿を何らか見出し得るであろう。それゆえ、「キリストの受肉を真に語り、告白すること」と「神の霊を受容すること」とは、密接に重なっているのだ(92)。

この意味では、「霊（プネウマ）の受容」という主体的経験を離れて受肉の客観性を主張することは、ややもすれば問題の中心的位相（誕生の場）を離れてしまうことになりかねない。実際すでに触れたごとく、受肉、神人性などの教理は、「師父たちの伝承（経験による証言）にもとづいて、われわれはかくかくと信じる」という「信の文脈」のうちにあるのであって、客体知の領域にあるのではなかった。が、そこでの信（ピスティス）とはむろん、単に恣意的な憶見などではなく、超越的働きに促された一つの確かさを有する。そしてそうした信が、無限性（＝神）へと開かれた脱自的な志向・愛として働きだすのだ。それゆえ、われわれにとって探究の原初的な場は、神的エネルゲイアないしプネウマに働きかけられ、それを受容した経験そのものに存するのである(93)。

さてそこで、そうした原初的経験の一つの典型として、使徒なら使徒のキリストとの出会い（カイロス）の場面に遡ってみよう。そこにあっては、経験の順序という観点からして、次のような三つの内的契機が認められよう。

（i）　はじめにまず、人が根源的な出会い、驚きによって「愛の痛手」を受けた姿がある。それはいわゆる

「信・信仰という端緒」であるが、そこから同時に、己れ自身をどこまでも無みし超えゆく脱自的愛が生じてくる。そのとき、自己の単に「在ること」は、愛という「より大なる（＝より善き）動的かたち」へと変容しているのだ。

(ii) しかるに、そうした愛の渇望の姿は、一体何によって生起し得たのか。そのことが己れのうちに改めて凝視されるならば、そこに、神人的エネルゲイアないしプネウマが超越的かつ内在的な根拠として働いていることが見出されよう。[94]

(iii) そしてさらに、神人的エネルゲイアの現存の経験は、その主体（源泉）たる神人的存在を証示していると考えられよう。言い換えれば、神人的エネルゲイアを受容した経験、つまり「信という魂のかたち」が、脱自的志向的にロゴス・キリストの受肉（神人性）を身をもって指し示しているのである。

このように使徒たちは、キリストとの出会いの中、己れの身に生起した無限なる愛を凝視した。それは確かに、人間的自然・本性（人性）のうちに顕現した何らか神的なかたちであろう。が、そうした新しい愛、新しい生のかたちは、何を根拠（原因）として成立し、また何を終極（目的）として志向しているのか。このように改めて問うとき、使徒たちに生じた己れを無化するかのような脱自的愛が、一種の自己還帰的な構造のうちにあることが認められよう。というのも、そうした愛の成立は、神的エネルゲイア、神的プネウマに心抜き、自由にそれを受容したことによるであろうが、同時にまた、その愛の志向するところは、神的エネルゲイアとの全き結合だと考えられるからである。（用語について今一度言えば、この場合、神的エネルゲイアは人性と何らか適合して働いており、神人的エネルゲイアともよばれ得るのだ。）そしてここに、とりわけ注意すべきは次の二点である。

(i) 右のような事態にあって、己れを超えゆく愛の成立根拠として働く神人的エネルゲイアは、神人的存在（神性と人性とのヒュポスタシス的結合）の「エネルゲイア」であろう。そして他方、脱自的愛が志向する究極の目的とは、神人的エネルゲイアとの、そしてつまりは神性との全き結合の姿だと考えられるとすれば、ロゴス・キリストの受肉、神人的存在は、脱自的愛の「根拠＝目的」なる存在として指し示されることになろう。言い換えれば、かかる愛における神人的エネルゲイアの現存を経験することが、「そのエネルゲイアの主体」たる「ロゴス・キリストの受肉、神人的存在」を、遙かに証示しているのである。

(ii) しかるに、そうした「根拠＝目的」なるロゴス・キリストの受肉存在は、少なくとも右のような探究の道にあっては、単に過去の一時点での客体的対象に留まるものではない。かえってそれは、人間の己れを無みしゆく脱自的愛の内奥に、その成立する根拠でありかつ志向する究極の目的として、いわばその都度、つねに現前し働いているものとして見出されよう。

従って、そのようにその都度の今、つねに現前する神人的エネルゲイアと関与することなくしては、くだんの「愛による人間の神化」のほんの第一歩すら発動し得なかったであろう。そして振り返って言えば、そうした神人的エネルゲイアの現存とその受容なしには、われわれの自由なる意志が、「善く意志すること」へとわずかでも踏み出すこともあり得ないと考えられよう。

かくして神人的エネルゲイアは、人が己れを無みし超えゆく愛のうちに、それを成り立たせかつ導く働きとして、絶えず新たに見出されてくる。そして、神人的エネルゲイアとの確かな出会いの経験が、その根拠の存在を証ししているのだ。ただしかし、かくして証示される「神人的エネルゲイアの主体（源）」、つまり「神性と人性とのヒュポスタシス的結合（ロゴス・キリスト）」そのものは、実体・本質（ウーシア）としてはわれわれにとって最後まで知られ得ず、また超実体的なものとも言われる。が、それは、人間の脱自的愛のうちに働くエネルゲイアの経験を通して、「それ在り」と遙かに指し示されるのである。

この点、既述の表現によれば、神人的エネルゲイアを受容したとき、その度合に応じて人間のうちに「愛による変容と神化」が、そして「他者との全一的な交わり」が何ほどか生じよう。それはわれわれの現実としては、どこまでも不完全な神化であり、途上の姿である。が、それは、「《受肉＝神化》なるロゴス・キリスト」の象りであって、ロゴス・キリストの現存へと定位され、それを証示しているのだ。[95]

ところでマクシモスによれば、アレテー（「善く在ること」のかたち）とは、ある意味で、「受肉した（身体化した）神」であり、「神の顕現のかたち」であった。それは、一見単純な表現であるが、これまで探究してきた事柄の中心的位相を言い当てている。

というのも、振り返って言うなら、そこには次のような意味が含まれているからである。すなわち、(i)、諸々の物的要素の結合・一体化から、ついにはロゴス的知性的存在者（人間）が現出したのは、ある意味で、奇蹟的とも言うべき超越的力が関与してのことであった。が、さらに、(ii)、「善く在ること」（アレテー）というかたちでの善（善性ないし神性）の現出は、いっそう奇蹟的なことと言うべきであろう。なぜなら、「善く在ること」、「善く生きること」のまことの誕生・現出は、たといそれがほんの小さな、また人目につかぬものであったとしても、神人的な力ないしエネルゲイアへの聴従と関与なくしては、恐らくはついぞあり得ぬことだからである。

第七節　受肉の現在——結語に代えて——

以上、受肉と神化との内的連関をめぐって、その中心的な問題場面を多少とも明らかにしようとしてきた。そこで最後に、「受肉の現在」とも呼ぶべき事柄について少しく思いを潜め、本書全体の結語に代えたいと思う。ロゴス・キリストの受肉の問題は、その内実に近づけば近づくほど、時と処とを超え、今、われわれにとって普遍的なものとして立ち現れてくる。が、そのように言い得るのはなぜなのか。改めてこう問うとき、われわれは、根源的出会い（カイロス）の経験とそこに働く神的エネルゲイアの現存とに、今一度面することになろう。

実際、前節にて見たごとく、時間というものの通俗的な了解を超え出て、魂の根底における出会いと驚き、そしてそこからの脱自的な愛の発動といった場面を注視するならば、そこには神人的エネルゲイアの現存が、いわばその都度見出されるであろう。そして、そうした神人的エネルゲイアの経験（つまり、信というかたち）は、それ自身、神人性なる存在（ロゴス・キリストの受肉）を証示しているのである。

そこで、とりわけ注目されるのは、マクシモスにあって、ロゴスの受肉は勝義には、「かつて」ではなく、「今」われわれのために生起したとされていることである。そのことを示す次の一文は、『難問集（アンビグア）』を著すよう求めてきた人に向かって語られた言葉である。

「今あなたによって蔑されている方は、かつてはあなたの上にあり、明らかにすべての時間（世代）とすべての自然・本性（ピュシス）との彼方に、それ自体として在った。しかし今は、あなたのために（時間と自然・本性との）両方に服した者になろうとしている。……かつてはただ神にして、身体から離れた者であったが、今は思惟的魂を有した肉（σάρξ）を摂ったのである。」[96]

そしてこの文章に続いて、「ロゴスが自己無化（κένωσις）によって受肉したこと」、さらに「そうした受肉が、傲りと罪のうちにあるわれわれの神化のためであること」が語られるのであった。[97]

そうした文脈にあって、永遠性における「かつて」とすべての時間における「今」との対比は、余りに鮮やかであり、人を思わず瞠目させる力を持っている。（それはたとえば、『ヨハネ伝』第一四章から第一八章におけるキリストの言葉が現在形で語られていることを、おのずと想起させるであろう。[98]）そこにおいて、受肉および神化は単に過去的なこととしてではなく、同時性として、つねに、「今」、すべての人に生起し得ることとして捉え直されているのだ。受肉の現在と呼ぶゆえんである。ただしマクシモスにあっても、このように「かつて」と「今」とを対比した用例は稀であり、大概はロゴス・キリストを主語とした出来事は過去的な時称で語られている。が、「かつて」と「今」とのこの洞察は、根本的には受肉をめぐる文脈のすべてに当てはまるであろう。

では、「受肉とは、一体どこに生起するのか」、また「それはいかなる仕方で見出されるのか」と改めて問われるなら、少なくとも次のことが確認されよう。すなわち、魂・人間が超越的な働きに何らか心貫かれ、己れを超えゆく愛に促されたとき、その愛のうちには自らの成立根拠として神的エネルゲイアが現前している。そして、かかる神的エネルゲイアないし神人的エネルゲイアの現存が、その主体（源）としての神人性の存在を指し示しているのだ。

従って、さらに言えば、無限なる愛の渇望が己が身に生起した経験からこそ——使徒たちはその典型であるが——、その愛の根底に超越的かつ内在的に現存する「根拠＝目的」なる存在として、ロゴス・キリストの受肉が証示されてくるであろう。この意味でロゴスの受肉は、神的エネルゲイアに聴従する人にあって、(i)、いわば時を超えて存在していると志向的に信じられるとともに、他方、(ii)、その都度の今、現に生起してくるものとして、絶えず新たに見出され確証されてくるのである。

ところで、ロゴスの受肉という事態は、われわれにとってその都度の今、同時性として現存し働いているとも考えられようが、このことに関してマクシモスは、端的にこう言っている。

「神のロゴスがわれわれのために、人間本性の弱さによって十字架につけられ、また神の力によって復活せしめられたのならば、ロゴスは明らかに同じことを、つまり受肉と復活のわざを、われわれのために今も霊的に為している。それは、われわれすべてを救うためである。[99]」

このように神のロゴスは今もつねに働き、信によってそれを受容する者のうちに、その都度現前してくる。「わたしの父は今に至るまで働いており、わたしもまた働く」（ヨハネ五・一七）と語られるゆえんであろう。その限りでは、ロゴス・キリストの受肉を語る際、かつて二千年前に生じた出来事としてそれをいたずらに過去化してはなるまい。実際、先の引用文中、「かつて」と「今」とは永遠と時間との対比として語られており、受肉はその霊的次元では、あくまで「今」の同時性において生起するとされていた。それは、二千年前という「かつて」と現代の（それぞれの時代の）「今」との対比ではなかったのだ。

もとより、通俗的な「かつて」と「今」とを分けて語ることは、通常の歴史的な出来事の場合はむろん必要であり、さして不都合はない。しかし、永遠なる神のロゴスの受肉などという、永遠と時間とが切り結ぶかのような意味を担う事態を問う場合には、本来、「時間の本質」、「存在の現成」、そして「主体・自己の成立の機微」などへの問いとともに、問題の全体を同時的に（つまり、同根源的な問題のいずれかを局外に放置することなく）、自己探求のうちに問い披いてゆかなければなるまい。この意味では、誤解を恐れずに言うなら、過去、現在、未来を対象化する平板な通俗的時間表象の中で受肉なら受肉を固定化し、その客観性を主張することは、（あるいは、同様の固定化された枠組の中でいたずらに不信を語ることは）、ややもすれば安易な、また表層的な捉え方となるであろう。

かくして、受肉の信・信仰とは、その原初的な成立場面に関する限りは、「かつて」ではなく、つねに「今」のことである。そして、このことは畢竟、使徒たちのイエス・キリストとの出会い・瞬間（カイロス）の場面にまで遡行してゆく。すなわち既述のごとく、使徒たちはその出会いの経験にあって、神的ロゴスの現存・エネルゲイアに貫かれ、それに聴従しつつ、己れを限りなく超えゆく脱自的な愛へと促された。まさにそのとき、彼らは自らのそうした愛の内奥に、その「成立根拠＝究極目的たるロゴス・キリスト」の神人性の働き、つまり神人的エネルゲイアが現前していることを見出し、語り出していったと考えられよう。[100]

だが、このように使徒たちの経験（つまり、信という魂のかたち）を捉えるとき、それは同時に、イエス・キリスト自身の信と分かち難く結びついていることになろう。[101]その際、注意すべきは、イエス・キリストにあっては、父なる神への全き聴従と信が存し、それゆえ神化と受肉とが同時に現成している、と信じられたのである。

すなわち、イエス自身の全き聴従と信によって、神の霊（プネウマ）による「人性の神化」が生起しよう。が、そのことは、神のロゴスを主語として語り直すならば、「本性的に神なるロゴス・キリスト（ヨハネ一・一）が、自ら無化して（フィリピ二・一三）、人間本性（肉）を摂取し、受肉した」ということにほかなるまい。

ただしこのことは、繰り返し言うなら、使徒たちの確かな経験の中から、いわば志向的知として、つまり信として語り出されたのだ。すなわち、神的エネルゲイアに貫かれて脱自的愛に促された経験が、ロゴス・キリストの受肉存在を身をもって証示している。言い換えれば、われわれはロゴスの受肉を、人間的知の限界内に引き摺り落としてはならず、かえって、「経験から、その根拠へと」と遡行するかのように、神人的エネルゲイアの経験から神人性の存在へと、己れを超え出てゆかなければならないのである。

とすれば、そこには「信の信」とも言うべき再帰性が認められよう。つまり、「イエス・キリストの信」という信の範型は、イエスと出会って神的な霊（プネウマ）の働きに貫かれ、イエスを主キリストと告白する人々の信として現出する（ローマ一〇・一〇―一三など）。彼らの信は、いわば範型たる神の象り、似像であるが、その志向的かたちのうちに「イエス・キリスト自身の信」を宿し、かつそれへと開かれているのだ。

さて、ロゴス・キリストの現存は、かつての「今」、一つのカイロス（出会いの時、瞬間）において経験された。そしてそれは、同時にまた、われわれがそれへと結合してゆくべき完全性のかたち（神人性、あるいは神性と人性とのヒュポスタシス的結合）として、今も現存し働いているであろう。してみれば、このことはさらに、次の三つの構造的な契機を含んでいる。すなわち、

(i)、かつての「今」、真に現存し働いているものは、

(ii)、創造のはじめ（根拠）たる「今」において現存し、

(iii)、それゆえにこそ、歴史上のいかなる「今」においても、信という志向的かたちのうちに、また信というかたちとして、その都度生起し得ると言えよう。

すなわち、使徒たちの「今」、その根源的出会いと愛の根底に現前する神人的エネルゲイアは、いわば同時的にすべての人の「今」においても働くものとして見出されるのだ。そしてこのことは、恐らくは人間の創造そのものの「今」に、そして真の自己成立の「今」に重なってくるであろう。

ともあれ、はじめからの文脈として言うならば、人間的自然・本性が「善く在ること」（アレテー）へと変容・開花し、他者との真の交わりと愛が可能となる根拠は、最も素朴で根源的な出会いの経験のうちに、その都度現前し働いているであろう。が、それは、われわれを謎・神秘の前に立たせ、われわれが己れを無みしつつ、それぞれの分に応じてかの受肉存在の現成に与りゆくべく、今もいつもわれわれに呼びかけているのだ。

しかし、もとよりわれわれは、この定まりなき世にあって最後まで途上にあるのであって、いわばロゴス・キリストの現存と不在との緊張をつねにこの身に抱えてゆくほかはない。それはパウロの周知の言葉によれば、「ともに嘆き、ともに苦しみつつ、神の子たちの栄光の自由に入る希望を持って」（ローマ八・二一）歩む道であろう。

かく被造的自然・本性はすべて、人間を紐帯として神性との結合へと向けられている。そして、自他相俟って、全一的なかたち（エクレシア）において神に与りつつ、神の顕現をそれぞれの分に応じて担いゆくべく招かれているという。この意味でマクシモスは、旧・新約聖書および先行の教父たちの伝統をゆたかに担いつつ、人間と人間を紐帯とした万物との宇宙的神化という事態を、ひたすら見つめていたのである。

しかるに、そうした全体としての神化の道行きは、根本においてはただ、われわれの内奥における心砕かれた祈り、観想として、また神的な霊（プネウマ）に聴従することによるそれぞれのわざとして、はじめてこの地に実現してくると考えられよう。が、神的霊への聴従とその受容とは、われわれにとってむろん必然的な出来事ではあり得ず、自由な意志を介してこそ生起し得ることであった。であればこそわれわれは、背反としての罪の可能性にも晒されつつ、その都度自由の深淵の前に、そして同時に、神の憐れみの前に立つことへと促されるのである。[102]

註

序章

（1）「真の知恵（σοφία）（神的存在）に対しては、われわれは在らぬもの（無）に等しい」とある。Maximus Confessor, Ambigua (Liber Ambiguorum)（『難問集』）, PG (Patrologia Graecae) 91, 1093C. 以下、証聖者マクシモスの著作からの引用は、著者名を省く。

（2）すべて有限で可変的なもの（被造的なもの）は、「在り、かつ在らぬ」という両義性を否応なく抱えている。この点たとえば、Augustinus, Confessiones（『告白』）, VII, XI, 17 など参照。

（3）「自然・本性（φύσις）に対して、またその根拠たる神に対して意志的に背反すること」は、マクシモスにあって、悪と罪との内実を為すものと捉えられていた。それゆえ後述のごとく、人間的自由・意志の働きは、すぐれて存在論の要諦ともなってくる。

（4）メイエンドルフによれば、東方教父、ビザンティンの思想潮流を「キリスト教的ヘレニズム」、「キリスト教のヘレニズム化」、そして、「西方のアリストテリズムに対する東方のプラトニズム」などと看做すのは避けるべきだという。J. Meyendorff, Byzantine Theology, Historical Trends and Doctrinal Themes, Fordham Univ. Press, New York, p. 24.

（5）動性（ダイナミズム）、時間性そして身体性という三つの事柄は、相互に密接に連関しつつ、つねに問題の中心に漲っている。

（6）それゆえ、「根源的な経験（ある意味で純粋経験）から、その根拠へ」という探究方向が、本書での基調となる。ちなみに、この点では、西田幾多郎『善の研究』（とくにその第四編）も呼応するところが多い。

（7）本書は、東方教父の伝統の代表者の一人、証聖者マクシモス（日本で言うなら空海のような集大成者）の胸を借りて論を進めるものであるが、各章での論述においては、古代ギリシア、後期スコラおよび西欧近・現代のさまざまな思想動向に対する対話・批判的吟味を――直接にはほとんど言及しないまでも――、多少とも念頭に置いている。それらを顕在化させて語ることは、また別の作業となろうし、他日を期すほかないが、行間を読み取って頂ければ幸いである。

第一章　自然・本性（ピュシス）の開かれた構造

（1）マクシモスの生涯と歴史について、A. Louth, Maximus the Confessor, Routhedge, London and New York, 1996. に簡にして要を得た叙述が見られる。

（2）J. Meyendorff, Byzantine Theology, p. 37; ibid., Christ in Eastern Christian Thought , St. Vladimir's Seminary Press, 1975（『東方キリスト教思想におけるキリスト』、小高毅訳、教文館、一九九五年）, p. 131.

（3）φιλοσοφία（愛智、哲学）は、教父の伝統の主流にあっては、およそ人間の「神への道行き」、あるいは「神（神的知恵・ソフィア）の探究」を表わす言葉として用いられる。いわゆる哲学と神学とのいたずらな分離、領域分けは、そこには存しない。「ピロソピアとは、神的力のしるしであり、そのある種の影だ」とも言われている。Ambigua（『難問集』）, PG91, 1108A.

（4）ibid., 1072B.

（5）ibid., 1072C.

（6）ibid., 1073BC.

（7）（8）ibid., 1217BC.

（9）ibid., 1237B. バルタザールによれば、自然・本性（ピュシス）とは、傾向性、動きの体系であり場である。H. U. von Balthasar, Kosmische Liturgie. Maximus der Bekenner, Höle und Krise des griechischen Weltbildes, Freiburg/ Br, 1941.

（10）Ambigua, PG91, 1217C.

（11）こうした超越的な力とは、後に第八章で主題化されるように、およそ「もの（存在物）の成立」、「アレテー（徳）による統合」、そして「全一的な結合・交わり（エクレシア）」などの根底に働く「根源的結合力」であり、またそうした結合・一性（ἕνωσις）をもたらす働き（エネルゲイア）としての神的な霊（プネウマ）でもあろう。

（12）Ambigua, PG91, 1220B.

（13）ibid., 1220C; ibid., 1185B. なお、「思惟が感覚像や思惟像を超えてゆくとき、全く形相なきものが生まれる」という。Capita Theologica et Oeconomica, II. 5. ΦΙΛΟΚΑΛΙΑ. ΑΘΗΝΑΙ. 1957-1963. 所収（『神学と受肉の摂理とについて』、『フィロカリア』Ⅲ、谷隆一郎訳、新世社、二〇〇六年、所収、一四七—一四八頁）。

（14）こうした「身体・質料の復権」ということは、第四章および第七章などにおいて主題として吟味される。

(15)(16) Ambigua, PG91, 1217D.「生成、動き、静止」という三段階の把握は、往時(七世紀)のオリゲネス主義の言う「静止(滞留)、動き、生成」という把握に抗するものであった。オリゲネス主義では、「動き」とは、「神への背反」たる罪の結果として生じるものであって、悪しきものとされるきらいがある。この点は、「創造(生成)」の意味そのものの把握にも、小さからぬ違いとなって現れる。シャーウッドは、動きないし動性を悪しきものと看做すことのうちに、「ヘレニズムの混乱」を見ている。P. Sherwood, The Earlier Ambigua of St. Maximus the Confessor and his Refutaion of Origenism, Orbis Catholicus, Herder, Romae, 1955, p. 101 etc.

(17) De Caritate, PG90, I, 100; ibid., II, 27.(『愛についての四百の断章』、『フィロカリア』Ⅲ、所収、三四頁、四二頁)。神は、「あらゆる無限性の彼方なるもの」とも言われる。Ambigua, PG91, 1188A.

(18) ibid., 1116B.

(19) このことについては、松永雄二『知と不知、プラトン哲学研究序説』(東京大学出版会、一九九三年)、第三、四章など参照。それによれば、感覚的世界とイデア的世界を分離し並置させるような二世界説の類は、プラトンの真意ではない。

(20) Ambigua, PG91, 1216B.

(21) ibid., 1216D–1217A.

(22) ibid., 1188C; 1224A.

(23) Capita Theologica et Oeconomica(『神学と受肉の摂理とについて』), IV, 7.(『フィロカリア』Ⅲ、二二三頁)。

(24) Ambigua, PG91, 1220A. なお、動き、変化(τρόπη)とは、自然・本性(ピュシス)の完成・成就に向かっての「存在論的受容性」と看做される。P. Sherwood, The Earlier Ambigua(前掲書), p. 195.

(25)「諸々のもの、存在物は、神の意志の現れだ」とも言われている。Ambigua, PG91, 1085B.

(26) その道はマクシモスによれば、われわれが被造的な事物の観想(θεωρία)を通して、「神的な変容の山に登ること」であった。Ambigua, PG91, 1132D.

(27) マルセルが『形而上学的日記』にて語るように、「傍観者の離脱」と「聖人の離脱」とは根本的に異なる。前者は、神と被造物全体とを対象化して眺めるような態度であり、傲りに陥るが、後者は、「神の創造的な働きに主体的に参与してゆくこと」である。G. Marcel, Être et Avoir, Fernand Aubier, 1935(Journal Metaphysique を含む), p. 25.(『存在と所有』、渡辺秀、広瀬京一郎訳、理想社、一九六七年、二二頁)。

第二章　「善く在ること」(アレテー)の成立をめぐって

(1) これは、アウグスティヌス『三位一体論』第十巻以降の、「自己(精神)探究」=「神探究」という基本線を導く言葉であった。こうした根本的な事柄に関しては、東方・ギリシア教父と西方・ラテン教父とは、まさに軌を一にしている。Augustinus, De Trinitate, X, I, 1; ibid., X, III, 5.

(2) Ambigua, PG91, 1116B.

(3) この点、「信・信仰とは、論証し得ぬ諸原理(根拠)を有している真の知(γνῶσις)だ」という。Capita Theologica et Oeconomika(『神学と受肉の摂理とについて』), I, 9.(『フィロカリア』Ⅲ、一一六頁)。なお、「確実性のかたちとしての信」、そしてさらには「論証の非論証的な(つまり論証されざる)第一原理としての信」については、つとにアレクサンドリアのクレメンス(一五〇—二一五頃)が『ストローマテイス』において洞察するところであった。これについては、拙著『東方教父における超越と自己——ニュッサのグレゴリオスを中心として——』(創文社、二〇〇〇年)第一部第二章など。

(4) こうした姿は、「美(善)によって痛手を受けて、真理とともにあることを望む」(Ambigua, PG91, 1124A)とも言われている。それは、神的な「愛の矢」に射抜かれて、「愛の痛手を受けた」(雅歌二・五)姿でもある。

(5) 神への動きは、世界(宇宙)からの逃避ではなくて、むしろ神的ロゴスのコスモロジーを反映し担うことである。この点、J. Meyendorff, Christ in Eastern Christian Thought(前掲書), p. 138. なお、Mystagogia, PG90, 684AB など。

(6) Ambigua, PG91, 1361AB.

(7) Quaestiones ad Thalassium(『タラッシオスに宛てた諸問題』), PG90, 280CD など。こうした協働(συνεργία)については、後の第六章において、「神と人との協働」、「信の測りに従っての神性の顕現」といった主題のもとに論じられる。

(8) Ambigua, 1073C.

(9) Gregorius Nyssenus, De Vita Moysis, Opera, vol. 7, Pars I, Leiden, 1964, pp. 86-89 etc.(『モーセの生涯』、谷隆一郎訳、教文館、Ⅱ・一六二—一六九、『キリスト教神秘主義著作集』1、所収)に詳しい。

(10) Ambigua, PG91, 1089B など。このことは、ニュッサのグレゴリオスが『モーセの生涯』や『雅歌講話』などの多くの箇所でつとに強調するところであった。マクシモスも基本的には、そうした根本的把握を継承し、展開させているのである。

(11)(12) Ambigua, PG91, 1032AB.

(13)「人間は、アレテーの確かさを習性に即して分有するとき、諸々のアレテーの実体・本質たる神を分有する」とある。ibid., 1084A.

(14) ibid., 1113BC.

(15) Capita Theologica et Oeconomica, V, 27.（『神学と受肉の摂理とについて』、『フィロカリア』Ⅲ、二六〇頁）。

(16) Ambigua, PG91, 1172C–1173A.

(17)(18) ibid., 1172A.

(19)(20) ibid., 1172B.

(21)(22) ibid., 1172C.

(23) ibid., 1172D.

(24)(25) ibid., 1173A.「幸福とは救いに関する受肉の計画の最終的完成だ」という。L. Thunberg, Man and the Cosmos, The Vision of St. Maximus the Confesson, St. Vladimir's Seminary Press, Crestwood, New York, 1985, p. 60.

(26) Ambigua, PG91, 1196C.

(27) ibid., 1140B; ibid., 1141C; ibid., 1345D. Capita Theologica et Oeconomica, I, 13.（『フィロカリア』Ⅲ、一一七頁）。なお、ニュッサのグレゴリオスはエイコーンとホモイオーシスをほぼ同義と見ており、マクシモスの用法とは異なる。が、両者はいずれも、人間が「神の似像（エイコーン）」の萌芽的な姿からその完成へと、自らの自由・意志を介して開かれていると捉えており、根本的把握としては一致している。

(28) こうした「完全性の姿」は、後に見るように、「神化」（θέωσις）（神的生命への与り、あるいは人性の神性との何らかの結合）において認められる。

(29) Mystagogia（『神秘への参入』）, PG91, 669BD; ibid., 684AB. etc. 人間は自然・本性の紐帯（Ambigua, PG91, 1305C）として、万物を結合・一体化させるべく呼ばれているという。このことは、とくに第七、八章にて主題化される。

第三章　人間的自由と善の問題

（1）Ambigua, PG91, 1361A.

（2）ibid., 1361B.

（3）第九章にて吟味・探究するように、「キリストにはグノーメー（迷いある意志）はない」とされるが、それは、人間的自由・意志の「成りゆくべき究極の姿」であった。キリストを語ることは、人間のそうした「完全性の姿」を語ることであり、また、その道が現に成立し得るための可能根拠を問いゆくことでもあろう。

（4）Augustinus, Confessiones, VII, XII, 18.

（5）ibid., op. cit.; Quaestiones ad Thalassium, PG90, 396D-397A. etc.

（6）これは、「実体・本質のロゴス（意味）」と現実の「生成（γένεσις）のロゴス」との違いとしてしばしば語られ、マクシモスの論にあって重要な契機となる。Ambigua, 1181CD など。

（7）Capita Theologica et Oeconomica, V, 57.（『フィロカリア』Ⅲ、二七二頁）。

（8）J. Meyendorff, Byzantine Theology（前掲書）, pp. 134-136; pp. 141-142; pp. 159-164 etc. 参照。

（9）A. Louth, Maximus the Confessor（前掲書）, p. 65.

（10）Augustinus, De Trinitate, X, X, 15-X, XI, 18. この点の考察として、拙著『アウグスティヌスの哲学——神の似像の探究——』（創文社、一九九四年）第七章参照。

（11）Capita Theologica et Oeconomica, III, 56.（『フィロカリア』Ⅲ、二〇四頁）。Ambigua, PG91, 1164A-D.

（12）Apophtegmata Patrum, PG65.（『砂漠の師父の言葉』谷隆一郎、岩倉さやか訳、知泉書館、二〇〇四年、ポイメン・六七、二五三頁）。なお砂漠は、情念と快とが取り去られたところとして、神の知の山へと人を導くと言われる。Ambigua, PG91, 1148C.

（13）De Caritate, III, 3.（『フィロカリア』Ⅲ、六四頁）。

（14）ibid., III, 4.（『フィロカリア』Ⅲ、六四—六五頁）。

（15）Augustinus, De Civitate Dei（『神の国』）, XII, 7. 悪の原因（causa mali）は畢竟、「悪しく意志すること」（male velle）に帰着し、それ以上の原因を求めることは、「闇を見ようとすることだ」と論証されている。

(16) Capita Theologica et Oeconomica, III, 56.（『フィロカリア』Ⅲ、二〇四頁）。
(17) Ambigua, PG91, 1044A; Epistlae, 10, PG91, 449B など。
(18) De Caritate, III, 3.（『フィロカリア』Ⅲ、六四頁）。
(19) ibid., III, 85.（『フィロカリア』Ⅲ、八五頁）。
(20) 『砂漠の師父の言葉』（前掲書）、アントニオス・四、六頁。
(21) 同、アントニオス・五、六頁。
(22) Ambigua, PG91, 1164A-D.
(23) こうした意味合いについての洞察として、Augustinus, De Civitate Dei, XIII, 9-11 参照。
(24) ibid., De Trinitate, IX, II, 2-IX, V, 8; ibid., XIV, VI, 8-XIV, VIII, 11. etc.
(25) Ambigua, PG91, 1164D.
(26) Gregorius Nyssenus, In Canticum Canticorum, Gregorii Nysseni Opera, vol. 6, Leiden, 1960, p. 106.（『雅歌講話』、大森、宮本、谷、篠崎、秋山訳、新世社、一九九一年、九三頁）。
(27) ibid., De Vita Moysis, p. 50.（『モーセの生涯』、Ⅱ・六〇―六一、『キリスト教神秘主義著作集』1、教文館、五六頁）。
(28) これは、「意志によって前進し、顕現してくる創造」という性格を有する。P. Sherwood, The Earlier Ambigua（前掲書）, p. 53.
(29) Gregorius Nyssenus, In Conticum Canticorum, Leiden, pp. 157-158; ibid., pp. 173-174.（『雅歌講話』、新世社、一二八―一二九頁、一六四頁）。魂がその限りを尽くしても、その都度、絶えず善によって超えられてゆく。より善きものへの志向・超出（エペクタシス）は本来、止むことがないのだ。マクシモスによれば、「すべては神的ロゴスによって見られている。Capita Theologica et Oeconomica, V, 71.（『フィロカリア』Ⅲ、二七七頁）。なお、「善の超越性」、「善による被超越」、そして「不断の創造」といった事柄については、拙著『東方教父における超越と自己』、第二部第五章などで考察を試みた。
(30) 人間的なものは、それが「より善きもの」に委ねられることによって、全体として自らの自然・本性にふさわしいかたちへと変容されてゆく。Ambigua, PG91, 1137BC.
(31) 以上のような事柄について本書では、マクシモスのギリシア語著作に即して「存在論的ダイナミズム」という方向で論を進めているが、同根源的な事態を「生成、脱自的動態」を旨とする「ハヤトロギア」として吟味・展開したものとして、宮本久雄『存在の季節――ハヤトロギア（ヘブライ的存在論）の誕生――』（知泉書館、二〇〇二年）が注目される。ちなみに、「無限なるものへの愛の渇望」とは、レヴィナスにあっても中心的動向を担う視点だと思われる。E・レヴィナス『全体性と無限』（熊野純彦訳、岩波書店、二〇〇六年）など。

（32） Ambigua, PG91, 1181D; ibid., 1184A.

（33） ibid., 1080B.

（34） ibid., 1085B.

（35） さまざまの類（γένος）と種・形相（εἶδος）は、「在ること」（τὸ εἶναι）の限定ということでは下方に、また「在ること」の上位の姿（善く在ること）へということでは上方に、いずれの変化にも晒されているという。Ambigua, PG91, 1177CD.

（36） ibid., 1304D–1308D; Mystagogia, PG91, 684A–688B etc.

（37） Ambigua, PG91, 1248D–1249A etc. これらの事柄は、第七、八章で主題となる。

（38） このことは、最終章「受肉と神化の問題」にて吟味・探究される。

第四章　情念と自己変容

（1） De Caritate（『愛についての四百の断章』), ibid., IV, 54.（『フィロカリア』Ⅲ、一〇〇頁）。

（2） ibid., IV, 52–53.（同、一〇〇頁）。

（3） ibid., IV, 50.（同、一〇〇頁）。なお、「内なる人と外なる人」、あるいは「霊と肉」との対比は、むろんパウロの文章にしばしば見られる（ローマ七・二二、二コリント四・一六、エフェソ三・一六など）。

（4） De Caritate, IV, 51.（『フィロカリア』Ⅲ、一〇〇頁）。

（5）（6） ibid., III, 4.（『フィロカリア』Ⅲ、六四頁）。

（7） 「さまざまな情念（快楽、苦痛、欲望、恐怖など）は、人間の自然・本性（ピュシス）において原初的には創られていなかった。」それらは、自然・本性とその根拠たる神とに対する意志的な背反、罪によって生起してくるとされる。この点、Capita Theologica et Oeconomica（『神学と受肉の摂理とについて』), III, 65–66; ibid., III, 75; ibid., VI, 33–35 参照（『フィロカリア』Ⅲ、

二〇七—二〇八頁、二一一—二一二頁、三〇〇—三〇一頁)。
(8) De Caritate, III, 7.(同、六五頁)。
(9) ibid., III, 57.(同、七八頁)。
(10) ibid., III, 7.(同、六五頁)。
(11)(12) ibid., III, 56.(同、七八頁)。
(13) ibid., III, 8.(同、六五頁)。
(14) ibid., III, 57.(同、七八頁)。
(15) ibid., III, 59.(同、七九頁)。
(16) Capita Theologica et Oeconomica, II, 7(同、一四八頁); De Caritate, III, 85.(同、八五頁)。
(17) 「快楽」(ἡδονή)とは本来、自然・本性に適合した働きの目的・終極として捉えられる。Ambigua, PG91, 1088D. それゆえ後に見るように、快楽とは、本来は悪しきものではなく、より善きものに変容して「神的な快楽」になり得るのだ。そしてそこには、「否定と甦り」、「身体・質料の復権」という事態が存するのである。また、神的な快楽は、「神のロゴス(キリスト)との魂の婚姻にある」という。Orationes Dominicae(『主の祈りについての講解』), Corpus Christianorum, Series Graeca, 23, Maximi Confessoris Opera, Brepols, Turnhout, 1991, p. 56; ΦΙΛΟΚΑΛΙΑ, ΑΘΗΝΑΙ, p. 196. なお、快楽と苦痛との基本把握として、J. Meyendorff, Christ in Eastern Christian Thought(前掲書), pp. 141-142 参照。
(18) De Caritate, III, 63.(『フィロカリア』III、七九—八〇頁)。
(19) Ambigua, PG91, 1164CD.
(20) Platon, Politeia(Res Publica)(『国家』), 580C-583A etc.
(21) Capita Theologica et Oeconomica, V, 54.(『フィロカリア』III、二七〇頁)。
(22)(23) ibid., V, 56.(同、二七一頁)。マクシモスは一般に、いわゆるアレクサンドリア学派、つまりオリゲネスや「カッパドキアの三つの光」たる教父たち(バシレイオス、ナジアンゾスのグレゴリオス、ニュッサのグレゴリオス)の聖書釈義の伝統を継承して、霊的象徴的な聖書解釈を遂行している。そしてそれが、普遍的な愛智(=哲学)(φιλοσοφία)の文脈ともなっている。Ambigua, PG91, 1108A.

(24)(25) Capita Theologica et Oeconomica, V, 54.（『フィロカリア』Ⅲ、二七〇頁）。

(26) ibid., V, 21.（同、二五八頁）。

(27) ibid., V, 55.（同、二七一頁）。

(28)(29) ibid., V. 56.（同、二七一頁）。また、欲望的力がふさわしく用いられると、神への愛の乗り物となる。Quaestiones ad Thalassium, PG90, 449BC. かく変容されるとき、神的な目的のために戦う霊を生むという。Ep. 2, PG91, 397B. この点、L. Thunberg On Maximus Doctrine of Man, Byzantine Gospel, 6. Maximus the Confessor in Modern Scholarship, A. Nichols, T & Clark, Edinburgh, 1993.

(30) Capita Theologica et Oeconomica, IV, 95.（『フィロカリア』Ⅲ、二四七—二四八頁）。

(31) ibid., VII, 6.（同、三三七頁）。

(32) De Caritate, IV, 80.（同、一〇六頁）。

(33) Capita Theologica et Oeconomica, IV, 72.（同、二四〇—二四一頁）。

(34) ibid., V, 28.（同、二六〇—二六一頁）。なお、「質料世界の変容」、「創造の継続」といった事柄について、『ロシアの宇宙精神』（S・G・セミョーノヴァ、A・G・ガーチェヴァ編著、西中村浩訳、せりか書房、一九九七年）のソロヴィヨフとブルガーコフの論考、さらには、S. Boulgakov, L'Orthodoxie, tr. par C. Andronikov, L'Age D'Homme, 1980 など参照。

(35) Capita Theologica et Oeconomika, III, 60.（『フィロカリア』Ⅲ、二〇五—二〇六頁）。

(36) 「金の子牛」のテキストにおいて、「モーセが自ら民の身代りとなって死ぬことを神に申し出る点」、旧約学からの洞察としては、「レビ記などの動物犠牲から、第二イザヤ書の神の僕の苦難と死（イザヤ五二—五三章）に至る、代贖死の系譜に属する、旧約の到達点が示唆されている」という。関根清三『旧約聖書と哲学——現代の問いの中の一神教——』（岩波書店、二〇〇八年）、一一五頁、参照。そして、マクシモスの観点では、神的な働き（エネルゲイア）は、永遠なる仕方で働いているとしても、歴史においてはその都度の「今」、具体的に顕現してくる。それゆえ、神的な働きとの出会い（カイロス）の経験には、「今」（瞬間）における同時性という性格が伴う。この点、Ambigua, PG91, 1040AB; Capita Theologica et Oeconomica, II, 27（『フィロカリア』Ⅲ、一五五頁）など。なお、こうした「同時性」については、やはりキルケゴール『不安の概念』が合わせて参照さるべきであろう。

（37） Capita Theologica et Oeconomica, III, 66.（『フィロカリア』Ⅲ、二〇八頁）。

（38）「心身分離を主張する思想形態」と「近代自然科学的なもの把握」とは、グノーシス主義的密儀宗教の潮流と共通の根を有しており、そこから両極へと現れたかたちと看做される。このことについては、H・ヨナス『グノーシスの宗教――異邦の神の福音とキリスト教の端緒――』（秋山さと子、入江良平訳、人文書院、一九八六年）の第十三章「エピローグ――グノーシス主義、実存主義、ニヒリズム――」に穿った考察が見られる。また、伊東俊太郎『近代科学の源流』（中央公論社、一九八八年）参照。

（39） De Caritate, IV, 12.（『フィロカリア』Ⅲ、九二頁）。

（40） Capita Theologica et Oeconomica, II, 88.（同、一七九頁）。Ambigua, PG91, 1088C に同様の表現がある。なお、「身体をアレテー（徳）によって聖化し、魂を知によって照らさないならば、何人も神を真実に称えることができない」という。Capita Theologica et Oeconomica, V, 27.（『フィロカリア』Ⅲ、二六〇頁）。そのように聖人が、観想による愛智（φιλοσοφία）によって神へと近づくことについては、Ambigua, PG91, 1113BC など参照。

第五章　身体性の問題

（1）（2） Ambigua, PG91, 1100AB.

（3） オリゲネス主義の断罪は、オリゲネスの創造神話に対するキリスト教的対抗物の形成という点で、東方キリスト教の神学において決定的な一歩であったという。J. Meyendorff, Byzantine Theology（前掲書）, p. 36.

（4） Ambigua, PG91, 1101AB.

（5） ibid., 1100A.

（6）（7） ibid., 1101A; ibid., 1321CD.

（8） 神的ロゴスのうちなる「被造的なものの知」は、然るべきとき（カイロス）に神的エネルゲイアによって、この可変的世界において現に「在ること」へともたらされるという。

（9） H・ヨナス『グノーシスの宗教』（前掲書）。なおグノーシス派（主義）に対する見定めとして、宮本久雄『教父と愛智――ロゴス（言）をめぐって――』（新世社、一九九〇年、改訂増補）参照。

（10）　根源的結合力（神的エネルゲイアないしプネウマ）が、「ものの成立」、「ものともの、人と人との結合・交わり」の根底に働いていることについては、後の第七、八章にて主題的に論じられる。

（11）　ちなみに、「生きられる時間」を精神病理学の面から浮彫にしたものとして、E・ミンコフスキー『生きられる時間――現象学的・精神病理学的研究――』（中江、清水、大橋訳、みすず書房、一九七三年）がある。なお、アウグスティヌスによれば周知のごとく、時間（tempus）とは、対象化された量としては測れず、「心ないし精神の拡がり」（distentio animi）であり、それはさらには、「真に在るもの」への志向的超越へと展開・成就してゆくべきものであった。Augustinus, Confessiones, XI, XXVI, 33-XI, XXIX, 39. マクシモスは、時間そのものを主題として詳しく論じてはいないが、根本では同じ洞察を共有している。

（12）　Ambigua, PG91, 1100BC.

（13）　Clemens Alexandrinus, Stromata, II, III, 10, 1-11; ibid., VII, II, 15, 2-3. こうした捉え方の先行例としては、Irenaeus, Adversus Haereses, I, VI, 2; I, VII, 2 に詳しい。H・ヨナス『グノーシスの宗教』（前掲書）; J.N.D. Kelly, Early Christian Doctrines, A & C Black, London, 1985 参照。なお、アレクサンドリアのクレメンスのグノーシス主義批判、および「信と知の探究」について、拙著『東方教父における超越と自己』、第一部第二章など。

（14）　Ambigua, PG91, 1101A.

（15）（16）　この点、いわゆる進化論の類は、形相（種）の連続的変化と生成という捉え方をもとにしており、多分に表層的な現れに執したものとなろう。一個の事物の生成・誕生には、いわば世界創造にも関わるような根源的結合の働きが秘められているのだ。また、普遍（καθόλου）への部分の解放（還帰）が、滅びを介しての普遍の生成であることについては、Ambigua, PG91, 1169BC 参照。

（17）　ibid., 1101AB.

（18）　魂と身体との根源的結合、同時的生成について、D. Staniloae, The Existence of God, Orthodox Dogmatic Theology, vol.2, tr. by I. Ionita and R. Barringer, Holy Cross Orthodox Press, Brookline, Massachusetts, 2000, pp. 71-72.

（19）　ibid., 1321CD.

（20）　ibid., 1321D-1324A.

（21）　ibid., 1328BC.

（22）ibid., 1324C.

（23）ちなみにニュッサのグレゴリオスは、死によって分離した肉体（身体）が、人間の復活に際しては、再び集められて魂と結合し、「魂と肉体との本性的結合」としての人間の復活（再統合）が生じると語っている。Gregorius Nyssenus, Oratio Catechetica Magna, Cambride, 1903（PG45, Paris, 1863).（『教理大講話』、篠崎榮訳、〈『中世思想原典集成』2、盛期ギリシア教父、所収〉、平凡社、一九九二年、第八、一六章）。

（24）メイエンドルフによれば、自然科学的知というものは、無限性へと開かれた自然・本性（ピュシス）のダイナミズムを離れており、創造の究極の意味（志向するところ）を無視している点、危険な傾きを含んでいる。J. Meyendorff, Byzantine Theology（前掲書）, pp. 133-134.

第六章　人間本性の変容と開花への道

（1）Capita Theologica et Oeconomica, I, 13.（『フィロカリア』Ⅲ、一一七頁）。

（2）Ambigua, PG91, 1345D.

（3）De Caritate, III, 27.（『フィロカリア』Ⅲ、七〇頁）。

（4）（5）ibid., III, 25.（『フィロカリア』Ⅲ、六九頁）。

（6）そのような場合、「われわれは善（ἀγαθόν）を増加させ、より真実に言えば、われわれの方が善によって増加せしめられる」とある。Capita Theologica et Oeconomica, V, 57.（『フィロカリア』Ⅲ、二七二頁）。超越的な善（神、神性）に対しては、われわれが能動的な働きを為すというよりは、むしろ、それに心披き聴従することによって、われわれの「在ること」が「より大に」（＝より善く）ならしめられる。こうした論点については既述のごとく、Gregorius Nyssenus, In Canticum Canticorum（『雅歌話話』）の第五、八章、および拙著『東方教父における超越と自己』（前掲書）、第二部第四、五章など参照。

（7）De Caritate, III, 35.（『フィロカリア』Ⅲ、七三頁）。

（8）ibid., III, 36.（同、七三頁）。

（9）Ambigua, PG91, 1032B; ibid., 1113C. 人間は、「自らのうちに形成された神的アレテーによってキリスト（神の真の似像）にふさわしい者となる。……そしてすべての聖人は、己れのうちにキリストの型を担いつつ、美（善）の原型かつ原因へと導かれるのである。」ibid., 1141C.

（10） Capita Theologica et Oeconomica, I, 35.（『フィロカリア』Ⅲ、一二四頁）。

（11） ibid., II, 77.（『フィロカリア』Ⅲ、一七四頁）。

（12） 「神は自然・本性的に無限であり……分有によって神を享受せんとする欲求（愛）を無限に伸展させる」という。Ambigua, PG91, 1089BC. これはむろん、ニュッサのグレゴリオスの語る「エペクタシス」（無限なる神性・善性への絶えざる伸展・超出）についての捉え方と、軌を一にしている。なお、エリアがホレブの洞窟に達するだけでなく、その洞窟のうちに入ってゆくこと（列王上一九・一二—一三）について、マクシモスは、「知恵の隠れた聖所に参入してゆくこと」と象徴的に解釈している。Capita Theologica et Oeconomica, II, 74.（『フィロカリア』Ⅲ、一七一—一七二頁）。

（13） De Caritate, III, 86.（同、八五頁）。

（14） 信という「魂のかたち」において、神性が何らか宿され、近づき得るものとなる。Ambigua, PG91, 1185C; ibid., 1188C.

（15） Capita Theologica et Oeconomica, V. 79.（同、二七九頁）。

（16） Ambigua, PG91, 1076D.

（17） Capita Theologica et Oeconomica, III, 96.（『フィロカリア』Ⅲ、二二九頁）。

（18） ibid., II, 13.（同、一五〇頁）。

（19） ibid., II, 56.（同、一六五頁）。

（20）（21） ibid., II, 63.（同、一六七—一六八頁）。

（22） 「神について語られる名が、エネルゲイアの名であること」については、カッパドキアの教父たち（四世紀）の対エウノミオス論争中にすでに論じられている。Basilius, EP. 189; ibid., EP. 234, S. Basil, The Letters, III, The Loeb Classical Library, London, 1953; Gregorius Nyssenus, De Beatitudine, PG44, 1269A など。ただしエネルゲイアへの注目は、七世紀に至って中心的主題となる。神的なエネルゲイアは、神の自然・本性（ピュシス）（実体・本質としては知られざるもの）の具体的顕現であり、それゆえ、エネルゲイアの経験は、つねに神への与り、関与を証示しているのだ。この点、J. Meyendorff, Christ in Eastern Christian Thought（前掲書）, c. 7 参照。

（23） Capita Theologica et Oeconomica, II, 66.（『フィロカリア』Ⅲ、一六八—一六九頁）。

（24） ibid., II, 67.（同、一六九頁）。
（25） ibid., II, 68.（同、一七〇頁）。
（26） ibid., II, 69.（同頁）。
（27） ibid., II, 70.（同頁）。
（28） ibid., V, 34.（同、二六三頁）。
（29） ibid., V, 35.（同頁）。
（30） なお、この点に関わることとして、後期スコラ、とくにオッカムにおいて、神的認識に参与し得る人間精神の能力が疑問視され、「霊魂論の崩壊と認識理論の変容」が生じ、それがその後の西欧近代の思想動向に影響を及ぼしていることについては、稲垣良典『抽象と直観――中世後期認識理論の研究――』（創文社、一九九〇年）参照。
（31） パウロのこの言葉についての精緻な考察として、水垣渉『宗教的探求の問題――古代キリスト教思想序説――』（創文社、一九八四年）、第十章「はたらきをはたらく神」（Deus operans operari）」がある。
（32） 霊（プネウマ）は、われわれのうちで自由・意志を新たに形成しつつ、善の顕現へと働かせる。Quaestiones ad Thallasium, PG90, 281B. ただ、神は、聖人たちを彼らの意志的同意なしには動かさないのであり、そこに不思議な循環ないし再帰性が存する。そして、「神はわれわれの善きわざを通して自らを顕現させ、自らの住まう聖なる神殿としてわれわれを建てる」と言われている。Capita Theologica et Oeconomica, V, 78.（『フィロカリア』Ⅲ、二七九頁）。
（33） こうした論点と呼応するのだが、「アレゴリー解釈」といわゆる「帰属の類比」とを、ハヤトロギア（ヘブライ的動的存在論）という視点から解明したものとして、宮本久雄『愛の言語の誕生――ニュッサのグレゴリオス『雅歌講話』を手がかりに――』（新世社、二〇〇四年）の第三章を参照。
（34） 後に第九章にて吟味するように、ロゴス・キリストの受肉存在の働き（エネルゲイア）とは、われわれの「善く意志すること」の成り立ち得る可能根拠として、われわれ自身のうちに、またわれわれ自身を超えて現前するものたることが見出されよう。ちなみに、「善意志」が（神的働きの宿り・顕現として）、「神在り」ということを証示するとのカントの論（『判断力批判』、第八六―八七節）は、他の著作に比して教父的伝統に最も接近したくだりであろう。この点について、佐藤康邦『カント《判断力批判》と現代――目的論の新たな可能性を求めて――』（岩波書店、二〇〇五年）参照。

第七章　異なり、分裂、そして再統合

（1）（2）　Ambigua, PG91, 1304D.

（3）（4）　ibid., 1304D–1305B. 創造（生成）ということは過去的に完了しているのではなくて、今もなお持続し、本来、不断の創造としてある。

（5）　Ambigua, PG91, 1309A–1312A; ibid., 1364C; ibid., 1376AB etc. なお、L. Thunberg, Microcosm and Mediator, The Theological Anthropology of Maximus the Confessor, Second Edition, Open Court, Chicago and La Salle, Illinois, 1995. に、「五つの異なりとそれらの再統合」についての詳しい叙述がある。さらに、その再考・吟味として、同著者の Man and Cosmos,（前掲書）、c. 4–5 など。

（6）　Ambigua, PG91, 1044A; Capita Theologica et Oeconomica, III, 56; ibid., V, 57（『フィロカリア』Ⅲ、二〇四頁、二七二頁）.

（7）　G. Marcel, Être et Avoir（Journal Métaphysique）, pp. 17–24（『存在と所有』〈前掲書〉、一五―二〇頁）.

（8）（9）　Quoestiones ad Thalassium, 61, PG90, 628A. L. Thunberg, Man and the Cosmos（前掲書）, pp. 59–60. ちなみに、Augustinus, De Genesi ad litteram（『創世記逐語註解』）, XI, XVI, 21; De Trinitate, XII, IX, 14–XII, XII, 17 など。なお、この点については、F. W. J. Scelling, Das Wesen der menschlichen Freiheit（『人間的自由の本質』）、およびS・キルケゴール『不安の概念』が、合わせて参照さるべきであろう。

（10）　Ambigua, PG91, 1116BC.

（11）　以上のような「創造と罪との構造的把握」に関して、より詳しくは、拙著『アウグスティヌスの哲学――神の似像の探究――』、第九章など。

（12）　Ambigua, PG91, 1164AD; De Caritate, III, 3.（『フィロカリア』Ⅲ、六四頁）; Capita Theologica et Oeconomica, III, 56.（同、二〇四頁）。

（13）　Ambigua, PG91, 1305B.

（14）　ibid., 1305BC.

（15）　ibid., 1305C–1308C.

（16）　ibid., 1308C–1309A.

（17）Gregorius Nyssenus, De Opificio Hominis（『人間創造論』、『中世思想原典集成』2、所収、秋山学抄訳）, c. 16, PG44, pp. 125–144.

（18）以上の（.i）〜（.v）という階梯の説明は、Ambigua, PG91, 1305C–1308C による。

（19）（20）ibid., 1308D.

（21）ibid., 1308C–1309A.

（22）（23）Capita Theologica et Oeconomica, II, 13.（『フィロカリア』Ⅲ、一五〇頁）。

（24）不受動心（アパテイア）による「男女の性の対立の克服」については、Quaestiones et Dubia, PG90, 788B; Ambigua, PG91, 1305C; 1401B.

（25）以上の（.i）〜（.v）という階梯の説明は、1309A–1309D による。

（26）ibid., 1308AB; ibid., 1449C.

（27）ibid., 1248AB.

（28）ibid., 1248B.

（29）ibid., 1248C.

（30）ibid., 1248CD.

（31）ただし、諸々のもの、人などの異なり・分割（διάφορα）が消失して、すべてが融解してしまうことが理想ないし悟りだ、というわけでは決してない。かえって、被造的なものの多様な姿が保たれつつ全体としての結合・一性（ἕνωσις）が成立するところに、存在の秩序とゆたかさが現出する。そしてそれは、宇宙的典礼（the Cosmic Liturgy）において表出・顕現してくるという。こうした論の拡がりについて、A. Louth, Maximus the Confessor（前掲書）, pp. 63–77 参照。

（32）Ambigua, PG91, 1248D–1249A. そうした「愛による再統合」こそが修道（神への道）の目的であって、必ずしも人間離れした超自然的なアレテー（徳）の獲得が目的ではないこと、そして神化（神的生命への与り）に開かれた「自然・本性（ピュシス）のダイナミズム」が中心線を為していることについて、J. Meyendorff, Christ in Eastern Christian Thought（前掲書）, pp. 149–151 など。

（33）以上の（.i）〜（.iv）は、Ambigua, PG91, 1248D–1249A による。

（34）（v）（vi）は、ibid., 1249A–1249C による。

（35）こうしたマクシモスの洞察に呼応する論は、西方の伝統にもむろんさまざま存するが、ここでは、それに関する次の二つを挙げておく。トマス・アクィナス倫理学に即して、「神愛による諸々の徳の結合」、「聖霊にもとづく生命エネルギーの充溢」といった事柄について広範に考察したものとして、桑原直己『トマス・アクィナスにおける「愛」と「正義」』（知泉書館、二〇〇五年）、そして、十字架のヨハネの神秘体験の言葉に沈潜しつつ、「愛することの完成態」として、貴方なる神との関わりにおける動性を語り出したものとして、鶴岡賀雄『十字架のヨハネ研究』（創文社、二〇〇〇年）がある。

（36）『砂漠の師父の言葉』（Apophtegmata Patrum, PG65）（前掲書）、アントニオス・九、ポイメン・二九、アルセニオス・七など。なお同書「解説」参照。

（37）Capita Theologica et Oeconomica, I, 35.（『フィロカリア』Ⅲ、一二四頁）; ibid., II, 77（同、一七四頁）。Ambigua, PG91, 1089B; ibid., 1205C; ibid., 1361B etc.

（38）これは、世阿弥の能楽論『花鏡』の中の言葉である。幽玄は、客体的なものとしてあるというよりは、われわれにとってはむしろ、「少な少なと悪しき事の去る」ような、否定を介した絶えざる生成として現出し、そこに「万能を一心にてつなぐ感力」が存するとしている点、一脈通じるものがあろう（『日本古典文学大系』65、岩波書店、一九七一年、四二六―四二八頁など）。

（39）その際、要ともなる「神と隣人とに対する同苦（συμπάθεια）については、Ambigua, PG91, 1273AC. P. Sherwood, The Earlier Ambigua of St. Maximus the Confessor（前掲書）、p. 150. なお、「同苦」、「全一なるもの（キリストのからだ）」についての注目される論として、谷寿美『ソロヴィヨフの哲学――ロシアの精神風土をめぐって――』（理想社、一九九〇年）参照。

（40）「正しい人の祈りは……その人にとっても、他の人にとっても、大きな力を持つ。」なぜなら、正しい人の祈りは、祈る人自身に「神との親密な交わり（語らい）（παρρησία）を与え、祈りを求める他の人にあっては、「彼を悪から引き離し、アレテー（徳）へと変容させる」からだという。Capita Theologica et Oeconomica, V, 84.（『フィロカリア』Ⅲ、二八一―二八二頁）。

第八章　エクレシアの諸相と、その全一的かたち

（1）この著作は、カルタゴのソフロニオスから学んだことを敷衍したものであり、ディオニュシオス・アレオパギテース『天上位階論』（De Caelesti Hierarchia）を補完すべく著されたという。この点、A. Louth, Maximus the Confessor を、また全般的に、

L. Thunberg, Man and the Cosmos および H. U. von Balthasar, Kosmische Liturgie, Johannes Verlag, 1988 など参照。

（2）（3） Mystagogia, PG91, 664D.

（4） ibid., 664D–665A.

（5） P. Sherwood The Earlier Ambigua（前掲書）, p. 116; Ambigua, PG91, 1237AB. なお、この言葉は、Thomas Aquinas, Summa Theologiae（『神学大全』）, I, Q. 1, a. 8, ad 2 に見える。

（6） Mystagogia, PG91, 665CD.

（7）～（10） ibid., 665D.

（11） ibid., 668AB.

（12） ibid., 668C.

（13） 神的エネルゲイア（神的愛）の経験が、そのエネルゲイアの「主体・源泉」たる存在を証示している。こうした「経験から、その根拠へ」という探究の基本線は、「ロゴス・キリストの受肉」が語り出される場・構造に関わるものであり、次章「受肉と神化の問題——神人的エネルゲイアと人間——」にて詳しく論じられる。

（14）～（16） Mystagogia, PG91, 668D–669B.

（17） 結合し統べる力としての愛や聖霊については、Capita Theologica et Oeconomica, III, 72（『フィロカリア』Ⅲ、二一〇頁）, Ambigua, PG91, 1304D–1305A など。なお、結合力としての愛について、Augustinus, De Trinitate, IX, VIII, 13; ibid., XI, IV, 7–XI, V, 9 など参照。

（18）～（20） Mystagogia, PG91, 669CD.

（21）～（23） ibid., 672BC.

（24） ibid., 672D.

（25） Gregorius Nyssenus, In Canticum Canticorum, Leiden, p. 268（『雅歌講話』、二一九頁）。

（26）～（29） Mystagogia, PG91, 673B–D.

（30）～（32） ibid., 673D.

（33）～（36） ibid., 676AB.

（37） ibid., 676B.

（38） ibid., 677A; Gregorius Nyssenus, De Vita Moysis, Leiden, P.5（『モーセの生涯』、『キリスト教神秘主義著作集』1、I・一〇、一一頁）。

（39） Ambigua, PG91, 1044A; ibid., 1164A–D.

（40）〜（43） Mystagogia, 677C–680C.

（44） ibid., 681A.

（45）〜（47） ibid., 681CD.

（48）〜（50） ibid., 684A–D.

（51） J. Meyendorff, Byzantine Theology（前掲書）, C. 10–12; L. Thunberg, Man and the Cosmos, The Vision of St. Maximus the Confessor（前掲書）, C. 5–7 etc. また、広義の他者との結合（シュジュギア）、そして人間を紐帯とした「創造の継続」といった事柄について、S. Boulgakov, L'Orthodoxie, Essai sur la doctrine de l'Eglise, tr. C. Andronikov, L'Age D'Homme, 1980, XVI; 『ロシアの宇宙精神』、S・ブルガーコフ「経済（摂理・オイコノミア）のソフィア性」（『ロシアの宇宙精神』、一八二―一九九頁）など参照。

（52）〜（56） Mystagogia, PG91, 685A. なお呼応する論として、八巻和彦『クザーヌスの世界像』（創文社、二〇〇一年）の、とくに第五章「〈神の現れ〉の諸相」、および第六章「〈協和〉としての世界」がある。また、「実体紐帯」や「階層的存在論」についてのライプニッツの論は、マクシモスの視点と幾分か通じるものがあろう。この点、松田毅『ライプニッツの認識論――懐疑主義との対決――』（創文社、二〇〇三年）参照。

（57） Mystagogia, PG91, 685B.

（58）「カルケドン信条」（四五一年）中の表現が背景にある。それは後述のごとく、「神性と人性とが融合せず、変化せず、分割せず、分離せず、一つのヒュポスタシス・キリストへと共合している」とするものであったが、ここでは、二つの次元の働きが何らか結合し交流していることを示す。

（59） Ambigua, PG91, 1288D–1289D.

（60）「ヨハネ伝」第一五章の「ぶどうの樹の喩え」が、とくに想起される。

（61） Ambigua, PG91, 1116BC; ibid., 1364AB.
（62） ibid., 1072BC; ibid., 1089BC; ibid., 1289AB etc.
（63） 聖霊（神のプネウマないしエネルゲイア）の受容は、人間的意志（グノーメー）の変容と神化（神的生命への与り）をもたらすという。Quaestiones ad Thalassium, PG90, 280CD; J. Meyendorff, Christ in Eastern Chirstian Thought（『東方キリスト教思想におけるキリスト』）C. 7.
（64）～（66） Mystagogia, PG91, 685BC.
（67） ibid., 685C.
（68）～（71） ibid., 688AB.
（72） 本節の（i）～（xv）の叙述は、Mystagogia, 688B-697A の要約である。
（73） ibid., 697C.
（74）（75） ibid., 697D-700A.
（76）～（83） ibid., 700BC.
（84） ibid., 701A.
（85） ibid., 700CD.
（86）（87） ibid., 701BC.
（88） この点、精神（mens）に固有の自己知（同一性の何らかの知）の構造を明らかにし、「精神」という言葉の誕生の場面を見定めたものとして、Augustinus, De Trinitate, X, III, 5-X, XI, 18 など参照。
（89） このことは、前章で吟味したような「愛によるアレテー（徳）の統合」という事態に重なる。「結合・一性の力」としての霊（プネウマ）の働きについては、Capita Theologica et Oeconomica, III, 71-73; ibid., III, 96（『フィロカリア』Ⅲ、二一〇―二一一頁、二一九頁）など。なお、「他者の到来と出会い」をもたらすプネウマについての広範な論考として、宮本久雄『他者の原トポス――存在と他者をめぐるヘブライ・教父・中世の思索から――』（創文社、二〇〇〇年）の、とくに第八章「プネウマ言語と他者の記憶――『ヨハネ』十三―十七章――」参照。
（90） A・J・ヘッシェル『人間を探し求める神――ユダヤ教の哲学――』（森泉弘次訳、教文館、一九九八年）第四一―四二章などに注目すべき言葉が見られる。

(91) Mystagogia, PG91, 713AB.

(92) 呼応するものとして、E・レヴィナス『他性と超越』(合田正人、松丸和弘訳、法政大学出版局、二〇〇一年)、六七頁、一七九頁、そして、谷寿美『ソロヴィヨフの哲学――ロシアの精神風土をめぐって』(理想社、一九九〇年) 第八章など参照。

(93) Mystagogia, PG91, 713AB; A. Nichols, Byzantine Gospel, Maximus the Confessor in Modern Scholarship, 5, L. Thunberg and A. Riou on World and Church in Maximus, pp. 120–157.

第九章　受肉と神化の問題

(1)(2) Ambigua, PG91, 1088D.

(3) ibid., 1088C–1089A.

(4) ibid., 1237AB.

(5) Capita Theologica et Oeconomica, II. 88 (『フィロカリア』Ⅲ、一七九頁)。

(6) これは既述の事柄であるが、Ambigua, PG91, 1113C; ibid., 1249C; De Caritate, IV, 2; ibid., IV, 80; Capita Theologica et Oeconomica, IV, 73; ibid., V, 54 (『フィロカリア』Ⅲ、九二頁、一〇六頁、二四一頁、二七〇頁) など参照。ちなみに、より高次の精神エネルギーへの昇華(変容)について、H・ベルジャーエフ『人間の運命――逆説的倫理学の試み――』(野口啓祐訳、白水社、『ベルジャーエフ著作集』3、一九六九年)、三〇八―三一六頁、また、肉体(身体)の根本的意味を、ことば(ロゴス)への信による「わたしの実り」の道という観点から問い披いたものとして、加藤信朗『哲学の道――初期哲学論集――』(創文社、一九九七年)、三、「肉体――自己認識の問題点――」がある。

(7) Ambigua, PG91, 1237CD.

(8)〜(10) ibid., 1240AB.

(11) ibid., 1240D.

(12) ibid., 1240D–1241A.

(13)〜(15) ibid., 1241BC.

（16）～（18） ibid., 1249AB.

（19） これはいわば「受肉の受肉」ともいう道行き、階程であるが、メイエンドルフはそこに「歴史の意味と人間の裁き」を見ている。J. Meyendorff, Byzantine Theology, pp. 163-165.

（20）～（22） Ambigua, PG91, 1245CD.

（23） 神の本質・実体（ウーシア）は知られ得ず、ただ「神在り」と証示されること、そして神は限定されて「在る」のではなく「在ること」の根拠・原因としての指し示されることについては、ibid., 1180B-D; ibid., 1224A 参照。

（24） ibid., 1089B.

（25） ibid., 1364A.

（26） Capita Theologica et Oeconomica, II, 13; ibid., III, 96; ibid., V,35（『フィロカリア』Ⅲ、一五〇頁、二一九頁、二六三頁）など。

（27） Questiones ad Thalassium, PG90, 280CD; Capita Theologica et Oeconomica, V, 42（『フィロカリア』Ⅲ、二六六頁）。

（28） 神的エネルゲイアを受容した経験（信という「魂のかたち」）において、「神的エネルゲイアの主体・源泉」たる神が何らか知られているであろう。「信・信仰の端緒」がそこにある。なお、このことは、アウグスティヌスが「精神の自己探究（＝神探究）」を遂行してゆく際の、指導理念ともなる。De Trinitate, I, I, 3; ibid., X, I, I; ibid., X, IX, 12-X, X, 15 etc.

（29） Enchiridion Symbolorum, Definitionum et Declarationum de Rebus Fidei et Morum, H. Denzinger, Editio XXXVI, Herder, Romae, 1976, 125-126, Symbolum, 19, Iun. 325.

（30） Athanasius, De Incarnatione C. 54（『言（ロゴス）の受肉』、小高毅訳、『中世思想原典集成』2、平凡社、一九九二年、一三四頁）。

（31） 拙著『東方教父における超越と自己』（創文社、二〇〇〇年）、第一部第二章「敬神と愛智」参照。

（32） Athanasius, De Incarnatione 3-5（前掲書、七六頁）。

（33） ibid., 7（同、七八頁）。

（34） ibid., 8（同、七九頁）。

（35） ibid., 42（同、一二二頁）。

（36） ibid., 41（同、一一九頁）。

(37) アタナシオスの創造概念、実体・本質（ウーシア）とエネルゲイアの区別、そしてオイコノミア（摂理）について、G. Florovsky, The Concepit of Creation in Saint Athanasisu, Studia Patristica V, Berlin, 1962, pp. 36-57. J. N. Kelly, Early Christian Doctrines, A & C Black, London, 1985, pp. 331-380. また、受肉と救済との根本的関わりについて、泉治典「アタナシオスにおける受肉と救済」（『中世における知と超越――思索の原典をたずねて――』、創文社、一九九二年、三―二頁）参照。

(38) Gregorius Nazianzenus, Epistola, 101 ad Cledonium, PG37, 181C-184A; ibid., Orationes Theologicae, III, 19; ibid., IV, 2（『神学講話』、荻野弘之抄訳、『中世思想原典集成』2、三五五頁・三六〇頁）。

(39) Gregorius Nyssenus, Oratio Catechetica Magna, 25（『教理大講話』、篠崎栄訳、『中世思想原典集成』2、五六七頁）。

(40) ibid., In Canticum Canticorum, Leiden, 1960, p. 37（『雅歌講話』、四二頁）。

(41) Enchiridion Symbolorum, op. cit. 300-303; Actio V, 22, Oct. 451: Symbolum Chalcedonense.

(42) 結合・混合のあらゆる様式（型）を古代ギリシア以来の諸伝統との対比によって精査し、「キリスト教的存在概念の成就」としてヒュポスタシスを意味づけたものとして、坂口ふみ『〈個〉の誕生――キリスト教教理をつくった人々――』（岩波書店、一九九六年）参照。

(43) メイエンドルフの言うように、ウーシア（実体）、ピュシス（自然・本性）、ヒュポスタシスといった言葉は、古代ギリシアに比して新しい意味に変容・展開せしめられた。従って、すでに触れたように、教父、ビザンティンの伝統を「キリスト教のヘレニズム化」、「東方のプラトニズム」などと見るのは避けるべきだということになる。J. Meyendorff, Byzantine Theology（前掲書）, pp. 24-25; pp. 36-37. また、この点、G. Florovsky, The Idea of Creation in Christian Philosophy, Eastern Christian Quarterly 8, 1949, pp. 53-57 etc.

(44) こうした基本線に関して、前記のメイエンドルフの書のほか、とくにV. Lossky, Théologie mystique de l'Église d'Orient, Aubier, 1944（The Mystical Theology of the Eastern Church, St. Vladimir's Seminary Press, New York, 1976）（『キリスト教東方の神秘思想』、宮本久雄訳、勁草書房、一九八六年）参照。

(45) 歴史的背景についての見定めとして、たとえば、A. Louth, Maximus the Confessor, pp. 8-16.

(46) ibid., pp. 51-52.

(47) Ambigua, PG91, 1040B-D. 神化についての全般的な考察として、J. C. Larchet, La Divinisation de L'homme selon Saint

Maxime Le Confesseur, Les Éditions du Cerf, Paris, 1996.

（48） ibid., 1041C.

（49） Opuscula Theologica et Polemica, PG91, 276AB; Epistolae XV, PG91, 557D.

（50） Ambigua, PG91, 1092BC; Epistolae, XV, 557D–559A.

（51） Disputatio cum Pyrrho, PG90, 345D–384A; Ambigua, PG91, 1076C. ペリコーレーシス（ピュシスの交流）については、L. Thunberg, Microcosm and Mediator（前掲書）, p. 229; ibid., p. 391; J. Meyendorff, Byzantine Theology, p. 155など参照。

（52） Ambigua, PG91, 1077D–1080A. ibid., 1092BC.「エンヒュポスタトン」という語は、ビザンティンのレオンティオスから継承したものだとされる。ヒュポスタシスおよびエンヒュポスタトンの把握については、J. Meyendorff, Byzantine Theology（前掲書）, p. 35; ibid., p. 154; ibid., pp. 162–163; J. Pelikan, The Christian Tradition, A History of the Development of Doctrine, 2, The Spirit of Eaestern Christendom（600–1700）, Univ. of Chicago, 1974（J・ペリカン『キリスト教の伝統、教理発展の歴史、第二巻、東方キリスト教の精神』、鈴木浩訳、教文館、二〇〇六年、一五一―一五二頁）; J. Thunberg, Microcosm and Mediator, pp. 104–107; J. P. Farrell, Free Choice in St. Maximus the Confessor, St. Tikhon's Seminary Press, 1989, p. 25; ibid., p. 125–129など。

（53） Ambigua, PG91, 1044A.

（54） ibid., 1037BC; ibid., 1040B; ibid., 1048B.

（55） Disputatio cum Pyrrho, PG90, 309A.

（56） Ambigua, PG91, 1044C.

（57） ibid., 1044D.

（58） ibid., 1045A.

（59） ibid., 1044D.

（60） ibid., 1048D.

（61） ibid., 1049A.

（62） ibid., 1049A–1052A.

（63） ibid., 1045B.

(64)(65) ibid., 1045D.

(66) Opuscula Theologica et Polemica, PG91, 12C–17A; ibid., 53C; Disputatio cum Pyrrho, PG90, 308AB.

(67) ibid., 309A.

(68) こうした単意説に対する歴史的かつ本質的な見定めとして、A. Louth, Maximus the Confessor, pp. 54–62; J. Meyendorff, Christ in Eastern Christian Thought, pp. 147–151 など。

(69) Disputatio cum Pyrrho, PG90, 289B; ibid., 297A etc.

(70) ibid., 344C.

(71) Epistolae 15, PG91, 556C.

(72) Disputatio cum Pyrrho, PG90, 345A.

(73) Opuscula Theologica et Polemica, PG91, 48C.

(74) Ambigua, PG91, 1156BC.

(75) ibid., 1076A–C. なお、マクシモスの「終末論」、「祈りと神化」について、秋山学『教父と古典解釈――予型論の射程――』（創文社、二〇〇一年）、第三部「終末論と予型論」参照。

(76)(77) ibid., 1076C.

(78) ibid., 1052AB. なお、後世、トマス・アクィナスにおける「ペルソナ」、「受肉と神化」について、稲垣良典『神学的言語の研究』（創文社、二〇〇〇年）参照。また、神的ペルソナと結びつくべきものとしての人間に関して、田島照久『マイスター・エックハルト研究――思惟のトリアーデ構造 esse・creatio・generatio 論――』（創文社、一九九六年）、第四章参照。

(79) オイコノミアという語の歴史的背景として、J. Reumann, *Οἰκονομία* as "Ethical Accommodation" in the Fathers and its Pagan Backgrounds, Studia Patristica, Vol. III, 1961, pp. 370–379.

(80) Ambigua, PG91, 1073BC; ibid., 1089B; ibid., 1116B etc.この点において、マクシモスの文脈は、ニュッサのグレゴリオスのそれと深く呼応している。Gregorius Nyssenus, De Vita Moysis, Leiden, p. 5（I, 10）; ibid., pp. 110–122（II, 219–255）（『モーセの生涯』、一一頁、一〇六―一一七頁）; In Canticum Canticorum, Leiden, pp. 157–158; ibid., pp. 173–174; ibid., pp. 245–247（『雅歌講話』、一二八―一二九頁、一四四―一四五頁、一九九―二〇一頁）など。

(81) ちなみに、悪の原因（causa mali）の探究にあって、最後に「悪しく意志すること」（male velle）に行き着き（悪いものにではなく）、もはやそれ以上の原因を求め得ないこと、そしてそこに自由・意志の深淵が存することについては、とくに、Augustinus, De Civitate Dei（『神の国』）, XII, 6-8 参照。

(82) Ambigua, PG91, 1056BC.

(83) Dionysius Areogagita, Ep. 4.

(84) 神に関するさまざまな名が「エネルゲイアの名」であることについては、Basilius, Ep. 189, The Loeb Classical Library, Saint Basil, The Letters, III, 1953.

(85) G. Marcel, Être et Avoir, Aubier, Paris, 1953, Journal Métaphysique（前掲書）, pp. 21-27.

(86) Ambigua, PG91, 1057CD.

(87) ibid., 1060A.

(88) Disputatio cum Pyrrho, PG90, 324D; ibid., 345A-384A; Byzantine Gospel, 3, P. Piret, On the Trinity and Christology in Maximus' Thought, p. 106; ibid., pp. 109-110; L. Thunberg, Microcosm and Mediator, pp. 425-432 etc.

(89) Ambigua, PG91, 1113BC.

(90) ibid., 1076C.

(91) ibid., 1084CD; A. G. Cooper, The Body in St. Maximus the Confessor, Holy Flesh, Wholly Deified, Oxford 2005, p. 47; ibid., pp. 64-66 etc.なお、このことは、典礼（奉神礼）におけるエウカリスティア（聖体拝領）への動きとしても語られる。Mystagogia, PG91, 697B-705A; この点、A. Louth, Maximus the Confessor, pp. 74-77 参照。

(92) このことは、いわゆる「タボル山におけるキリストの変容」（マタイ一七・一―八）の解釈にも密接に関わる。マクシモスによれば、主キリストの変容（神化）は、「霊（プネウマ）が使徒たちに働いて、感覚に対するエネルゲイアの変化によって」、はじめて「それ」と見られた。すなわち、「主の変容（肉から霊への上昇）」と、「使徒たちにおける魂と身体との感覚の浄化」とは、ある意味で相関的であり、かつ同時的なのだ。（主の変容という事態を見出す経験の場に即しては。）彼らは、「世と肉への執着から解放された」が、主の変容を見たとは、そのことであろう。このことについては、Ambigua, PG91, 1128A-C 参照。大森正樹『エネルゲイアと光の神学――グレゴリオス・パラマス研究――』（創文社、二〇〇〇年）にも、パラマス解釈の文脈の中で、「主の変容は弟子たち自身のそれであり」、「聖書の記事は、人間そのものとしての弟子たちの変容しうる可能性が披かれてくることに関心が向けられている」と語られている。なお、神的エネルギアと神化に関する見逃せぬ著作として、J. Meyendorff, St. Gregory Palamas and Orthodox Spirituality (tr. by A. Fiske), St. Vladimir's Seminary Press, 1974がある。

(93) 宮本久雄『他者の原トポス』(創文社、前掲)は、プネウマを「神の自己贈与・エクスタシス的働き」と見定め、そうしたプネウマによる「他者との全一的な共同体(神の家族)の成長・展開」を論究している。

(94) メイエンドルフは、エネルゲイア・プネウマの経験こそが父・子・聖霊という三位一体の探究の端緒であり、プネウマが神的恵みを、そしてその与え手(源泉)たる神を証示しているとする。(ちなみにそこにおいて、プネウマ・聖霊が「父から」「子を通して」発出するという問題が論じられている。) J. Meyendorff, Byzantine Theology, pp. 93-94参照。

(95) アレテー、アパテイア、そして典礼的交わりにおけるキリストの現前について、さらにはまた、「絶えざる受肉」ということについて、L. Thunberg, Man and Cosmos, pp. 73-76; ibid., pp. 108-110など。なおエックハルトによれば、「さまざまに分割されたわれわれの生を、秘蹟(神的な交わり)は単一な仕方で神化することへと集約する」(Sermo II, n. 15)。この点の考察として、中山善樹『エックハルト研究序説』(創文社、一九九三年)参照。「不断の創造」と「神化」を語るエックハルトの文脈は、マクシモスの文脈と内的に呼応するところが多い。

(96) Ambigua, PG91, 1040AB.

(97) ibid., 1040CD.

(98) この点、C. H. Dodd, The Interpretation of the Forth Gospel, Combridge Univ. Press, 1953がやはり注目される。

(99) Capita Theologica et Oeconomica, II, 27 (『フィロカリア』Ⅲ、一五五頁)。

(100) 「使徒たちの根源的経験(新しい存在の経験)こそ」が、「復活者イエスへの信仰の母体」であることについては、E・スヒレベーク『イエス――一人の生ける者の物語――』(宮本久雄、筒井賢治訳、新世社、一九九四年)、一五二―一六九頁など。

(101) バルタザールによれば、イエス・キリストはその存在自身が「信・信仰(πίστις)そのもの」であり、われわれの信の「範型」であるという。これは、「イエス・キリストの信」(πίστις Χριστοῦ Ἰησοῦ)(ローマ三・二二、三・二六、ガラテア二・一六、三・二二、エフェソ三・一二、フィリピ三・九など)という語句を、「キリスト自身の信の働き・わざ」として(いわゆる主格的属格として)解することであった。H. U. von Balthasar, Spousa of the Word, Fides Christi, Ignatius Press, San Francisco, pp.

43-79. なお、聖書のそうしたテキストについての同方向での詳しい考察として、清水哲郎『パウロの言語哲学』（岩波書店、二〇〇一年）、第3章「イエスの信からイエスを信じる信へ」など参照。

（102） Mystagogia, PG91, 713A-716A. ちなみに、シエナのカタリアの透徹した祈りとして、「永遠なる父よ、隣人の負わねばならぬ罪（苦難）はわたしの罪が原因であるがゆえに、どうかわたしを罰したまえ」という言葉が想起される。Santa Caterina da Siena, II, Libro, Edizioni Paoline, 1966, p. 27.（Catherine of Siena, The Dialogue, tr. S. Noffke, Paulist Press, 1980）.

あとがき

本書は、東方・ギリシア教父の伝統の集大成者と目される証聖者マクシモス（Maximus Confessor 五八〇頃―六六二）に即して、愛智の道行き（哲学および神学）の基本的主題を吟味し探究したものである。マクシモスの名は、我が国では未だ余り知られていないが、西洋全体の源泉たる思想潮流を代表する一人であり、その生きた時代と思想傾向からすれば、さしずめ東洋・日本における空海のような人に当るであろう。というのもマクシモスにあっては、ヘブライ・キリスト教の伝統の上に古代ギリシア的諸伝統が摂取され、ある拮抗とともに何らか超克されて、ゆたかに統合されているからである。

筆者がはじめて証聖者マクシモスの名をはっきりと記憶に留めたのは、二十年以上も前、イタリアに遊学していたときのことであった。ただその頃は、主としてアウグスティヌスやニュッサのグレゴリオスに心を向けていたので、マクシモスの方はやや遠景に眺めるという風であった。そんな歩みの中、二〇〇〇年に拙著『東方教父における超越と自己――ニュッサのグレゴリオスを中心として――』（創文社）を何とかまとめたとき、新たな目標として証聖者マクシモスの名がおのずと浮び上ったのである。それ以来、マクシモスを主たる研究対象として、あるいはむしろ魂の導師として、その著作を繙き、主要なテーマについてさまざまな習作を記してきた。今回の拙著は、それらを練り直し敷衍しつつ一書にまとめたものである。

思えば、かつて理系の学生であった彷徨の日、ドストエフスキーやキルケゴールなどに親しみ、工学部をいちおう卒業後、転向して人文科学系大学院に入った。はじめ実存哲学を多少手がけたが、それにはあき足らず、中世のトマス・アクィナスに転じ、またいっそう源流を求めてアウグスティヌスに、さらには東方のニュッサのグレゴリオスに遡った。そして、そうしたある種の遍歴の末に、証聖者マクシモスという師父に辿り着いたのである。

ともあれ次に、本書を記してゆくに際して素地となった拙稿を、発表順に挙げておく。それらはこの度び全面的に吟味し直され、大巾に書き改められているが、筆者の拙い探究の足跡を示しているであろう。

「人とコスモロジー――証聖者マクシモスの意志論・序説――」(『エイコーン』、第二四号、新世社、二〇〇一年)
「自然・本性の変容と身体性――証聖者マクシモス研究(一)――」(『エイコーン』、第二九号、二〇〇四年)
「人間と神化の問題――証聖者マクシモスにおける自然・本性のダイナミズムをめぐって――」(『自然法と文化』所収、水波朗、阿南成一、稲垣良典編、創文社、二〇〇四年)
「情念と自己変容――証聖者マクシモスを中心として――」(『宗教と文化』所収、ノートルダム清心女子大学キリスト教研究所『年報』、第二七号、二〇〇五年)
「自然・本性(ピュシス)の開花への道――証聖者マクシモスにおける神化(テオーシス)の文脈をめぐって――」(『パトリスティカ――教父研究――』、新世社、二〇〇五年)
「人間と自然のダイナミズム――証聖者マクシモスにおける神化への眼差し――」(『神秘の前に立つ人間――キリスト教東方の霊性を拓く――』所収、荻野弘之編、新世社、二〇〇五年)
「人間本性の展開・成就と意志――証聖者マクシモス研究(二)――」(『エイコーン』、第三一号、二〇〇五年)
「エイコーンとホモイオーシス――証聖者マクシモスにおける神への道行き――」(『エイコーン』、第三二号、二〇〇五年)

「エクレシアの諸相とその全一的かたち――証聖者マクシモス研究（三）――」（『エイコーン』、第三三号、二〇〇六年）

「神人的エネルゲイアと人間――証聖者マクシモス研究（四）――」（『エイコーン』、第三五号、二〇〇七年）

「〈在ること〉と〈善く在ること〉とのダイナミズム――脱自的経験から、その根拠へ――」（『哲学論文集』、第四三号、九州大学哲学会、二〇〇七年）

「アレテーの成立と神人的エネルゲイア――脱自的愛の根底――」（『エイコーン』、第三六号、二〇〇七年）

このように振り返ってみると、証聖者マクシモスに志すようになってからはここ七、八年であるが、それ以前の彷徨と探究のときまで含めれば、長い年月、不肖の身ながら、古の師父たちに心惹かれて歩んできたことになる。「三十年、四十年、一日のごとし」というのが、偽らざるところである。むろん時間とは、時々刻々と過ぎ去り、非存在に落ちてゆくものであって、決して客体的な量としてあるのではない。してみれば、時間とはむしろ、「心の拡がり、志向」であり、「思い出の重なり」、「経験の厚み」だと言うべきであろう。

もとより、およそ古典とはまことに汲み尽くしがたく、その都度つねに新しい。とにかくも一書を終えたとはいえ、改めて新たな出発点に立っている感がある。折しも来春は、長年勤めた九州大学を停年退職するという区切りのときであるので、なおさらのことである。そして今、来し方を思うとき、若き日より、縁あって出会い、わたしの拙い歩みの支えとなり力となった多くの師友、そして各時期の学生・院生諸氏のことを懐しく想起する。もとより人と人との関わりは、それぞれのかたちと濃淡があろうが、今はそれらが相俟って、見えるかつ見えざるかたちで一つに交わっているようにも思われる。それらすべての方々の名を、今在る人も、すでに亡き人も含めて、深く胸に刻み、この場を借りて衷心からの感謝を捧げたい。

最後になったが、知泉書館の小山光夫、高野文子両氏には、この度もまた多大の御配慮を賜った。学術書の出版事情が殊のほか厳しい昨今、あらゆる古典に対する小山光夫氏の高い見識と使命観に瞠目しつつ、ここに厚く感謝申し上げたいと思う。

二〇〇八年師走

著　者

谷　隆一郎（たに・りゅういちろう）

1945年，岡山県生まれ，神戸に育つ．1969年，東京大学工学部合成化学科卒業．1976年，同大学院人文科学研究科博士課程修了．1979年，九州大学文学部専任講師．現在，同大学院人文科学研究院教授．博士（文学）．

〔著訳書〕『アウグスティヌスの哲学―「神の似像」の探究―』（創文社，1994年），『東方教父における超越と自己―ニュッサのグレゴリオスを中心として―』（創文社，2000年），ニュッサのグレゴリオス『雅歌講話』（共訳，新世社，1991年），同『モーセの生涯』（『キリスト教神秘主義著作集』1，所収，教文館，1992年），『砂漠の師父の言葉』（共訳，知泉書館，2004年），アウグスティヌス『詩編注解（2）』（『アウグスティヌス著作集』18―II，共訳，教文館，2006年），『フィロカリア』III（新世社，2006年）など．

〔人間と宇宙的神化〕　　ISBN978-4-86285-051-5

2009年 2月 5日　第1刷印刷
2009年 2月10日　第1刷発行

著　者　谷　隆一郎
発行者　小山光夫
印刷者　藤原愛子

発行所　〒113-0033 東京都文京区本郷1-13-2
電話03(3814)6161 振替00120-6-117170
http://www.chisen.co.jp
株式会社　知泉書館

Printed in Japan　　印刷・製本／藤原印刷

索　引

あ　行

か　行

さ　行

た　行

ま　行

や　行

ら　行

聖 書 索 引

旧約聖書

新約聖書